中国（新疆）与周边国家合作发展研究中心阶段性成果
伊犁师范学院马克思主义学院重点学科建设基金资助项目
伊犁师范学院法学院重点学科建设基金资助项目

U1019647

新疆牧区土地流转中哈萨克牧民可持续生计研究

XINJIANG MUQU TUDI LIUZHUAN ZHONG HASAKE MUMIN KECHIXU SHENGJI YANJIU

刘鑫渝 著

知识产权出版社
全国百佳图书出版单位

图书在版编目（CIP）数据

新疆牧区土地流转中哈萨克牧民可持续生计研究 / 刘鑫渝著．—北京：知识产权出版社，2019. 10

ISBN 978－7－5130－5856－8

Ⅰ．①新…　Ⅱ．①刘…　Ⅲ．①哈萨克族—牧民—草场—土地流转—研究—新疆　Ⅳ．①F326. 32

中国版本图书馆 CIP 数据核字（2018）第 217389 号

责任编辑： 齐梓伊　唱学静　　**责任校对：** 谷　洋
封面设计： SUN 工作室　韩建文　　**责任印制：** 孙婷婷

新疆牧区土地流转中哈萨克牧民可持续生计研究

刘鑫渝　著

出版发行： 知识产权出版社有限责任公司　　**网　　址：** http：//www. ipph. cn
社　　址： 北京市海淀区气象路 50 号院　　**邮　　编：** 100081
责编电话： 010－82000860 转 8112　　**责编邮箱：** ruixue604@ 163. com
发行电话： 010－82000860 转 8101/8102　　**发行传真：** 010－82000893/82005070/82000270
印　　刷： 北京建宏印刷有限公司　　**经　　销：** 各大网上书店、新华书店及相关专业书店
开　　本： 700mm × 1000mm　1/16　　**印　　张：** 17
版　　次： 2019 年 10 月第 1 版　　**印　　次：** 2019 年 10 月第 1 次印刷
字　　数： 260 千字　　**定　　价：** 68. 00 元

ISBN 978－7－5130－5856－8

出版权专有　侵权必究

如有印装质量问题，本社负责调换。

前言

草原具有调节气候、净化空气、涵养水源、保持水土、改良土壤等极为重要的生态功能。它既是绿色生态屏障，也是维护国家生态安全的重要资源。草原作为新疆生态环境的主体，是牧区畜牧业发展的重要物质基础和少数民族的主要居住地，在维护国家生态安全以及促进牧区社会经济可持续发展、民族团结和社会稳定等方面具有重要的战略意义。但是新疆牧区发展存在以下几个问题：首先，草原退化直接导致了载畜量下降、产草量下降、土地荒漠化、草原生态功能丧失和沙尘天气增多，草原的生态效能与经济效能都不断下降，自然灾害日趋严重；其次，哈萨克族牧民150多万人口中，80多万都从事畜牧业，畜牧业中生产资料是牲畜，牲畜数量的多寡决定了牧民的贫富程度。自从国家对牧区实施了草场承包政策之后，又先后开展了退牧还草、草场围封、禁牧休牧、草畜平衡等政策。这些政策的目的都是为了改善生态环境，但还是出现了草场退化加剧、牧民生计困难等问题。

随着牧区人口急剧增加，草地生态系统遭到掠夺性破坏，草场退化严重，畜牧业难以为继。牧民陷入了知识贫困、信息贫困、人力贫困和收入贫困的生计困境，使得他们难以摆脱生态退化和生计危机的双重发展困境，所以对牧民生计的可持续性研究十分必要和迫切。本研究采用可持续生计理论对新疆哈萨克族分布较多的地州的草场流转牧民进行调查，了解牧民草场流转的现状、牧民的生计资本状况、生计策略及生计策略特征，分析生计资本与生计策略之间的关系、制约牧民生计可持续性发展的问题及原因，旨在根据牧民的资本拥有和生计策略以及对不同生计战略的反馈，提出从政府、社会、个人层面如何从生计资本建设上来提升生计可持续能力。

本书简要回顾了牧区土地制度变迁，对中华人民共和国成立之后牧区草场制度的变迁进行了简要梳理，使人们了解草场制度变迁的背景、时间、特点；介绍了新疆牧区哈萨克族牧民草场流转的开始时间，呈现出来的特点以及国家土地流转的正式制度；区分了草场与耕地、草场流转与耕地流转的不同；根据调查结果总结归纳了哈萨克族牧民草场流转的现实状况、草场流转前后牧民收入的变化。

根据调查数据分析了牧民的生计现状、生计方式、生计策略类型、未来生计策略调整方向。新疆哈萨克族牧民收入主要靠畜牧业收入，牧民主要从事牧业，其次为种植、经商、运输，从事工资性工作的很少。新疆牧户的生计类型分为四种：畜牧型、种植型、非牧型、多样型，这四种类型的家庭，畜牧收入占比最高、家庭规模最大。牧民的生计策略分为资源导向策略、劳动力导向策略、多样策略、迁移策略四种。这四种类型家庭对生计满意度比较高，但这种满意仅仅是生存需要层面的满意。牧民的生活压力与缺少资金、文化程度低、缺乏技术、就业困难、医疗不便利、草场匮乏等因素高度相关，他们希望通过发展养殖、打工、经商、种植、采集来提高生活水平。他们需要获得贷款/融资、致富/就业信息、技能培训等帮助；希望政府提供资金支持、技术支持、创业指引、生活保障。超过半数的牧民希望调整当前的生计策略。

本研究在借鉴他人研究成果，结合已有研究成果和新疆牧区实际的基础上，设计了适合新疆牧区的测量牧户生计资本的问卷、测量指标、指标量化数值以及指标设定公式；根据生计资本的二级指标测量了牧民的六种生计资本；对六种生计资本的指标进行量化后，根据每种生计资本中各个指标的权重，最终计算出家庭各类生计资本的数值并归纳分析，形成指标体系；通过对指标体系的运算，得出新疆哈萨克族牧区生计资本评价和牧民可持续生计资本统计分析，并通过雷达图的形式直观反映出新疆哈萨克族牧区生计资本的构成情况；分析了牧民生计资本评估结果；分析了牧民生计资本与生计策略之间的关系。本研究先定性分析了生计资本与生计策略之间的关系，然后通过相关分析和回归分析两种定量分析方法分析了生计资本与生计策略之间的关系。生计资本对生计策略有决定性的影响。通过回归分析可看出自然资本与物质资本之间存在的影响关系，物质资本各要素间还存在一定的影响关系。

本书根据调查数据统计结果，从制度层面、政策层面、社会层面、个体层面分析了制约新疆牧区哈萨克族牧民生计可持续发展的问题及因素。根据分析提出以下建议：制度、政策层面，通过建立完善的制度体系来提高牧民的物质资本和社会资本；社会层面，通过促进牧区经济建设、社会建设等方面来提高牧民的人力资本、金融资本、信息资本、社会资本；个体层面，通过加强教育水平和技术水平、引导和规范牧民进行生计模式与职业选择、转变牧民生计观念等方面来提高牧民的人力资本，通过牧民的生计资本建设来提升牧民的自我发展能力，以实现生计的可持续性。

目 录

CONTENTS

第一章 绪 论

一、研究目的和意义

新疆维吾尔自治区（以下简称新疆）草场面积在我国仅次于内蒙古自治区（以下简称内蒙古），居全国第二位，草地资源十分丰富①。全区有天然草场5770万公顷，其中可利用面积4800万公顷，占新疆土地面积的34.4%，占全国可利用草原面积的14.5%②。“新疆牧区草被覆盖面积达总面积的50%，是耕地面积的15倍，是森林面积的22倍。”③ 草原是新疆最宝贵、最经济、可更新的自然资源。草原对气候调节、清洁空气、水源涵养、水土保持等具有十分重要的生态功能，它是中国的绿色壁垒，是维护国家生态安全、发展畜牧业重要的物质基础，在国家安全和促进生态牧区可持续发展、民族团结和社会稳定方面具有重要的战略意义。④

但新疆草原牧区生态问题日益凸显。第一，草原退化导致载畜量下降、土地荒漠化、草原生态功能丧失和沙尘天气增多，草原的生态效能与经济效能不断下降，自然灾害日益严重。当全国牧区草原退化率达90%时，新疆牧区85%的可利用天然草地也不同程度地退化，其中严重退化的达37.54%⑤。

---

① 中国生态环境部.2017年中国生态环境状况公报［R］.［2018－05－31］. http：//www.mee.gov.cn/hjzl/zghjzkgb/lnzghjzkgb/第40页.

② 杜保军.当前新疆草原畜牧发展业发展的特点优势及政策环境分析［J］.中国畜牧兽医文摘，2016（4）.

③ 穆合塔尔，米克什，阿衣丁.新疆草原畜牧业特点及其发展对策［J］.草业科学，1998（5）.

④ 杨培涛.牧民生计资本与生计策略的关系研究［D］.兰州：西北师范大学，2009：1.

⑤ 国家环境保护总局.2004中国环境状况公报［R］.2005－05－25：62－63.

第二，草原畜牧业经济应对自然灾害和市场风险的能力非常脆弱，牧民收入和生活质量的绝对水平低，相当数量的牧民收入低①，贫困问题突出。据统计，2009 年新疆牧民人均纯收入为 2721.8 元，相当于农牧民人均纯收入的 57.09%；在贫困线下挣扎的牧民达 22.96 万人，占农牧民总人口的 31.1%②。草原畜牧业成本逐年看涨，严重制约了农牧民收入的增加和区域经济的综合实力的提升。③ 第三，草原使用权的无序流转对草原生态环境造成了严重的影响。草原使用权流转过程中，放牧条件差的草场牧民擅自改变草原的用途，部分地区出现了草地变耕地的现象。自 2011 年草原生态保护补偿奖励机制实施以来，新疆草原监理站接待的 326 起上访案件中有 85 起为非法开垦草原案件，占上访案件的 26.1%。④ 2013 年，新疆草原违法案件中，非法开垦草原案件发案数为 248 起，非法征收征用使用草原案件发案数为 119 起。根据文献记载，中华人民共和国成立时新疆耕地面积为 1814.55 万亩⑤，2012 年为 5912.02 万亩，被非法开垦的基本上是天然优质草原，草原面积大为减少。第四，最具毁灭性和颠覆性的破坏，是产业调整进程中新疆旅游业发展、矿业开发以及城市扩张对草原造成的深层次破坏，使原先水草丰美的地方，出现了大面积的流沙堆积。在工业需求与丰厚利益的驱动下，未经批准征占用草原，对草原之下蕴藏着的煤炭、钢铁、石油、天然气等矿藏进行开发的问题日益严重⑥，这些给草原植被、畜牧业发展带来的破坏，无异于雪上加霜，这种破坏难以恢复。第五，被征占草场用于铁路、公路（国道、省道）、乡村道路、牧道，铁路、公路竣工后，铁路、公路退让距离 35 米内的坡地、防护绿地没有修复，乡村道路、牧道修建没有支付牧民补偿，既破坏了当地草场生态，也损害了牧民的利益。

---

① 杨培涛．牧民生计资本与生计策略的关系研究［D］．兰州：西北师范大学，2009：1.

② 新疆“三牧”问题调研组．新疆“三牧”问题调查及扶持政策建议［J］．农村财政与财务，2011（9）.

③ 杨培涛．牧民生计资本与生计策略的关系研究［D］．兰州：西北师范大学，2009：1.

④ 张丽霞．谁是破坏草原的罪魁祸首？［EB/OL］．［2014－09－11］．http：//news. ifeng. com/a/20140911/41940785_ 0. shtml.

⑤ 1 亩≈0.667 公顷。

⑥ 张丽霞．谁是破坏草原的罪魁祸首？［EB/OL］．［2014－09－11］．http：//news. ifeng. com/a/20140911/41940785_ 0. shtml.

基于此，对牧民生计的可持续性研究非常必要和迫切。具体原因如下：第一，随着畜牧业产品需求的急剧增加以及牧区人口的不断扩大，草原生态系统遭到掠夺性破坏，草原严重退化，畜牧生计不可持续。牧民陷入知识贫困、信息贫困、人力贫困、收入贫困，对他们来说，难以摆脱生态退化和生计艰难的“两难”困境①。第二，随着工业化进程的加快，农用土地不断升温，牧区草场流转面积逐年增加，牧区草场流转及草场流转中出现的各种问题引发了牧民生计危机，关系着牧区整体社会发展。能否在有效利用牧区优势土地资源的基础上保障牧民生计的可持续性，关系到牧区经济能否长远发展和牧民生活水平能否稳步提高。

本书采用能够为生态脆弱地区发展研究提供较新视角的可持续生计理论框架，对新疆哈萨克族分布较多的地州草场流转脆弱性背景下哈萨克族生计可持续性进行考察。本书用可持续生计理论框架研究边疆游牧族群的生计问题，既可以丰富畜牧生计和土地制度变迁理论，为深入探讨牧民生计与生态关系提供参考，促进牧民可持续生计的实现，也对实现牧区草原生态恢复、牧民生活改善具有重要的理论价值。本书还系统提出了牧民生计可持续性的模型架构，在现实操作层面为退化草地生态恢复和牧民生活水平提高、生计可持续发展提供实证依据，有利于促进牧区积极发展特色优势产业，有利于促进牧区提高对内对外开放水平，有利于促进牧民转产转业。

二、理论基础和文献综述

（一）理论基础

可持续生计（sustainable livelihoods）在20世纪90年代初已经被提出，全球非政府组织、发展从业者和学者总结了多年的经验，在参与式工作基础上建立了可持续生计理论框架。它希望发展工作者从目标群体（如农民）的角度和日常生产生活的角度来考量贫困②，找到适合地方条件、能

① 杨培涛．牧民生计资本与生计策略的关系研究［D］．兰州：西北师范大学，2009：2.

② BEN ngocn 发展交流网理事．可持续生计指南—农村发展新模式［J］．中国改革论坛，2006－07－06.

充分利用当地资源、符合当地民众意愿的解决方案，而不是单纯地依靠“输血”来解决本地问题。

1. 可持续生计概念

“可持续生计”是建立在“可持续发展”和“生计”两个概念基础上的复合概念。生计的“可持续性”取决于以下几个方面：面对外部自然灾害的损害和社会经济动荡时，生计是可恢复的；不依赖于外部的支持（如果有依赖性，也依赖于可持续的经济和经济的支持机制）；保持自然资源的长期生产力；不破坏他人的生计，或者说不损害别人的生活选择。① 对“生计”的概念有许多诠释，如钱伯斯和 Conway（1992）将其定义为：“生活中谋生需要的能力、资本（包括储备、资源、享有权、要求权）以及所从事的活动。”② 被广泛接受的生计概念为“包括能力、资本和一种生活方式所需的活动”。③ 该生计定义的重要特点是“它直接关注人们在追求能够提高生存所需的收入水平过程中，人们所拥有的资本和他们的选择之间的联系。可以说，只有当一种生计能够应对并在压力和打击下得到恢复，能够在当前和未来保持乃至加强其能力和资本，同时又不损坏自然资源基础时，这种生计才是可持续性的”④。

2. 可持续生计分析框架

现有的生计分析框架，有英国海外发展部（DFID）的 SLA 分析框架（Substainable Livelihood Approach，可持续生计分析框架）、联合国开发计划署（UNDP）的可持续生计途径、关怀国际（CARE）的农户生计安全框架。

联合国开发计划署重新定义了发展。该定义认为发展的目标是要了解人们所处的环境，并创造一个环境，使人们可以用自己的能力来实现自己的潜能，并最终实现发展。联合国开发计划署已制定了一系列有关民生保障的指

① 杨培涛．牧民生计资本与生计策略的关系研究［D］．兰州：西北师范大学，2009：10.

② 杨培涛．牧民生计资本与生计策略的关系研究［D］．兰州：西北师范大学，2009：10.

③ Carney D. Implementing a Sustainable Livelihood Approach ［M］. London：Department for International Development，1998：52－69.

④ Chambers R，Conway G R. Sustainable Rural Livelihoods：Practical Concepts for the 21 st Century. IDS Discussion Paper 296. Brighton，England：Institute of Development Studies，1992.

标，这些指标包括投入、产出、成果、影响过程。

关怀国际的农户生计安全框架包括能力、资本（储备、资源、所有权和可获得性途径），以及某些生活方式需要的活动。这个定义包括三个基本的生活属性：个人的能力（如教育、技能、健康、心理倾向），有形的和无形的，资本的可获得性以及现存的经济活动。这三者之间的互动关系处于关怀国际生计安全框架的中心。

英国海外发展部的SLA分析框架已被许多组织和国内学者采用，它为发展和贫困研究提供了一个重要问题清单，并概述了这些问题之间的联系，它提醒人们重点关注影响和过程，强调影响农民生计不同因素之间的多重性互动作用。该理论框架所提出的增加贫困农民的生计可持续发展目标或确定的手段包括使用或改善贫困农民获得优质教育、信息、技术、培训和医疗卫生服务的权利或机会；营造一个更加支持关照贫困农民的社会环境，使他们使用自然资源的权利或机会更安全、稳定，有更好的资源管理机会，为农民提供保证资金来源和渠道、政策和体制环境，以支持各种家庭生计策略，使其平等地享用市场销售条件。

英国海外发展部的SLA分析框架是建立在弱势群体或者贫困研究基础上的。这种以人为本的框架，强调穷人积极参与主体的发展，从政策的背景出发，对现实进行全面的分析，并在生计的过程中进行调整以提高生计能力。

SLA分析框架揭示了理解贫困、根除贫困潜在的机会、人们如何利用财产权利和可能策略去追求生计出路的途径。由图1－1可以看出，SLA分析框架由脆弱性背景、生计资本、结构和制度的转变、生计策略和生计成果等五个部分组成。这个分析框架反映的是："脆弱性背景既可以创造生计资本又可以毁坏生计资本；政府机构投资于基础设施建设（物质资本）、技术革新（人力资本）以及制度的建设（社会资本）是创造生计资本的过程；政策和制度在一定程度上调节对资源的拥有和响应程度以及对不同生计战略的反馈程度"①；拥有较多资本的人们往往拥有更多的选择权并有能力运用某些政策措施确保他们的生计安全；人们取得幸福的能力在很大程度上取决于他们对

---

① Kollmairm u, Gamper St. The Sustainable Livelihoods Approach [R]. Input Paper for Integrateed Training Course of Course of NCCR North－South Aeschiried Switerland, 2002.

资本的拥有，不同的资本组合可以达到不同的生计结果。①

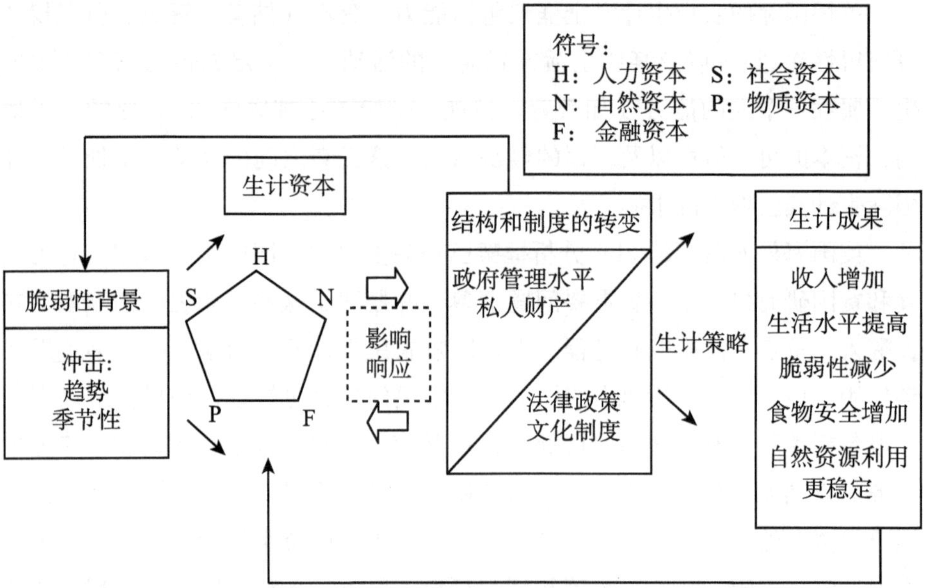

图 1-1 SLA 分析框架示意图

“可持续性农户生计框架是把农户看作在一个脆弱性的背景中生存或谋生的对象，这种环境也影响着农户的资本配置与使用的方式以实现预期的成果并满足他们的生计目标。即在制度和政策等因素造就的脆弱性环境中，在资本与政策和制度相互影响下，作为生计核心的资本的性质和状况，决定了采用生计策略的类型，从而导致某种生计结果，生计结果又反作用于资本，影响资本的性质和状况。”② 生计的形式、状况是由各种不同的力量和因素所决定的，而这些力量、因素本身是在不断变化的。因此，以人为中心的分析往往要同时调查人们的资本、谋生目标及力求实现的生计成果以及为此所选择或采用的生计策略。③

3. 脆弱性背景

SLA 分析框架中自然资本、金融资本、物质资本、人力资本和社会资本

---

① 苏芳，徐中民，尚海洋. 可持续生计分析研究综述 [J]. 地球科学进展，2009 (1).

② 苏芳，徐中民，尚海洋. 可持续生计分析研究综述 [J]. 地球科学进展，2009 (1).

③ 苏芳，徐中民，尚海洋. 可持续生计分析研究综述 [J]. 地球科学进展，2009 (1).

这五个资本通过若干小指标加以测度来反映。在这个分析框架下，首先是对脆弱性背景进行的研究。① 人们在自然灾害、环境危机、经济萧条、政策改变②、种族冲突、疾病、失业、突发事故、牲畜病害以及其他的社会和技术的重大变革、价格变动等脆弱环境下追求生计。

SLA 分析框架通过分析“脆弱性群体在家庭、社区和国家等不同层面上的需求以及脆弱性群体的相关权利、责任与能力，从而发现应该如何行动以及从哪里开始行动”③ 来识别农村社区或贫困人群的脆弱性特点、脆弱性原因和脆弱性状况改变等。脆弱性分析指标通常为风险因素、抵御风险的能力、社会服务体系，每大类中又包含若干具体指标。通过脆弱性各因素分析可以了解一个地区或人群的脆弱性程度、脆弱性原因及采取何种相应措施。

4. 生计资本

家庭或个人资本状况是家庭或个人生计机会选择、生计战略采用和风险环境处境的基础，也是针对农村扶贫和发展项目设计与实施的切入点。在 SLA 分析框架中的五种生计资本可以相互转化。生计资本的组成可以用如图 1-2 所示的五边形来表示。五边形的中心代表不拥有（或零拥有）价值，而外部边界代表拥有最大化的价值。在五种生计资本当中，社会资本与组织和外部变化的规则最为密切，可以简单地把它作为一种产品规则和程序外的产物，反之亦然。所以两者的关系是双向的，可以相互加强。如果人们已经通过公共标

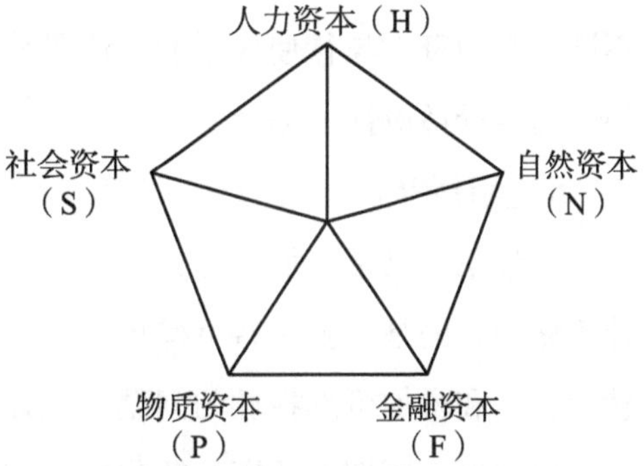

图 1-2 生计资本框架示意图

① SLA 分析框架对社会可持续性的定义与减少脆弱性的概念有密切联系。为了达到长远维持生计的可持续社会发展目标，必须对脆弱性有透彻的理解。脆弱性是一种承受灾害和损失的潜能，涉及承受、应付、抵抗灾难以及从这些影响中得以恢复的能力。无论是脆弱性本身还是它的对立面，其弹性都是受到物质、环境、社会、经济、政治和文化等因素影响的。

② 何仁伟，刘邵权，陈国阶，等．中国农户可持续生计研究进展及趋向［J］．地理科学进展，2013（4）．

③ 苏芳，徐中民，尚海洋．可持续生计分析研究综述［J］．地球科学进展，2009（1）．

准和约束连接起来，它们更有可能形成一个新的组织来寻找自己的利益。

5. 结构和制度的转变

在SLA分析框架中，结构和制度的转变是指形成生计的组织机构以及相应的政策制度的一种完善。“这些结构和政策涉及从个人、家庭到集体、公共领域的各个层面，它们有效地决定着不同种类资本的拥有与相互转换、任一给定资本战略的实施和反馈等。”①②

结构是一种硬件，它包括公共与私人机构，这些机构多见于政府组织，它们设置并实施政策、制定法律、提供服务并以影响生计的其他功能的所有方式来表现。制度是一种软件，它决定结构和个人操作的方式，制度本身作为一种常规实践或一种行为模式，往往受到社会准则和规则的制约，并且拥有持久和广泛的效用。制度同时也是一种社会集合体，它把行为利益者进入不同种类的资本与行使权利的方法联系在一起，定义了一种人们通往积极或消极的生计适应性的路径。

6. 生计策略

生计策略是指人们为达到生计目标而采取的活动和做出的选择，研究生计策略的目的是寻找一些可操控的模式以改善穷人的生计前景，关系到发现替代方案和增加可选择性的问题。生计途径是以人为中心的，需要了解人们是如何把他们所拥有的资本转化成为积极的生计成果的。人们要取得积极的生计成果，必须拥有不同类型的资本；单靠一种类型的资本是不可能产生人们所追求的生计多样化的结果的，因为每种资本的可获得性都较为有限。人们不得不寻求能够开发和综合利用他们现有资本的途径来维持生活。③

生计目标的手段是促进农民的选择、利用机会和经营多样性，这突出表现在生计策略的确定上。而生计策略是指人们通过配置资本和选择经营活动，

---

① Leach M, Mearns R, Scoones I. Environmental Entitlements: Dynamics and Institutions in Community - Based Natural Resource Management [J]. World Development, 1999, 27 (2): 225 - 247.

② Dalal - Clayton B, Dent D, Dubois O. Rural Planning in Developing Countries: Supporting Natural Resource Management and Sustainable Livelihood [J]. Book Reviews/Joural of Rural Studies, 2004, 20 (3): 373 - 386.

③ 苏芳，徐中民，尚海洋. 可持续生计分析研究综述 [J]. 地球科学进展，2009 (1).

以便实现其包括生产活动、投资策略等的生计目标。在考虑农户生计策略制定时，需要关注脆弱性环境背景以及制度和组织外部环境的影响。生计策略随着外界环境条件的变化而动态调整，改变着资本利用的配置和经营活动种类、比例构成。

在不同的资本状况下，生计活动呈现多样性，并且相互结合起来呈现出不同的生计策略。采取生计策略是为了赢得更多的收入、促进福利的增加、脆弱性的减少以及自然资源的可持续使用。①

7. 生计成果

生计成果是生计策略或目标的实现或结果。即更多收入、幸福感和资本的增加、脆弱性和贫困的减弱、食物安全性的提高、自然资源的更可持续利用。生计成果对生计资本有反馈作用。SLA 分析框架里列举了五种生计成果"类型"②，可帮助我们调查、观察贫困农户所寻求的生计成果或目标。贫困农户的生计成果状况——贫困，是贫困农户在脆弱性背景下，在脆弱或不平衡的生计资本组合基础上，得不到政策、机构和程序规则支持，不能有效地使用原本可能使用的资本，生计选择不可持续或者无法维持最终导致的结果。③

通过上述分析，我们可以看到脆弱性背景分析，旨在提高社会影响力和成功应对压力的可持续性。研究生计资本如何满足不同社会群体的需求和服务。对结构和制度的转变的分析旨在了解如何使贫困农户更有效地拥有不同种类资本及进行资本有效转换。对生计策略和生计成果的分析旨在探究人们如何利用生计策略获得相应结果。因此，SLA 分析框架可以帮助我们论证和确立发展规划并有效地调节和维持生计能力的提高。

（二）文献综述

国内外可持续生计研究主要集中在两个研究领域。一是可持续生计的概念。所谓"可持续生计"，是指"要维系或提高资源的生产力，保证对财产、

① 苏芳，徐中民，尚海洋．可持续生计分析研究综述［J］．地球科学进展，2009（1）．

② 生计成果"类型"包括更多的收入、福利的提升、降低了脆弱性、提高了食物安全和更可持续地利用自然资源。

③ 苏芳，徐中民，尚海洋．可持续生计分析研究综述［J］．地球科学进展，2009（1）．

资源及收入活动的拥有和获得，而且要储备并消耗足够的食品和现金，以满足基本的需要"①。1992 年联合国环境与发展会议、1995 年的《哥本哈根宣言》、纳列什·辛格和乔纳森·吉尔曼、中国社会科学院社会政策研究中心都在自己的研究与实践基础上提出可持续生计的概念。二是可持续生计框架。可持续生计框架是围绕可持续发展而提出的一种新的研究工具，是一种旨在分析社会和物质环境之间多维复杂关系的框架。可持续生计分析框架提供了一种观察和研究农村扶贫、环境保护和自然资源可持续利用的视角，是一种通过创建生计分析框架来寻找生计脆弱性原因并提供多种解决方案的集成分析框架和建设性工具，在世界各地的扶贫开发和生计建设项目评估中取得了巨大的成就并日渐成熟。由于对生计内涵的理解差异，联合国开发计划署（UNDP）、关怀国际（CARE）和英国海外发展部提出了不同的可持续生计分析框架。在众多分析框架中，认可度最高的是英国海外发展部 2000 年建立的 SLA 分析框架。KENNETHK ODERO、Berkes 和 Folkes（1992）对分析框架中的生计资本增加了新变量。KENNETHK ODERO 在生计资本中增加的是信息资本，Berkes 和 Folkes 增加的是文化资本。

1. 国外的研究

国外学者运用可持续生计分析方法对生计多样性（Smith et al.，2001）、生计脆弱性（Hahn et al.，2009）、生计安全（Singh et al.，2010）、农户生计与扶贫（Ellis et al.，2003）、能源消费与农户生计（Cherni et al.，2009）、土地利用与农户生计（Soini，2005）进行了大量的研究。②

梅里·杜帕尔通过对东南亚大陆社会环境、生计和地方机制的研究发现，将妇女参与作为一个目标设计到分权过程中以提高妇女参与的实际意义，分权改革促进了资源管理和社会公平，保障了地方生计。

联合国粮食及农业组织在发展中国家的农村通过基础设施建设来改善人们的通信和获取信息的途径，提高农村人口获取地方性知识的能力以推动农村发展。

---

① 苏芳，徐中民，尚海洋．可持续生计分析研究综述［J］．地球科学进展，2009（1）．

② 何仁伟，刘邵权，陈国阶，等．中国农户可持续生计研究进展及趋向［J］．地理科学进展，2013（4）．

伊恩·华莱士（Ian Wallace，2007）认为农业/农村教育和培训是生产性人力资本提高的关键所在，而人力资本对于提高撒哈拉沙漠以南非数百万小农户的生产力、多样性、可持续性和食物安全必不可少。

西蒙·安德森（Simon Anderson，2003）认为，把牲畜作为资本、把牲畜饲养作为生计活动是世界上许多穷人的基本生存策略，他们的贫困状态因为资源使用权的难以得到而每况愈下。

B. C. Glavovic 和 S. Boonzaier（2007）关注南非海岸管理机构和社会组织调停下穷人获取海岸资源以追求理想生计结果的策略，是对一般海岸管理实践的补充。

2. 国内的研究

（1）关于反贫/扶贫的研究。

王立安等以甘肃省陇南市武都区为例，用 SLA 分析框架构建了生态补偿对贫困农户生计能力影响的具体测度指标体系，进行定量计算分析并讨论了贫困地区生态补偿政策制定中亟须改进的问题。[①] 曹朝龙等以北川羌族自治县贫困村灾后重建为例，探讨了政府在“三角链”减贫行动中发挥着主导性作用，通过制度安排，与市场博弈，同社会资本“合谋”，来建构其合法性及灾后重建时期这种合法性经受的生计风险及干群信任风险。唐钧认为城市反贫困取得根本胜利的关键在于建立以社区为依托的城市扶贫和发展可持续生计的社会政策体系与工作机制。[②] 王士心对中国城乡贫困问题进行研究后认为，以往以收入、消费、支出作为贫困衡量标准的扶贫政策只能“维持”现状却不能摆脱贫困。在完善以收入为基础的社会政策的同时，建立以资产建设为基础的发展型社会政策，帮助贫困群体进行资产建设，提升自我发展力量来摆脱贫困才是动态的长效机制。[③]

李小云等发现，农村贫困人口自然资本、物质资本、金融资本、人力资

① 王立安，刘升，钟方雷．生态补偿对贫困农户生计能力影响的定量分析［J］．农村经济，2012（11）．

② 唐钧．城市扶贫与可持续生计［J］．江苏社会科学，2003（2）：132－133．

③ 王士心．中国城乡贫困人口的可持续生计问题研究——基于资产建设的视角［D］．成都：西南财经大学，2011：1．

本、社会资本都十分匮乏；在对农户生计资本、脆弱性进行定量分析后发现，农村社区“不同群体的脆弱性具有差异性，导致农户脆弱性的直接原因是生计资本的单一缺乏或者多元缺乏，最为脆弱的农户就是多种资本缺乏型农户”。[①]

（2）关于农牧生计的研究。

安迪以滇西北农村为例，分析了农牧民如何依靠各种资本来维持半农半牧生计，各种资本生计在生计过程中起怎样的作用与功能，以及各种风险因素对当地生计有怎样的影响。[②] 丁文强以内蒙古荒漠草原区为例研究北方牧区牧户的脆弱性，认为牧户处于生态极为脆弱的背景中，抵御和缓解各种风险的能力十分薄弱。充足的人力资本在面临不利风险冲击时，能够有效缓冲脆弱性波动；消费贫困的家庭比收入贫困的家庭更容易陷入脆弱性。[③]

侯玉峰以赤峰市克什克腾旗浩来呼热乡为田野点调研发现：“公司＋牧户”的经营模式不同程度地提高了牧户的社会资本、金融资本、人力资本、物质资本，使牧户能够在自然资源有限的背景下理性地选择合适的生计策略，缓解了现阶段草原保护与牧民利益的矛盾。[④] 张丽萍等以青藏高原东部山地农牧区金川县可尔马村为个案，探讨了牧区构建可持续生计的核心是以非农活动为主的生计多样化与耕地利用的模式善加。[⑤]

综合以上的研究成果来看，“可持续生计分析框架既是一种理论及思维框架，又是一个可以在操作层面指导工作的工具”[⑥]。该理论框架反映出的价值观对于我们的社会应该怎样发展提供了有益启示。因此，该分析框架并非一经使用所有问题便迎刃而解，而仅仅是给我们提供了一个反思性工具和指导具体工作的思维工具。可持续生计分析框架可以在操作层面帮助我们设计

---

① 李小云，董强，饶小龙，等．农户脆弱性分析方法及其本土化应用［J］．中国农村经济，2005（4）：32－39.

② 安迪．利用可持续生计框架来理解滇西北的半农半牧生计方式［R］//云南省生物多样性与传统知识研究会社区生计部研究报告，2003：3.

③ 丁文强．我国北方草原区牧户脆弱性评价［D］．兰州：兰州大学，2012：11.

④ 侯玉峰．“公司＋牧户”模式对牧民可持续生计的影响［D］．北京：中国农业大学，2006.

⑤ 张丽萍，张镱锂，阎建忠，等．青藏高原东部山地农牧区生计与耕地利用模式［J］．地理学报，2008，63（4）：377－385.

⑥ BEN ngocn 发展交流网理事．可持续生计指南—农村发展新模式［J］．中国改革论坛，2006－07－06.

项目、执行项目、评估项目，找到和政府及其他部门良好合作的切入点。可持续生计方法，要求我们与本地农民一同来了解他们的农、牧、打工及其他主要生计活动之间的连接、资源的流动、主要生计活动中存在的困难，然后找到切入点，用符合本地情况、动用本土资源（包括本土人才）的方法解决主要困难。“在这个过程中，淡化外来者的角色，逐渐使本地人意识到无论是否有外来者，他们都必须依靠自己来解决问题。”①

根据文献综述，我们发现已有研究成果中关于反贫/扶贫的研究侧重于定性分析的多，侧重于定量研究的少；而关于农牧生计的研究侧重于农区生计研究的多，侧重于民族地区牧业生计研究的较少。本研究以新疆牧区哈萨克族分布较多的地州为田野点，运用可持续生计分析框架，探讨在草场征占、草场开垦、草场无序流转等脆弱性背景和制度环境中，牧户通过不同类型资本的组合来应对草场退化、草场征占补助低、草场流转价格低、畜牧业成本增加、牧民组织化程度低、贷款融资困难等风险和冲击。通过引入这一分析框架，深层次地挖掘导致贫困以及可持续生计难以维持的原因，这对如何更好地维持牧民生计的可持续性具有指导意义。本研究深度探讨草原放牧制度改革、牧区城镇化、畜牧业现代化、牧民生计可持续发展与草场经营权流转之间的内在联系，探索牧区草场经营流转机制建立、流转法律建设、流转草场保护建设等问题，是一个关系“三牧”发展的重要研究。

三、本研究的基本思路、研究方法和创新之处

（一）基本思路

本研究通过新疆牧区哈萨克族牧民草场流转的现状调查，了解哈萨克族牧民草场流转的原因、形式、价格、手续规范等状况；通过草原流转前后牧民生活的变化、草场流转中出现的各种问题来分析草场流转对牧民生计的影响；通过牧民生计资本的测量来分析哈萨克族牧民的生计资本状况，分析生计资本与生计策略之间的关系。基本思路如图 1－3 所示。

---

① BEN ngocn 发展交流网理事．可持续生计指南—农村发展新模式［J］．中国改革论坛，2006－07－06．

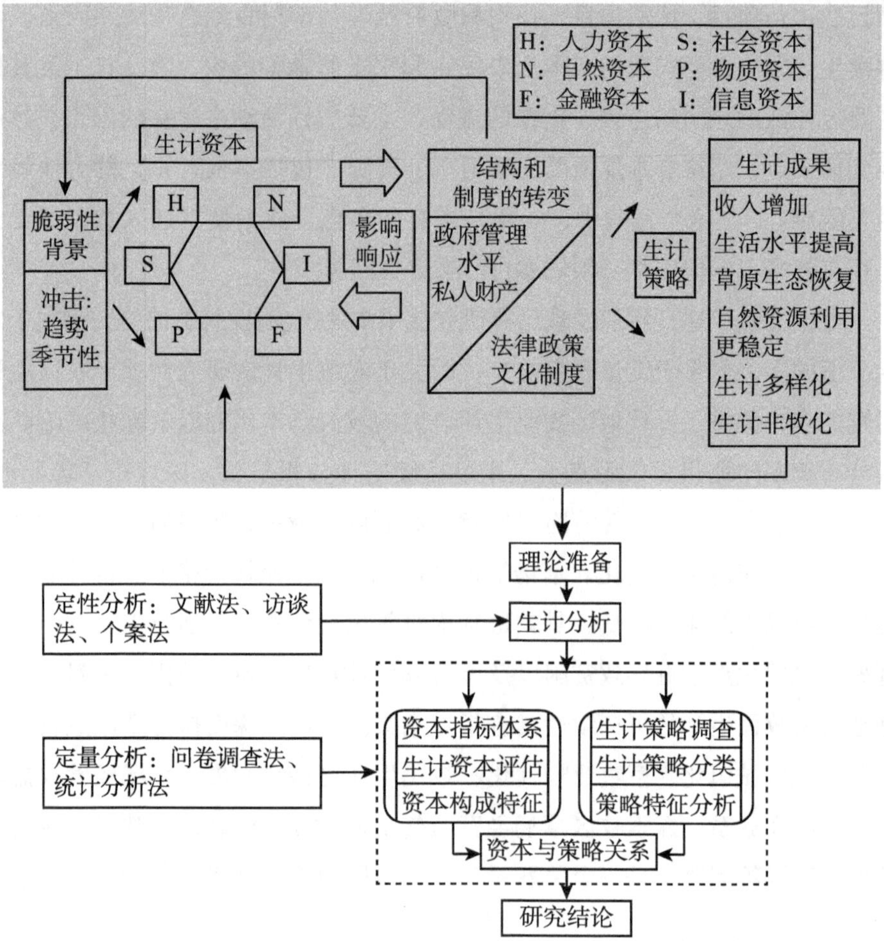

图1－3 基本思路

（二）研究方法

1. 方法选择

本研究采用定量与定性相结合，以定量为主、定性为辅的研究方法。定性方法包括文献法、访谈法、个案法，定量方法包括问卷调查法、统计分析法。

（1）文献法、访谈法、个案法。深入牧区通过以上方法了解牧民的草场流转原因、生计方式、生计状况、生计策略，对调查问卷收集到的资料予以补充。

（2）问卷调查法、统计分析法。通过问卷调查了解草原流转的原因、生计方式、生计资本、生计策略，通过统计分析了解不同流转方式对牧民收入的影响以及不同生计资本组合对牧民生计策略的选择。

2. 数据采集

（1）调研时间与范围。

2013 年 12 月至 2014 年 1 月（第二次调研）组织百余名哈萨克族本科学生对其生源所在地的牧业半牧业县的哈萨克族牧户进行随机入户调查，调查了 28 个县市、67 个乡、122 个村的 616 户（见附录 B）；2013 年 6 月至 2015 年 6 月（第一次、第三次和第四次调研）对 14 个哈萨克族人口较多的县进行了入户调查（见附录 C 和附录 D）；对 54 个乡镇/村委会的负责人进行了访谈（见附录 F）（见图 1－4 至图 1－6）。四次基层调研共涉及 29 个县市、112 个乡、256 个村（见附录 E），收回 1409 份问卷，有效问卷 1310 份。表 1－1 列明四次基层调研的时间及所涉县市/乡镇/村组情况。

表 1－1　四次调研时间和所涉县市/乡镇/村组情况

序号	调研时间	地州	县市	乡镇	村组	入户户数	备注
1	2013 年 6 月至 7 月	1	1	2	2	4	亲自入户
2	2013 年 12 月至 2014 年 1 月	6	28	67	122	616	学生协助
3	2014 年 7 月 17 日至 8 月 23 日	4	12	57	144	712	政府协助
		4	12	32	41	81	亲自入户
		4	14	35	35	54	访谈
4	2015 年 6 月	1	1	3	3	40	亲自入户

图 1－4　在巩留县牛场牧民家中入户访谈

图1－5　在昌吉州吉木萨尔县新地乡新地沟村调研

图1－6　在昌吉州吉木萨尔县白泉村调研

四次调研共发放1747份问卷，收回1409份，分别于2014年夏与2015年夏组织人员用社会科学软件SPSS 17.0对数据进行录入，2015年9—10月对数据结果进行分析。从表1－2和图1－7可以看出，收回的1409份问卷中有效问卷1310份，占收回问卷的91.03%。其中，伊犁州直①有593份，塔城地区有278份，阿勒泰地区有275份，昌吉州有71份，哈密地区②有61

① 即伊犁哈萨克自治州。伊犁州直指伊犁哈萨克自治州政府所辖县（市）。

② 2016年2月18日，哈密正式撤地设市。但本研究的调研均发生在2016年之前，故仍保留“哈密地区”之说法。

份，乌鲁木齐市有 32 份。

表 1－2　研究区域有效调查问卷分布情况

有效性	调查范围	频率	百分比/%	有效百分比/%	累积百分比/%
有效	阿勒泰地区	275	21.0	21.0	21.0
	昌吉州	71	5.4	5.4	26.4
	哈密地区	61	4.7	4.7	31.1
	塔城地区	278	21.2	21.2	52.3
	乌鲁木齐县①	32	2.4	2.4	54.7
	伊犁州直	593	45.3	45.3	100.0
	合计	1310	100.0	100.0	

为使研究过程更加清晰，我们将问卷调查结果细化到县级，分布情况如表 1－3 和图 1－7 所示。其中阿勒泰地区的福海县、吉木乃县、青河县问卷在 50 份以上，塔城地区的额敏县、乌苏市、裕民县问卷在 50 份以上，伊犁州直的尼勒克县问卷在 50 份以上，特克斯县、新源县、昭苏县问卷在 100 份以上。

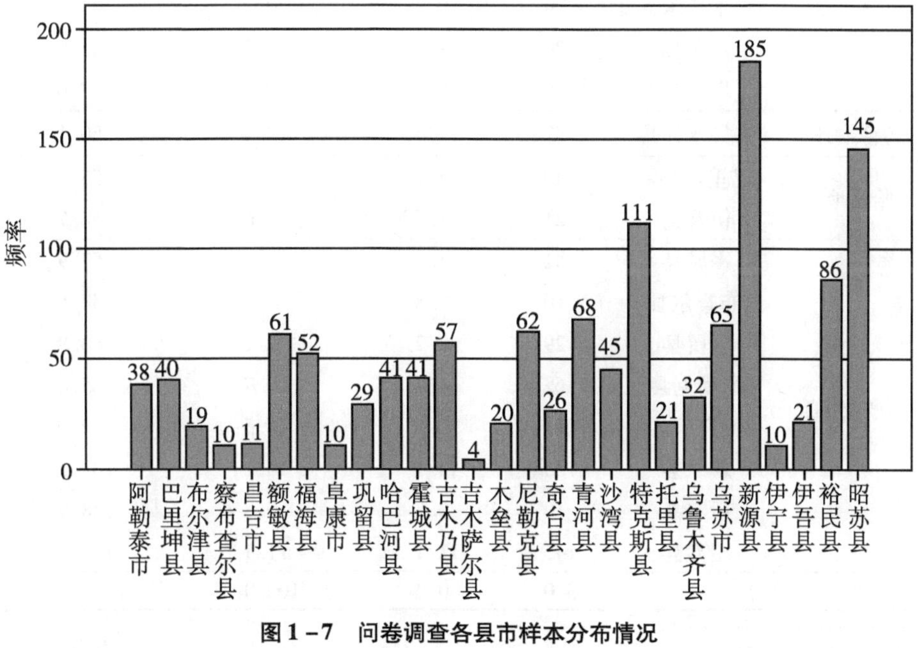

图 1－7　问卷调查各县市样本分布情况

① 本研究在乌鲁木齐市只调研了乌鲁木齐县。

表1-3 问卷调查各县市样本分布情况

地州	县市	频率	百分比/%	有效百分比/%	累积百分比/%
阿勒泰地区	阿勒泰市	38	2.9	2.9	2.9
	布尔津县	19	1.5	1.5	4.4
	福海县	52	4.0	4.0	8.3
	哈巴河县	41	3.1	3.1	11.5
	青河县	68	5.2	5.2	16.6
	吉木乃县	57	4.4	4.4	21.0
塔城地区	额敏县	61	4.7	4.7	25.6
	沙湾县	45	3.4	3.4	29.1
	托里县	21	1.6	1.6	30.7
	乌苏市	65	5.0	5.0	35.6
	裕民县	86	6.6	6.6	42.2
昌吉州	昌吉市	11	0.8	0.8	43.1
	奇台县	26	2.0	2.0	45.0
	吉木萨尔县	4	0.3	0.3	45.3
	木垒县	20	1.5	1.5	46.9
	阜康市	10	0.8	0.8	47.6
乌鲁木齐市	乌鲁木齐县	32	2.4	2.4	50.1
哈密地区	巴里坤县①	40	3.1	3.1	53.1
	伊吾县	21	1.6	1.6	54.7
伊犁州直	霍城县	41	3.1	3.1	57.9
	察布查尔县②	10	0.8	0.8	58.6
	巩留县	29	2.2	2.2	60.8
	尼勒克县	62	4.7	4.7	65.6
	特克斯县	111	8.5	8.5	74.0
	新源县	185	14.1	14.1	88.2
	伊宁县	10	0.8	0.8	88.9
	昭苏县	145	11.1	11.1	100.0
合计		1310	100.0	100.0	

① 即巴里坤哈萨克自治县。

② 即察布查尔锡伯自治县。

（2）问卷内容。

本研究的调查问卷（见附录 A）分为三部分。

第一部分为哈萨克族牧民基本情况，为了了解哈萨克族牧民家庭成员基本情况。①

第二部分为哈萨克族牧民草场流转情况。通过了解牧区哈萨克族牧民草场流转的规模、形式、价格、期限、流转手续规范程度，牧民对草场流转的态度、草场流转前后牧民的收入状况、流转草场的用途、草场流转牧民的安置、国家帮扶政策等情况，来分析牧区草场流转后对牧民生计产生影响。

第三部分为哈萨克族牧民生计资本情况，对生计资本及生计策略、牧民对政府帮扶的诉求进行了调查。② 通过对样本牧户的问卷调查“获取有关他们的生计资本存量和组合特征以及生计策略的信息和数据”③。

（3）问卷调查过程。

2013 年 6 月底至 7 月上旬对昌吉州木垒县进行试调查，通过调查修改调查问卷。木垒县畜牧局、草原监理所的领导很重视，对于调研人员提出的问题很认真地答复，木垒县草原监理所的档案管理很好，资料翔实。

完成一份牧民入户问卷平均需要 2.5 个小时，每份问卷都需要逐字逐句翻译，然后一个问题一个问题地填写上去，工作量非常大，仅靠课题组成员是无法完成调查任务的。2013 年 12 月，根据木垒县的调查情况对调查问卷和访谈提纲进行了修改，在 2014 年 1 月寒假前，从伊犁师范大学学生数据库中抽取了生源地为阿勒泰地区的 8 个县市、塔城地区的 5 个县市、伊犁州直的 8 个县市、昌吉州的 7 个县市、哈密地区的 2 个县市、乌鲁木齐县近 200 名哈萨克族学生进行培训，每位学生在自己所在乡村周边哈萨克族人数占村总人数百分比较高的村落中完成 10 份问卷，开学对学生交回来的问卷审查，问卷填写完整的学生按份支付报酬。这次调查共发放 1000 份问卷，收回 714 份，有效问卷 616 份。

---

① 包括被调查家庭的人力资本基本情况，如家庭地址、家庭规模、年龄构成、受教育水平等。

② 包括物质资本和自然资本基本情况，如牲畜、土地、固定资产等；金融资本基本情况，如收入、信贷机会等；社会资本基本情况，如牧民合作组织、信任度等；生计策略基本情况，如收入构成、劳动力分工、对生计途径的认识等。

③ 杨培涛．牧民生计资本与生计策略的关系研究［D］．兰州：西北师范大学，2009：6.

2014年7月17日至8月23日，对伊犁州直的昭苏县、特克斯县、巩留县、新源县、尼勒克县，阿勒泰地区的阿勒泰市、福海县、吉木乃县，塔城地区的托里县、额敏县、裕民县、乌苏市进行了调研，所到县市，当地农办及草原监理所等都给予了极大的帮助，在当地政府的协助下完成问卷682份，调研人员亲自入户访问的问卷为81份。

2015年6月上旬赴昌吉州吉木萨尔县调研，在老龙台阿克托别克村、吉木萨尔镇白泉村进行了入户访问。

四次基层调研共涉及29个县、112个乡、256个村，收回1409份问卷，有效问卷1310份。

（三）创新之处

1. 研究视角

采用SLA分析框架研究失地、生态迁移、退耕还林等脆弱性背景下农牧民生计可持续性的研究成果不少，但将哈萨克族牧民作为研究对象，将新疆牧区草原流转进程中草场征占、草场开垦、过度放牧引发的草场退化作为脆弱性背景来探讨牧民可持续生计的研究却较少见；已有研究成果侧重于农区生计的多，而侧重于民族地区牧业生计的较少。因此，本研究对新疆牧区草场流转中哈萨克族牧民生计的可持续性路径进行探讨，从研究视角来看具有一定的创新性。

2. 研究方法

根据文献综述得知，已有研究成果侧重于定性分析的多，而侧重于定量研究的较少。本研究采用SLA分析框架研究哈萨克族牧民生计，SLA分析框架既是一种理论及思维框架，又是一种对贫困有效评价的新方法。该分析框架是一种为理解贫困的深层次原因给出多种解决方案的集成分析框架，采用该分析框架研究哈萨克族牧民生计问题是采用新方法研究老问题，通过这一方法的运用，将研究重点从牧民增收提高到生计可持续性的问题上来，具有一定的创新性。

3. 研究对策角度

本研究采用的SLA分析框架既是一种理论及思维框架，又是一种可以在操作层面指导工作的工具。我们可以把它看作一种帮助我们反思主流社会价值观，指导具体工作的思维工具。在操作层面，SLA分析框架帮助我们评估以往牧民增收工作的效果，帮助我们在设计项目中，找到跟政府及其他部门建立良好合作关系的切入点。[①] 我们与本地牧民一同来了解他们的农业、牧业、打工及其他主要生计活动之间的连接、资源的流动、主要生计活动中存在的困难，然后找到切入点，用符合本地情况、动用本土资源的方法解决主要困难。

4. 在原分析框架的生计资本中增加变量

英国海外发展部的SLA分析框架中生计资本包括五部分：自然资本、金融资本、物质资本、人力资本和社会资本。信息时代信息对牧民生计策略选择有着重要的影响，信息是牧民生计资本中的一项重要内容。因此，本研究在SLA分析框架中增加了信息资本变量。本研究的生计资本由五种资本变为六种资本，是对传统理论的一次创新（见图1-8）。

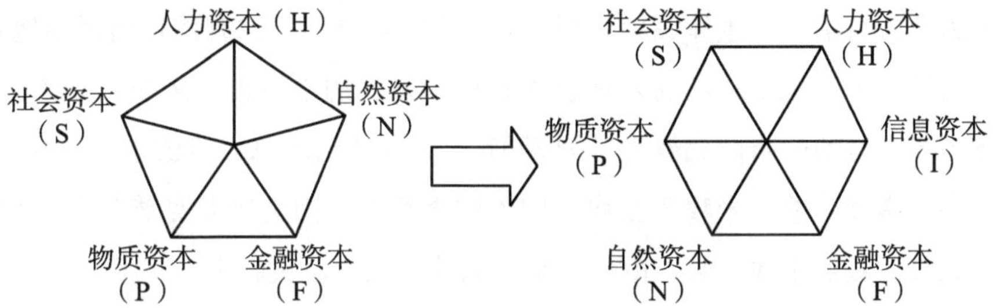

图1-8 本研究的生计资本的变化

四、新疆牧区概况

（一）自然地理状况

新疆草地主要分布在阿尔泰山、天山、昆仑山、阿尔金山和准噶尔盆地、塔里木盆地边缘及各河沿岸。山区草地面积为2930万公顷，占全自治区草地面积的58%，载畜量为75%，平原草地面积为2130万公顷，占新疆草地面积的42%，载畜量为25%。就各经济区域而言，牧业、半牧业县草地占67.8%，农业县占30.2%，城市工矿区占2%。[②]

新疆的草地有草甸、沼泽、草原、荒漠四大类组，草甸草地占23.61%，沼泽草地占0.46%，草原草地占29.00%，荒漠半荒漠草地占46.93%，草地

① BEN ngocn发展交流网理事．可持续生计指南—农村发展新模式［J］．中国改革论坛，2006-07-06.

② 穆合塔尔，米克什，阿衣丁．新疆草原畜牧业特点及其发展对策［J］．草业科学，1998（5）.

毛面积达5596.17万公顷，草被覆盖面积占新疆总面积的50%以上。①

新疆牧区44个县，占新疆草地总面积的67.8%，其中，牧业县22个（南疆5个、北疆16个、东疆1个），半牧业县22个（南疆10个、北疆11个、东疆1个）（见表1-4）。本研究调研了牧业县中的北疆14个县和东疆1个县，占牧业县总数的68.18%，调研了半牧业县中的北疆9个县和东疆1个县，占半牧业县总数的45.45%。牧业县中，在北疆16个县中调查了14个，没有调查塔城地区和布克赛尔县②以及博尔塔拉州③的温泉县，因为和布克赛尔县为蒙古自治县，以蒙古族、汉族、哈萨克族为三大主体民族，哈萨克族只分布在和布克赛尔县北部的铁布肯乌散乡、伊克乌图布拉格牧场。博尔塔拉州为蒙古自治州，主体民族为蒙古族。半牧业县中，没有调查南疆四地州、博尔塔拉州的博乐市和已划入乌鲁木齐市米东区的米泉市。米泉市划入乌鲁木齐市米东区前的哈萨克族人口为3287人，占米泉市总人口的1.99%④，占比很小。南疆的牧业半牧业县均未纳入调查范围，因为哈萨克族牧民主要居住在北疆的牧业半牧业县，南疆哈萨克族牧民人口总量较少。

表1-4　新疆牧业半牧业县名录⑤

	合计	数量	牧业县	数量	半牧业县
新疆	44	22	乌恰、塔什库尔干、阿合奇、青河、和布克赛尔、富蕴、托里、阿勒泰、吉木乃、哈巴河、福海、伊吾、特克斯、木垒、布尔津、和静、昭苏、新源、民丰、尼勒克、温泉、裕民	22	巴里坤、米泉、额敏、阿图什、巩留、阜康、吉木萨尔、柯坪、策勒、阿克陶、若羌、奇台、哈密、且末、博乐、和硕、精河、乌鲁木齐、尉犁、温宿、塔城、沙雅

资料来源：由侯向阳、杨理所著的《我国牧区县和半牧区县划分及发展方向研究》中表1“调整划分方案的牧区和半牧区县（旗）名录”整合而成。

① 新疆草原生态发展现状与牧民民生问题浅析［EB/OL］.［2012-10-17］.http://www.docin.com/p-500413161.html.

② 即和布克赛尔蒙古自治县。

③ 即博尔塔拉蒙古自治州。

④ 新疆乌鲁木齐米东区［EB/OL］.［2017-10-27］.热狗百科，https://baike.sogou.com/v22514117.htm.

⑤ 侯向阳，杨理.我国牧区县和半牧区县划分及发展方向研究［J］.科技导报，2007（9）.

新疆的44个牧业半牧业县中，本研究调查的乌鲁木齐县、塔城市、额敏县、巩留县的发展方向为奶源基地建设典型县，巩留县、塔城市、额敏县、阜康市的发展方向为草原饲草基地建设典型县，牧业县中伊吾县、阿勒泰市、新源县的发展方向为生态旅游典型县（见表1－5），木垒县、阿勒泰市、布尔津县、昭苏县为首批国家全域旅游示范区创建单位①。半牧业县中巴里坤县、哈密地区、额敏县、乌鲁木齐县、塔城市的发展方向为生态旅游典型县，巴里坤县为首批国家全域旅游示范区创建单位②。

表1－5 新疆牧业县半牧业县发展方向③

	奶源基地建设典型县	草原饲草基地建设典型县	生态旅游典型县	
			牧业县	半牧业县
新疆	乌鲁木齐、塔城、额敏、巩留	米泉、精河、阿图什、巩留、塔城、额敏、阜康	伊吾、温泉、塔什库尔干、民丰、阿勒泰、新源、昭苏	巴里坤、哈密、额敏、乌鲁木齐、塔城

资料来源：由侯向阳、杨理所著的《我国牧区县和半牧区县划分及发展方向研究》中表2、表3、表4整合而成。

阿勒泰地区是新疆重要的畜产品生产基地。阿勒泰市土地总面积为1536.01万亩，草地毛面积为1146.3万亩，可利用草地面积为971.11万亩，占土地总面积的63.32%；天然草原占新疆可利用草原的14.5%。阿勒泰地区广袤的草原不但为畜牧业提供了得天独厚的发展基础，而且为边境地区牧民筑起了一道绿色生态屏障。

塔城地区牧业资源丰富，是新疆重要的牧区。塔城地区现有的草场面积为703.3万公顷，其中可利用草场面积为572万公顷，饲草料地面积为2.96万公顷，平均每户3.07公顷。塔城牧区牧民人均收入为13674元，其中牧业收入9732元；半牧区牧民人均收入为17296元，其中牧业收入11435元。④

---

① 陈新梅．昭苏县成为首批国家全域旅游示范区创建单位［N］．伊犁晚报，2016－02－17.

② 陈新梅．昭苏县成为首批国家全域旅游示范区创建单位［N］．伊犁晚报，2016－02－17.

③ 侯向阳，杨理．我国牧区县和半牧区县划分及发展方向研究［J］．科技导报，2007（9）.

④ 马合帕·吾拉拦汗．哈萨克族民俗对牧区经济发展影响研究［D］．乌鲁木齐：新疆师范大学，2014：22－25.

（二）人口分布

据2012年全国人口普查，哈萨克族总人口共有155.7万人，其中99%的人口生活在新疆，主要分布在新疆塔城地区、伊犁州直、阿勒泰地区、昌吉州木垒县以及哈密地区；少数生活在甘肃省阿克塞县①和青海省。哈萨克族52%以上的人口从事畜牧业，已定居的人口占总人口的7.56%②，除少数从事农业外，一半以上人口生活在牧区，过着逐水草而居的游牧生活，从历史上看是个典型的游牧民族。③

哈萨克族是新疆人口第二大少数民族，据第五次全国人口普查公布，哈萨克族人口数为1250458人，其中1245023人居住在新疆，占全疆总人口的6.74%。2000年，新疆哈萨克人口分布情况是：北疆地区，伊犁哈萨克自治州州直占38.13%，阿勒泰地区占23.1%，塔城地区占17.35%。伊犁哈萨克自治州的哈萨克族有1087354人，占全国哈萨克人口的86.95%。按人口绝对数划分，伊犁哈萨克自治州哈萨克人口最多，达979343人，占新疆哈萨克人口的78.66%。其中阿勒泰地区哈萨克族人口占本地区总人口51.39%，塔城地区哈萨克族人口占本地区总人口的24.2%，伊犁哈萨克自治州直属八县两市哈萨克族人口占本地区总人口的20%。昌吉回族自治州和乌鲁木齐地区哈萨克人口占全疆哈萨克族总人口数的13.55%。哈密地区占3.46%。南疆地区喀什、和田、阿克苏三地区哈萨克族占全疆哈萨克族总人口数的0.01%。④

（三）经济状况

1. 牧区经济发展缓慢，后发优势不足，草场退化与经济增长矛盾日渐突出

新疆牧区产业结构调整过缓，格局十分不合理，突出表现为二、三产业比重过低。表1－6是2010年对阿勒泰地区260户农牧户的调查结果。

---

① 即阿克塞哈萨克族自治县。

② 张灵俐．新疆哈萨克族游牧民定居问题研究［D］．石河子：石河子大学，2008：15.

③ 马合帕·吾拉拦汗．哈萨克族民俗对牧区经济发展影响研究［D］．乌鲁木齐：新疆师范大学，2014：22－25.

④ 朱远来．新疆哈萨克族现代教育发展研究［D］．北京：中央民族大学，2012：23.

表1-6 2010年牧民不同收入在家庭总收入中的占比

产业结构	第一产业	第二产业	第三产业
占家庭收入比/%	87.33	3.88	8.79

牧区产业结构单一、就业结构中畜牧业比重偏大、畜牧业生产率低下的整体格局，很难推动畜牧业经营规模化。[①] 畜牧业的领军企业很少，绝大部分企业只能进行乳畜产品初级加工。牧民收入来源主要以活畜育肥和畜产品为主，经营模式单一，生计渠道单一。[②]

牧区传统支柱产业草原畜牧业，在牧区牧场资源自身总量约束和因市场风险与自然灾害影响导致牲畜存栏量和出栏量增长减缓的双重挤压下，若想要加快发展步伐，困难重重。除此之外，还受到农区畜牧业的夹击，传统牧区奶、肉等相关产品面临着巨大的市场风险。虽说北疆哈萨克牧区水资源较为丰富，但沿边地区的哈萨克族牧区，因大部分处于自然经济状态，畜群出栏率和商品率低，夏壮、冬瘦、秋肥、春乏等问题十分突出，严重制约北疆地区畜牧业经济发展，使经济力量日益削弱。

草原退化的趋势没有发生根本性改变，牧区面临着生态保护与经济增长的两难困境。2011年前后新疆各地进行的草地定点动态监测资料显示，新疆天然草地90%退化，其中严重退化面积占30%以上。天然草场产草量下降1/3~2/3，平均产草量从20世纪60年代的98千克/亩减至20世纪90年代的20千克/亩。[③]

2. 牧业资源环境制约严重，发展空间受限

2003年牧区开始实施退牧还草等生态保护工程，在牲畜快速增长而放牧草场面积减少的情况下，牧区超载过牧现象非常严重。根据农业部草原监测

① 国务院. 关于促进牧区又好又快发展的若干意见（国发〔2011〕17号）[Z]. 2011-06-01.

② 阿德力汗·叶斯汗. 全面建设小康社会与加快新疆牧区经济社会发展[J]. 新疆社会科学，2005（4）.

③ 阿德力汗·叶斯汗. 全面建设小康社会与加快新疆牧区经济社会发展[J]. 新疆社会科学，2005（4）.

中心的监测报告，2009 年全国主要牧区牲畜超载率为 31%，新疆为 35%。[①] 52% 的哈萨克族人民仍然过着游牧生活，游牧仍然是牧区牧业的主要生产方式。牲畜是牧民主要的生产生活资料，“畜多为富”仍是牧民经济状况的一个基础衡量标准。牧区牧民收入低，无力进行牲畜改良，近亲繁育、自然繁育导致牲畜品质严重下降。

3. 国家惠牧政策少，牧民生计困难

“十一五”之后，牧区牧民收入水平缓慢增长，但增幅极小，总体而言，哈萨克族牧民仍属于典型欠发达地区的社会共同体。他们的人均收入只有新疆农民人均收入的 50% ~70%，明显低于全疆平均水平。

传统畜牧业收入增长空间非常有限。六七成牧民文化水平仅为小学或初中，专业技能极其缺乏，市场意识尚未建立，很难有机会获得工资性收入。再加上语言、生活习惯等因素影响，牧民走出牧区、走向城镇意愿较低，实现劳动力转移的难度很大。

针对牧区优惠政策较少。2000 年以来连续 8 年的中央一号文件表明中央政府对农业高度重视。“三农”政策对农区发展和农民增收起到了重要作用，但却极少惠及广大牧民。虽然国家对牧区也进行了一些补贴，如退牧还草补贴，但标准较低、时限较短[②]，远远不能满足草场减少后牧民的生活维持需求。

（四）社会状况

新疆牧区牧业发展在很大程度上是建立在牺牲草地生态基础上的，长期以来，受历史传统影响，重生产功能、轻生态功能，由此造成人、畜、草关系长久失衡，草原退化无可避免。新疆牧区天然草地牲畜超载率从 2009 年的 35% 上升至 80% ~100.5%，退化面积已达 80%，严重退化草场面积达到 37.5%，各种自然灾害频繁发生，草原生态恶化形势严峻，牧民的生存空间

① 蓝红星. 中国牧区经济社会发展的现状及对策研究 [J]. 西南民族大学学报（人文社会科学版），2012 (11).

② 陈维青，马林. 新疆牧区可持续发展模式的现状评价及问题分析 [J]. 大连民族学院学报，2012 (6).

日益恶化。[①] 而且，天然草地这种退化趋势还在以每年 400 多万亩的速度增加，草地退化直接影响到土地沙化、荒漠化进程，以及畜牧业持续稳定的发展。

牧区社会事业发展非常落后。“据伊犁哈萨克自治州调查，2009 年州直县、市 141 个乡（镇）、550 个村中，仅有 22 个乡镇设有文化站，占总数的 15.6%，仅有 203 个村设有文化室，占总数的 36.9%。”[②] 在牧区，上学难、看病难的程度比农区严峻得多。牧区原本只有乡镇才有中小学，学校撤并改革后，牧区学校数量更少、更远。牧民为了子女上学通常要租房陪读，负担很重。牧区学龄儿童入学率在小学阶段达到 90% 以上，但升至初中阶段的仅占 30%，高中阶段就更少了。[③] 牧区学校师资缺乏、教学水平低，影响了牧民基础教育水平的提高。因此，时至今日，牧民教育程度为小学和初中的依然居多，懂汉语、通双语的非常少。

新疆牧区水利建设历史欠账多。近年牧区兴建了一批水利工程，抗御自然灾害能力有所提高，但距离当前草原保护建设的需要差距还很大。[④] 牧区无法摆脱靠天养畜的局面，与水利建设严重滞后有着密切的关系。

五、本章小结

本章阐述了本研究的目的和意义，本研究的理论基础和文献综述。对国内外采用可持续分析框架进行研究的成果作了简要梳理，概要介绍了本研究的基本思路、研究方法和创新之处，最后从自然地理状况、人口分布、经济状况、社会状况四个方面简要介绍了新疆牧区的情况。

---

① 陈维青，马林．新疆牧区可持续发展模式的现状评价及问题分析［J］．大连民族学院学报，2012（6）．

② 陈维青，马林．新疆牧区可持续发展模式的现状评价及问题分析［J］．大连民族学院学报，2012（6）．

③ 陈维青，马林．新疆牧区可持续发展模式的现状评价及问题分析［J］．大连民族学院学报，2012（6）．

④ 阿德力汗·叶斯汗．全面建设小康社会与加快新疆牧区经济社会发展［J］．新疆社会科学，2005（4）．

第二章 新疆牧区哈萨克族牧民草场流转现状调查

牧区草地[①]承包经营权流转“简称草地经营权流转，是指在草地承包期内，承包方以出租、转让、转包、互换、入股及其他方式将承包草地的承包经营权转移给第三方从事牧业生产经营的经济现象”[②]。草地按其利用类型分为牧区草原和农区草山草滩。草原是一种植被类型，而草场是农牧业用地的一种，指用于畜牧业生产的土地，包括天然草场、割草场、人工草场、半人工草场、草库和饲料轮作区。本研究中，草地主要指天然草场和人工草场。天然草场是指一种土地类型，它是草本和木本饲用植物与其所着生的土地构成的具有多种功能的自然综合体。本书涉及的草原和草场是指同一流转客体，即实行承包经营的草原，包括全民所有草原和集体所有草原，不包括未实行承包经营的全民所有和集体所有的机动草原。[③]

一、新疆牧区草场流转的发展历程

（一）牧区土地制度变迁的历史回顾

中华人民共和国成立之初，新疆牧区实行“草牧场民族共有”“人畜两

---

① 360百科：按土地利用类型划分，主要用于牧业生产的地区或自然界各类草原、草甸、稀树干草原等统称为草地。草地多年生长草本植物。可供放养或割草饲养牲畜，分为牧区草原和农区草山草滩两大部分。https：//baike. so. com/doc/5894762 –6107650. htm，l2017 –10 –20.

② 锡盟草原监督管理局. 锡林郭勒盟牧区人口转移流转草地草畜平衡监督管理办法（试行）[EB/OL]. [2007 –05 –30] . http：// wzb. xlgl. gov. cn/ 63210/ 897520/ 200706/t20070614_ 20082. htm.

③ 张引弟. 牧区草场承包经营权流转问题研究 [D]. 呼和浩特：内蒙古大学，2009：13.

旺”政策：从1960年起，法律确定“草牧场全民共有”。[①] 社会主义改造时期，牧区实施“草场公有，集体经营”[②]；人民公社时期，牧区经济政策和制度变革的核心转向生产关系：没收和减少私人财产，全面实施公有制。在草牧场公有制时期，“牧区牧民对付干旱的方式是在政府疏导下自由配置草地资源，即上级政府协调各级政府在整个区域内配置草地资源，牧民可以根据牧草长势，采取大范围游牧方式来对付牧草的时空变化。学者认为这一时期草地的公有制产权制度即相应的畜牧业政策并没有对草地生态环境造成太大的影响，而这时候畜牧业效率却是最高的”[③]。

20世纪末，随着全国农村家庭联产承包责任制的成功推行，牧区也效仿施行家庭联产承包责任制。牧区实行家庭联产承包责任制大致可以分为三个阶段。第一阶段，20世纪80年代，只是将所有牲畜承包到户，同时，部分草场开始承包。新疆牧区实行牲畜“作价归户、户有户养”的草场承包责任制，国有牧场实行“铁畜制”“作价归户”。第二阶段，20世纪80年代至90年代中期，牧区大部分草场开始承包到组[④]。1989年起牧区开始落实草场使用权。1989—1992年，新疆县级人民政府给牧民颁发草原使用证[⑤]。第三阶段，草原承包责任制的实施。1994年开始全面实施草原有偿承包。草场承包到户政策目标在于明确草原的责权利关系。冬草场、春秋草场和打草场以家庭承包经营为主，夏牧场以联户承包为主，村集体经济组织预留的调剂或抗灾使用的草场则以集体承包为主。[⑥]

草原“双权一制”实施不久，无畜户、无劳力户会将自己的草原使用权让渡给需要的人，乡镇、村组集体也将没有承包的机动草场流转给大户或企

① 罗桥顺．新疆农村土地流转的检讨与对策建议［EB/OL］．［2008－12－05］．http：//news.QQ.com.

② 张引弟．牧区草场承包经营权流转问题研究［D］．呼和浩特：内蒙古大学，2009：12.

③ 达林太娜仁高娃，阿拉腾巴格那．制度与政策的历史演变对内蒙古草原生态环境的影响［J］．科技创新导报，2008（10）.

④ 张引弟．牧区草场承包经营权流转问题研究［D］．呼和浩特：内蒙古大学，2009：12.

⑤ 新疆“三牧”问题调研组．新疆“三牧”问题调查及扶持政策建议［J］．农村财政与财务，2011（9）.

⑥ 杨理．草原治理：如何进一步完善草原家庭承包制［J］．中国农村经济，2007（12）.

业，流转费用用于公务开支。非正式制度背景下的草场流转悄悄开始了。

（二）非正式制度背景下哈萨克族牧民草场的自发流转

草原经营权流转现象早在20世纪80年代中后期就已经出现了。牧区从1984年开始推行草原家庭承包制，1987年后实施“草畜双承包”制度，到落实“双权一制”制度，草地经营权流转现象日渐普遍。① 哈萨克族牧民将自己承包的草场出租、转包给生产队或其他生产队的村民放牧，村委会将未实行承包经营的集体所有的机动草原承包出去，有的承包人在承包期间将机动草场开垦为耕地种植向日葵等经济作物。到2006年，草原承包经营权的流转基本上是处于分散的小规模自发性流转（私下流转、口头协议、无偿或低偿流转等）。② 从表2－1可以看出，样本中76.6%是自发参与草场流转的，17.5%是由政府组织参与流转的，5.8%是由中介机构组织参与流转的。

表2－1 牧民草场流转的组织方式统计分析③

有效性	流转组织方式	频率	百分比/%	有效百分比/%	累积百分比/%
有效	牧户自发	105	8.0	76.6	76.6
	政府组织	24	1.8	17.5	94.2
	中介机构组织	8	0.6	5.8	100.0
	合计	137	10.5	100.0	
缺失	系统	1173	89.5		
合计		1310	100.0		

同时存在地方政府出于种种公共利益强制性流转（返租倒包、以租代征等）的现象。然而，自2008年党的十七届三中全会审议通过的《中共中央关于推进农村改革发展若干重大问题的决定》提出农村土地承包经营权流转

① 张引弟．牧区草场承包经营权流转问题研究［D］．呼和浩特：内蒙古大学，2009：12.

② 张引弟．牧区草场承包经营权流转问题研究［D］．呼和浩特：内蒙古大学，2009：17.

③ 统计分析说明：本书所使用的数据分析软件对数据统计分析中“百分比、有效百分比、累积百分比”的数据本身已保留到小数点后三位数，即数据精确度为千分位。因研究需要，本书在计算“百分比、有效百分比、累积百分比”时统一保留小数点后一位数，系统软件在做四舍五入进位运算时会产生系统误差，但不影响统计分析的科学性和准确性。

制度改革后，牧区草地承包经营权流转也随之开始步入规范化、制度化、市场化流转的轨道。①

（三）国家及地方与土地流转相关的制度性文件

1997 年，国家开始陆续出台与农村土地流转相关的法律、政策、规定，见表 2－2。

表 2－2　1997 年以来国家陆续出台的与农村土地流转相关的法律、政策、规定②

序号	时间	部门	法律、法规、政策、规定
1	1997 年 8 月	中共中央办公厅、国务院办公厅	《关于进一步稳定和完善农村土地承包关系的通知》
2	2002 年 8 月	第九届全国人民代表大会常务委员会第二十九次会议	《中华人民共和国农村土地承包法》
3	2003 年 12 月	农业部	《中华人民共和国农村土地承包经营权管理办法》
4	2004 年 4 月	国务院办公厅	《关于妥善解决当前农村土地承包纠纷的紧急通知》
5	1986 年 6 月 2004 年 8 月	第六届全国人民代表大会常务委员会第十六次会议通过，第十届全国人民代表大会常务委员会第十一次会议修正	《中华人民共和国土地管理法》
6	2005 年 1 月	农业部	《农村土地承包经营权流转管理办法》
7	2007 年 3 月	第十届全国人民代表大会第五次会议	《中华人民共和国物权法》
8	2009 年 3 月	国务院办公厅	《国务院办公厅关于切实做好当前农民工作的通知》
9	2009 年 6 月	第十一届全国人民代表大会常务委员会第九次会议	《中华人民共和国农村土地承包经营纠纷调解仲裁法》
10	2009 年 2 月 1 日	中共中央、国务院	《中共中央、国务院关于 2009 年促进农业稳定发展农民持续增收的若干意见》

① 张引弟．牧区草场承包经营权流转问题研究［D］．呼和浩特：内蒙古大学，2009：17．

② 宋建华，张安虎．新疆农村土地流转工作的对策和建议［J］．中国乡村发现，2012（4）．

续表

序号	时间	部门	法律、法规、政策、规定
11	2009 年 12 月 31 日	中共中央、国务院	《中共中央 国务院关于加大统筹城乡发展力度进一步夯实农业农村发展基础的若干意见》
12	2012 年 12 月 31 日	中共中央、国务院	《关于加快发展现代农业进一步增强农村发展活力的若干意见》
13	2014 年 11 月 21 日	中共中央办公厅、国务院办公厅	《关于引导农村土地经营权有序流转发展农业适度规模经营的意见》

中国农村土地流转已成规模，流转速度、流转对象和流转利益日趋多元化，但新疆农村土地流转只在少数经济较发达的地方形成了规模。① 新疆农村土地流转处在一个由自发到自觉，从无序到有序的初期化发展阶段。与新疆相比，内蒙古 1999 年②、青海省 2001 年③相继出台地方性的草场流转管理办法。青海省黄南州④ 2005 年出台了《草场使用权流转管理办法》⑤，此后，青海省⑥、青海省的海北州⑦、海南州⑧、果洛州⑨、黄南州也相继出台了草场流转管理办法。而直到 2009 年 4 月，新疆党委和政府才出台了《关于做好农村土地承包经营权流转工作的意见》，2010 年 5 月 1 日昌吉州政府出台了《昌吉回族自治州草原承包经营权流转办法（试行）》⑩，“新疆维吾尔自治区草场流转管理办法”至今尚未出台。

---

① 罗桥顺．新疆农村土地流转的检讨与对策建议［EB/OL］．［2008－12－05］．http：//news. QQ. com.

② 最早的是内蒙古 1999 年 12 月出台的《内蒙古自治区草原承包经营权流转办法》（内蒙古自治区人民政府令第 99 号）。

③ 2001 年 8 月 2 日青海省人民政府第二十三次常务会议审议通过《青海省草原使用权流转办法》。

④ 即黄南藏族自治州。

⑤ 青海省黄南州人民政府，黄政〔2005〕38 号，2005 年 7 月 1 日施行。

⑥ 青海省人民政府令 2011 年第 86 号，2011 年 12 月 28 日审议通过。

⑦ 即海北藏族自治州。

⑧ 即海南藏族自治州。

⑨ 即果洛藏族自治州。

⑩ 昌吉州人民政府．昌吉回族自治州草原承包经营权流转办法（试行）［Z］．［2010－05－01］．http：//www. mlx. gov. cn.

二、草场流转与耕地流转的区别

土地从利用类型来说分为耕地、草场、林地、建设用地等。农村土地流转通常指耕地流转、草场流转。农地产权包括所有权、使用权、收益权和处分权，其中使用权又可细分为承包权和经营权。[①] 虽然农地包括耕地、草场，但因为两者的性质、功能、用途不同，所以草场流转和耕地流转有相同的地方，也有许多不同之处。

（一）草场流转与耕地流转的原因不同

农区耕地（农区耕地流转指的就是家庭联产承包的农业耕地）流转的主要动因是非农产业发达，农民外出务工导致耕地抛荒，促进了耕地流转，[②] 耕地流转已实现规模经营。耕地流转制度比较规范，形式多样[③]，最普遍的是耕地股份合作制。[④] 新疆牧区草场面积小、无劳动力是草场流转的主要原因。草场流转提倡在乡镇、村组内进行，要求控制载畜量和围栏建设等。

（二）草场流转与耕地流转的权限不同

由于草场具有位置固定和不可移动性，流转的对象是草场权利，即草场产权。《中华人民共和国草原法》规定草原属于国家所有，由法律规定属于集体所有的除外[⑤]，决定了所有权不能自由转让。未实行承包经营的全民所有的和集体所有的机动草原不能流转。

（三）草场流转与耕地流转的用途不同

在农村，耕地经营权的使用权拥有者可以完全依据自己的偏好耕种土地，任何人不得对其进行干涉，但使用权拥有者也必须承担不改变土地用途等义

---

① 罗桥顺．新疆农村土地流转的检讨与对策建议［EB/OL］．［2008 - 12 - 05］．http：//news.QQ.com.

② 张引弟．牧区草场承包经营权流转问题研究［D］．呼和浩特：内蒙古大学，2009：2.

③ 包括股份合作制、反租倒包、委托经营、自发转包等多种形式。

④ 张引弟．牧区草场承包经营权流转问题研究［D］．呼和浩特：内蒙古大学，2009：18.

⑤《中华人民共和国草原法》第九条规定：“草原属于国家所有，由法律规定属于集体所有的除外。国家所有的草原，由国务院代表国家行使所有权。”

务。在牧区，草场使用权拥有者仅能从事畜牧业生产，同时还须承担相应的保护、建设草原的责任，同时保证草原等级稳定、提高，不得掠夺性经营，不得利用草原从事非畜牧业生产经营活动。①

（四）草场流转与耕地流转的面积不同

新疆牧区哈萨克族牧场分为春秋牧场、夏牧场、冬牧场。进城打工或居住的、移居国外或其他区域的才有可能把草场全部流转出去。留在牧区为其他牧户做牧工的，或仍经营牧业生产的都只是季节性流转或把某一类型草场流转出去。从表2-3可知，样本中67.7%的牧民家里草场有流转现象，平均流转面积为530.52亩，流转最多的牧户流转了9050亩，也有没有流转的，流转户的流转面积相差较大。

表2-3 牧民草场流转面积

（单位：亩）

	全距	极小值	极大值	和	均值	标准差
草场流转面积	9050	0	9050	116714	530.52	1204.147

（五）草场流转与耕地流转的市场发育程度不同

耕地流转由乡村组织提供信息流转或委托乡村组织流转，农户自发流转仅占三成。草场流转主要是季节性流转或一年期流转。耕地流转自发流转交易期限在3年左右，较少在5年以上。土地专业合作社耕地流转期限大多在10年左右，少部分在20年以上。草场流转几乎为自发流转，流转期限交易期限短。

（六）草场流转与耕地流转的流转价格不同

1. 草场征占用与耕地征占用的补偿价格不同

（1）耕地征占征收补偿价格（见表2-4）。

① 张引弟．牧区草场承包经营权流转问题研究［D］．呼和浩特：内蒙古大学，2009：18.

表 2-4　耕地征占征收补偿价格表

1	征收耕地补偿标准	旱田平均每亩补偿 5.3 万元； 水田平均每亩补偿 9 万元； 菜田平均每亩补偿 15 万元
2	征收基本农田补偿标准	旱田平均每亩补偿 5.8 万元； 水田平均每亩补偿 9.9 万元； 菜田平均每亩补偿 15.6 万元； 林地及其他农用地平均每亩补偿 13.8 万元； 工矿建设用地、村民住宅、道路等集体建设用地平均每亩补偿 13.6 万元； 空闲地、荒山、荒地、荒滩、荒沟和未利用地平均每亩补偿 2.1 万元
3	其他税费	耕地占用税，按每平方米 2 元计算； 商品菜地开发建设基金，按每亩 1 万元计算； 征地管理费，按征地总费用的 3% 计算，由国土资源部门严格按有关规定使用； 耕地占补平衡造地费，平均每亩 4000 元，统筹调剂使用，省国土资源厅负责监督验收

资料来源：根据 2015 年农村土地流转价格整理而成。

（2）草场征占征收补偿价格（见表 2-5 至表 2-7）。

表 2-5　新疆牧区草场等级划分表①

草场等级	可食牧草产草量分级标准 /（千克/公顷）	牧草等级率 /%	牧草饲用价值分等标准 /元	草场流转补偿参照标准 /（元/亩）	备注
Ⅰ级草场	>4000	优质牧草≥80%	>120	120±10	±为牧民与政府或承租方的议价范围
Ⅱ级草场	3001~4000	优质牧草≥70%	>100	100±10	±为牧民与政府或承租方的议价范围

① 农业部草原监理中心．草原执法理论与实践［M］．北京：中国农业出版社，2010：14-23.

续表

草场等级	可食牧草产草量分级标准/（千克/公顷）	牧草等级率/%	牧草饲用价值分等标准/元	草场流转补偿参照标准/（元/亩）	备注
Ⅲ级草场	2001～3000	优等牧草≥60%	>80	80±10	±为牧民与政府或承租方的议价范围
Ⅳ级草场	1500～2000	良等以上牧草≥60%	61～80	61～80	
Ⅴ级草场	1001～2000	中等以上牧草≥60%	41～60	41～60	
Ⅵ级草场	501～1000	低等以上牧草≥60%	20～40	20～40	
Ⅶ级草场	250～500	劣等以上牧草≥40%	11～20	11～20	
Ⅷ级草场	<250	不可食植物≥40%	<10	<10	

表2-6　牧草地产值补偿基数表①

（单位：元/亩）

级别＼等级	补偿基数		
	一等	二等	三等
1	327.60	262.08	120.00
2	262.08	148.00	88.00
3	136.00	90.00	63.00
4	80.00	69.00	50.00

① 新疆发改委．关于草原监理费收费标准补充规定的通知（新发改价费〔2005〕1138号）[Z]．2005-12-01．

表2-7　草场等级换算对照表（原草场等级）①

（单位：元/亩）

级别＼等级	一等	二等	三等
1	Ⅰ1、Ⅰ2、Ⅱ1 327.60	Ⅰ3、Ⅱ2、Ⅲ1、Ⅲ2、Ⅳ1 262.08	Ⅰ6、Ⅲ5、Ⅳ3、Ⅳ4、Ⅴ1、Ⅴ2 120.00
2	Ⅰ3、Ⅱ2、Ⅲ1、Ⅲ2、Ⅳ1 262.08	Ⅳ2、Ⅲ3、Ⅱ3、Ⅰ4、Ⅱ4、Ⅰ5 148.00	Ⅰ7、Ⅴ3、Ⅱ6 88.00
3	Ⅰ4、Ⅰ5、Ⅱ3、Ⅱ4、Ⅱ5、Ⅲ3、Ⅲ4、Ⅳ2 136.00	Ⅱ6、Ⅰ7、Ⅴ3 90.00	Ⅱ8、Ⅳ5、Ⅴ4 63.00
4	Ⅰ6、Ⅱ7、Ⅲ6 80.00	Ⅱ5、Ⅲ7、Ⅳ5、Ⅳ6、Ⅴ4、Ⅴ5 69.00	Ⅲ8、Ⅳ7、Ⅳ8、Ⅴ6、Ⅴ7、Ⅴ8 50.00

对征占征用草原承包人的补偿，征占用企业向具有审批权限的草原行政主管部门提出申请，由草原工作站鉴定，然后对照表2-5内的草场等级，再把表2-6和表2-7两个表叠起来，找对应的基数。比如，新疆昌吉州木垒县一块草场鉴定为Ⅱ2（一等二级），那么它的补偿基数就是每亩262.08元，草原补偿费为亩数×262.08元×8倍；安置补助费为亩数×262.08元×10倍。所乘倍数的确定依据是《关于调整草原补偿费和安置补助费收费标准的通知》（新发改收费〔2010〕2679号）文件②，各县市、地区补偿标准都不一样，昌吉州木垒县是按补偿基数的8倍和10倍执行的。征占用补偿分长期和临时两种：临时使用一般按基数的2倍收取临时使用补偿费，破坏比较严重的按6倍收取，发放给承包经营者。从上面的数据可以看到，耕地每亩征

① 参见新疆维吾尔自治区发展和改革委员会《草原监理费收费标准补充规定的通知》（新发改价费〔2005〕1138号）。

② 参见新疆维吾尔自治区发展和改革委员会《关于调整草原补偿费和安置补助费收费标准的通知》（新发改收〔2010〕2679号）。

收征用补偿价格比草场高很多。

2. 草场流转与耕地流转的价格不同

20世纪80年代耕地出现自发流转，能浇上水、旱涝保收的耕地通常30元/亩，此后价格逐年上涨，2014年前后已涨至700～800元/亩（见表2-8）。

草场流转价格依据草场质量、草场性质按片付租，流转最多的是打草场，其次是夏草场，冬草场流转最少，一般自家使用。草场流转价格理应按照草场等级、产草量定价，一般为50～327.6元/亩不等，但实际上是口头议价，一个牧户的某一类性质的草场都在几百上千亩，出租费用在1000～2000元/年，合计下来，每亩不过10元上下。如巩留县也有牧民将草场8元/亩转让给他人，经营者将草场开垦安装滴灌设备，然后以350元/亩转租出去；新源县2006年出国定居的牧民将草场以160元/亩全部转让给他人。从调查问卷统计结果来看，样本中“无水草场、有水草场、打草场、放牧场”等不同类型草场都有不同程度的流转，59.1%的牧民认为放牧场转出频率最高，其次为无水草场、有水草场和打草场（见表2-9）。有水草场平均价格为185.52元/亩，放牧场平均价格为149.95元/亩，打草场平均价格为122.09元/亩，无水草场平均价格为95.99元/亩（见表2-10）。实际流转中，草场流转价格远低于这个平均价格。

表2-8　耕地流转价格

（单位：元/亩）

时间	价格	土地质量
1984—1989年	30～70	水浇地，旱涝保收
1990—2001年	80～200	水浇地，旱涝保收
2002—2010年	200～500	水浇地，旱涝保收
2011—2015年	500～800	水浇地，旱涝保收

注：该价格以新源县为例，各地不一样，交易价格通常是流转双方根据土地质量商议确定的。

表 2-9　不同类型草场流转频率统计分析

有效性	流转草场	频率	百分比/%	有效百分比/%	累积百分比/%
有效	无水草场	68	5.2	24.4	24.4
	有水草场	30	2.3	10.8	35.1
	打草场	16	1.2	5.7	40.9
	放牧场	165	12.6	59.1	100.0
	合计	279	21.3	100.0	
缺失	系统	1031	78.7		
合计		1310	100.0		

表 2-10　牧民草场流转价格

（单位：元/亩）

草场类型	极小值	极大值	和	均值	标准差
无水草场	0	3000	11902	95.99	386.683
有水草场	0	10450	20964	185.52	1071.044
打草场	0	5000	14040	122.09	593.339
放牧场	0	6000	25192	149.95	639.885

（七）草场流转与耕地流转的期限不同

根据徐珍源、孔祥智的研究，耕地流转未约定期限的占 47.83%，1 年期的占 9.66%，2～5 年期的占 27.05%，6～10 年期的占 6.76%。[①] 从表 2-11 得知，样本中 26.5% 的草场流转期限为 10 年以内，19.2% 的草场流转期限是几个月的季节性流转，15.5% 的草场流转期限为“几十年”，1.0% 的草场流转期限为 1～3 年，37.9% 的牧民认为“具体问题具体对待”，比较随性。草场流转主要为季节性流转，不同类型的草场流转期限不同，春秋草场流转最多，草场承包经营权流转价款，多采取一年一付的方式。到城市定居、外出打工、移民的牧户会将承包期余下几十年的草场使用权转让给其他经营者。

① 徐珍源，孔祥智．转出土地流转期限影响因素实证分析——基于转出农户收益与风险视角[J]．农业技术经济，2010 (7)．

表 2-11 草场流转期限统计分析

有效性	流转期限	频率	百分比/%	有效百分比/%	累积百分比/%
有效	几个月	79	6.0	19.2	19.2
	10 年以内	109	8.3	26.5	45.6
	几十年	64	4.9	15.5	61.2
	具体问题具体对待	156	11.9	37.9	99.0
	1~3 年	4	0.3	1.0	100.0
	3~5 年	0	0.0	0.0	100.0
	合计	412	31.5	100.0	
缺失	系统	898	68.5		
合计		1310	100.0		

三、新疆哈萨克族牧民草场流转的现状分析

(一) 哈萨克族牧民草场经营权流转比例调查

我们在调研中发现，牧民草场流转的原因有：草原上一些牧民手中没有或只有少量牲畜却有几千亩草场，于是已濒临破产或破产的牧民，把草场租出去增加了收入；有的牧民以草场入股成立奶牛合作社、养殖合作社，参加合作的牧户得到了实惠；有的牧民将自己的草场转让给他人或其他经济组织经营；牧民去世之后，他承包的草场交给了他的继承人继续使用。2014 年我们调研时发现，样本中 52.7% 的受访者草场参与了流转，47.3% 的牧民草场未参与流转。在一个村①里，关于“流转户占本村总户数的比例”这一问题，8.1% 的牧民认为占 80% ~100%，9.8% 的牧民认为占 60% ~80%，14.5% 的牧民认为占 40% ~60%，19.5% 的牧民认为占 20% ~40%，48.1% 的牧民认为占 0% ~20% （见表 2-12)。从数据来看，近半数牧民认为自己村流转户占村总户数的 20% 以下，虽然草场从 1984 年开始出现自发流转到现在已经历时几十余载，但很多地方的县政府、乡（镇）政府没有比较清楚准确的

① 指自然村或村组/队。

统计数据，目前文献记载的数据多为耕地流转统计数据，有的地方将草场作为农地统计在内，有的地方没有统计在内，将草场作为土地利用类型来单独统计草场流转的数据是缺失的。这与草原在地方和中央的归口管理部门不一致，多头管和都不管现象并存有关。① 2010 年 5 月 1 日《昌吉回族自治州草原承包经营权流转办法（试行）》开始实施，这是新疆草场流转管理的较早的制度性文件，“新疆维吾尔自治区草场流转管理办法”至今尚未出台。按照这个逻辑分析，2010 年前新疆还没有将草场流转问题纳入重要工作日程，上级主管单位没有这项内容的统计要求，基层单位也很少主动去关注这一问题并做详细的记录。因此，只有个别乡镇、村组能相对准确地说清楚草场流转的基本情况。

表 2－12 牧村草场流转户在牧村总户数中的占比

有效性	流转比例	频率	百分比/%	有效百分比/%	累积百分比/%
有效	80%～100%	64	4.9	8.1	8.1
	60%～80%	78	6.0	9.8	17.9
	40%～60%	115	8.8	14.5	32.4
	20%～40%	155	11.8	19.5	51.9
	0%～20%	382	29.2	48.1	100.0
	合计	794	60.6	100.0	
缺失	系统	516	39.4		
合计		1310	100.0		

目前，牧民自发转让承包的草场在牧区已较为普遍。草场使用权也出现变化：在草场使用权固定到乡镇、合作社的地方，多畜户基本上是无偿使用草场，形成多养畜、多占用草场的情况；在草场使用权承包到户的地方，形成了三种草场流转形式。②

① 在 2014 年调研时，地方草原归农业部门管理而非国土资源部门。在中央，草原归农业部畜牧兽医司下属的草原处。一个草原处管理全国的草原，无论从规格和能力上都很吃力。

② 一是牧户“口头协议，私下流转”；二是牧户“私下出租，有偿使用”；三是“集体收回，另行转包”，由集体将无畜户的草场承包权收回后转包给多畜户使用。

（二）哈萨克族牧民草场经营权流转形式调查

从数据结果来看，哈萨克族牧民草场流转的形式主要有出租、转包、转让、互换、入股等（见表2-13）。

表2-13 草场流转的主要形式

序号	流转形式	内容
1	出租	出租是指草场承包经营权人作为出租人将自己承包期内的草场，在一定期限内全部或部分租赁给本集体经济组织以外的单位或者个人放牧，并收取租金的行为
2	转包	转包是指原承包方将部分或全部的草原承包经营权转移给本集体经济组织内的内部成员，原承包关系维持不变，但相应的保护和建设草原义务由第三方来承担
3	入股	入股是指承包方将承包的草场承包经营权折价变为等额股份，进行股份制经营或者合作制经营，以入股的草场承包经营权作为分红的依据
4	转让	转让是指土地使用权人将自己享有的使用权转移给其他公民法人或组织的行为
5	互换	互换是指不同草场的承包者为了各自需要或方便经营，把自己承包的草场进行置换。互换草场一般在双方自愿的基础上通过发包方协商解决

资料来源：根据苏妮尔所著的《关于牧区草场流转纠纷法律适用问题的调研》整理而成。

从调查结果来看，63.6%的牧民转出自家草场，32.8%的牧民承包别人的草场，“草场转出、转入都有的”占3.6%。牧民草场流转的形式，从调查结果来看，32.6%的受访者为“转包”，6.4%的受访者为“互换”，27.7%的受访者为“转让”，33.3%的受访者为“出租”，没有将草场入股参与赢利分红的入股合作（见表2-14）。

表2-14 牧民草场流转的形式统计分析

有效性	流转形式	频率	百分比/%	有效百分比/%	累积百分比/%
有效	转包	46	3.5	32.6	32.6
	互换	9	0.7	6.4	39.0

续表

有效性	流转形式	频率	百分比/%	有效百分比/%	累积百分比/%
有效	转让	39	3.0	27.7	66.7
	出租	47	3.6	33.3	100.0
	合计	141	10.8	100.0	
缺失	系统	1169	89.2		
合计		1310	100.0		

草场流转形式为转包和出租的牧民较多；一般情况下，如果不是国家政策性强制实施，牧民是不会把草场进行转让的，草场是牧民的命根子；继承作为一种实际存在的草场流转形式国家不予支持。《中华人民共和国农村土地承包法》规定，林地承包的承包人死亡，其继承人可以在承包期内继续承包。可见林地与耕地、草地在继承权利方面的权利不平等。该法第三十一条还规定："承包人应得的承包收益，依照继承法的规定继承。"但却没有规定草场承包经营权继承的流转方式。实际上在牧区已经默认了这种流转方式，有牧民去世之后，其承包的草场自然而然交给了其继承人继续使用，这方面现实已经走在了法律的前面。

（三）哈萨克族牧民草场流转原因的调查

以《昌吉回族自治州草原承包经营权流转办法（试行）》第五条的规定为例，没有牲畜或者牲畜较少的或者已不从事畜牧业生产的，丧失畜牧业生产劳动能力的，已不在当地经常居住的，因其他原因不能正常使用承包草原的需要流转草场的可以进行流转。随着牧村劳动力的转移、畜牧业产业化发展，哈萨克族牧民参与草场流转的户数在增加，流转范围在扩大。从调查结果来看，哈萨克族牧民"转出草场"的原因占比情况如下：23%的牧民是因为"来自流转草场的收入高"；37.9%的牧民是因为"缺少劳动力"；9.5%的牧民是因为"服从乡村统一规划"。另外，也有牧民因为工业园区建设，旅游开发，矿产开发，林地围封，公路、铁路、电站、水库等修建，家里有急重病人医治，孩子上大学需要钱，进城居住和务工等原因而转出草场（见表2－15）。

表 2－15　哈萨克族牧民转出草场的主要原因统计分析

有效性	转出原因	频率	百分比/%	有效百分比/%	累积百分比/%
有效	来自流转草场的收入高	153	11.7	23.0	23.0
	缺少劳动力	252	19.2	37.9	60.9
	服从乡村统一规划	63	4.8	9.5	70.4
	工业园区建设	35	2.7	5.3	75.6
	旅游开发	20	1.5	3.0	78.6
	矿产开发	27	2.1	4.1	82.7
	林地围封	5	0.4	0.8	83.5
	公路、铁路、电站、水库等修建	21	1.6	3.2	86.6
	家里有急重病人医治	44	3.4	6.6	93.2
	孩子上大学需要钱	18	1.4	2.7	95.9
	进城居住和务工	27	2.1	4.1	100.0
	合计	665	50.8	100.0	
缺失	系统	645	49.2		
合计		1310	100.0		

从调查数据来看，哈萨克族牧民“转入草场”的原因占比情况如下：52.5%的牧民是因为“扩大养殖规模”；33.8%的牧民是因为“充分利用剩余劳动力”；7.5%的牧民是因为“亲朋好友委托放牧”需要转入；2.5%的牧民是因为“旅游经营需要”转入；3.8%的牧民是因为“建养殖小区”需要转入；还有其他原因（见表 2－16）。

表 2－16　哈萨克族牧民转入草场的主要原因统计分析

有效性	转入原因	频率	百分比/%	有效百分比/%	累积百分比/%
有效	充分利用剩余劳动力	27	2.1	33.8	33.8
	扩大养殖规模	42	3.2	52.5	86.3

续表

有效性	转入原因	频率	百分比/%	有效百分比/%	累积百分比/%
有效	亲朋好友委托放牧	6	0.5	7.5	93.8
	旅游经营需要	2	0.2	2.5	96.3
	建养殖小区	3	0.2	3.8	100.0
	合计	80	6.1	100.0	
缺失	系统	1230	93.9		
合计		1310	100.0		

草场流转价款及其支付方式，由双方当事人协商确定。从调查统计结果来看，样本中93.4%的牧民草场流转以现金结算，以粮食结算的占1.7%、以其他形式结算的占3.8%，无偿使用的占1%。草场流转会增加收入、解决粮食缺乏及满足其他需求，结合表2－15我们可以看出，草场流转收益高成为牧民转出草场的主要原因之一，另一个原因是劳动力缺乏。扩大养殖规模、解决子女多草场较少的家庭富余劳动力是牧民转入草场的两大原因。

（四）哈萨克族牧民草场流转程序的调查

"新疆维吾尔自治区草场流转管理办法"尚未出台，牧民草场使用权流转程序只能依照《中华人民共和国草原法》[①] 和《中华人民共和国农村土地承包法》[②]。根据《中华人民共和国农村土地承包法》第十条[③]和《中华人民

① 《中华人民共和国草原法》于1985年6月18日由第六届全国人民代表大会常务委员会第十一次会议通过，自1985年10月1日起施行；于2002年12月28日由第九届全国人民代表大会常务委员会第三十一次会议修订，自2003年3月1日起施行；根据2009年8月27日第十一届全国人民代表大会常务委员会第十次会议《关于修改部分法律的决定》第一次修正；根据2013年6月29日第十二届全国人民代表大会常务委员会第三次会议《关于修改〈中华人民共和国文物保护法〉等十二部法律的决定》第二次修正。

② 《中华人民共和国农村土地承包法》于2002年8月29日由第九届全国人民代表大会常务委员会第二十九次会议通过，自2003年3月1日施行；根据2009年8月27日第十一届全国人民代表大会常务委员会第十次会议《关于修改部分法律的决定》修正。（2018年12月29日，第十三届全国人民代表大会常务委员会第七次会议审议通过了《全国人民代表大会常务委员会关于修改〈中华人民共和国农村土地承包法〉的决定》。但是，由于本研究的调查时间在2014年之前，本书的成稿时间也在2018年之前，所以本书所引用的《中华人民共和国农村土地承包法》的相关规定，仍为修正之前的内容。）

③ 《中华人民共和国农村土地承包法》第十条规定："国家保护承包方依法、自愿、有偿地进行土地承包经营权流转。"

共和国草原法》第十五条[①]，草原使用权流转应遵循自愿、有偿、合法的原则，合理利用和保护草原，不得改变草原用途。调查统计结果显示，样本中7.6%的牧民草场流转行为属于“集体征地”，10.4%的属于“小规模征地”，82%的属于“农牧户之间小规模草场流转”。这说明牧区牧民的草场流转以农牧户之间小规模草场流转为主，草场征占用的牧户占18%（见表2－17）。

表2－17 草场流转行为的性质

有效性	流转行为性质	频率	百分比/%	有效百分比/%	累积百分比/%
有效	集体征地	22	1.7	7.6	7.6
	小规模征地	30	2.3	10.4	18.0
	农牧户之间小规模草场流转	237	18.1	82.0	100.0
	合计	289	22.1	100.0	
缺失	系统	1021	77.9		
合计		1310	100.0		

全民所有草原承包经营权和集体所有草原承包经营权流转提倡就近流转，提倡优先在本县和本集体经济组织内流转，在本县和本集体经济组织内不能实现流转的，可以在本县和本集体经济组织以外流转。集体所有的草原或者依法确定给集体经济组织使用的国家所有的草原由本集体经济组织以外的单位或者个人承包经营的，必须经本集体经济组织成员的村（牧）民会议2/3以上成员或者2/3以上村（牧）民代表的同意，并报乡（镇）人民政府批准。[②]

从调查结果来看，样本中73.6%的牧民草场流转主要在本村内进行，26.4%的牧民草场流转对象为外村、外乡甚至外县人（见表2－18）。从调查结果可以得知，新疆牧区哈萨克族牧民草场流转大部分都在本村内进行，在

① 《中华人民共和国草原法》第十五条第一款规定：“草原承包经营权受法律保护，可以按照自愿、有偿的原则依法转让。”草原使用权流转应遵循自愿、有偿、合法的原则，合理利用和保护草原，不得改变草原用途。

② 参见2013年修订后的《中华人民共和国草原法》第十三条第三款。

访谈时当问及这个问题时，大部分受访者表示草场在本村进行流转风险较小且成本较低，流转便利。

表 2－18　哈萨克族牧民草场流转范围

有效性	流转范围	频率	百分比/%	有效百分比/%	累积百分比/%
有效	本村内进行	181	13.8	73.6	73.6
	与外村、外乡甚至外县人流转	65	5.0	26.4	100.0
	合计	246	18.8	100.0	
缺失	系统	1064	81.2		
合计		1310	100.0		

草原使用权流转意向达成后，承包方与受让方应签订草原使用权流转合同，合同条款中包括草原面积、类型、四至界限、等级和主要设施等信息。从调查统计结果来看，样本中33.7%的牧民流转的是打草场，33.4%的牧民流转的是夏草场，20%的牧民流转的是春秋草场，12%的牧民流转的是冬草场，0.9%的牧民流转的是饲草料地（见表2－19）。牧民流转草场的主要目的是扩大畜牧业养殖，增加草场的载畜量，提高经济收入。

表 2－19　哈萨克族牧民流转草场的类型

有效性	草场类型	频率	百分比/%	有效百分比/%	累积百分比/%
有效	夏草场	117	8.9	33.4	33.4
	春秋草场	70	5.3	20.0	53.4
	冬草场	42	3.2	12.0	65.4
	打草场	118	9.0	33.7	99.1
	饲草料地	3	0.2	0.9	100.0
	合计	350	26.7	100.0	
缺失	系统	960	73.3		
合计		1310	100.0		

关于草场流转管理的制度建设，最早是内蒙古自治区1999年12月出台

了《内蒙古自治区草原承包经营权流转办法》。然后，2011 年 12 月青海省出台了《青海省草原承包经营权流转办法》。新疆草场流转管理的第一个制度性文件是 2010 年 5 月 1 日施行的《昌吉回族自治州草原承包经营权流转办法(试行)》，新疆牧区其他地方只能参照《中华人民共和国草原法》和《中华人民共和国农村土地承包法》执行。

根据《中华人民共和国草原法》第十四条①和《中华人民共和国农村土地承包法》② 第三十七条规定，草场流转必须按法定程序办理手续，在法律文书中要按规定注明承包方、受让方的信息，草场地理方位、面积、质量，权责，流转起止时间，用途，价款及其支付办法，承包方、受让方的权责，手续报备程序③。从调查统计结果来看，样本中 88.4% 的哈萨克族牧民流转草场时签订过正式的书面合同，8.2% 的牧民只有口头协商，还有 3.4% 的牧民承认没有履行任何手续（见表 2－20）。

表 2－20　草场流转时是否签订合同的统计分析

有效性	签订合同情况	频率	百分比 /%	有效百分比 /%	累积百分比 /%
有效	是	130	9.9	88.4	88.4
	否，无合同	5	0.4	3.4	91.8
	只有口头协商	12	0.9	8.2	100.0
	合计	147	11.2	100.0	
缺失	系统	1163	88.8		
合计		1310	100.0		

① 《中华人民共和国草原法》第十四条第一款规定：“承包经营草原，发包方和承包方应当签订书面合同。草原承包合同的内容应当包括双方的权利和义务、承包草原四至界限、面积和等级、承包期和起止日期、承包草原用途和违约责任等……”

② 2018 年 12 月 29 日，第十三届全国人民代表大会常务委员会第七次会议审议通过了《全国人民代表大会常务委员会关于修改〈中华人民共和国农村土地承包法〉的决定》。但是，由于本研究的调查时间在 2014 年之前，本书的成稿时间也在 2018 年之前，所以本书所引用的《中华人民共和国农村土地承包法》的相关规定，仍为修正之前的内容。

③ 土地承包经营权流转合同一般包括以下条款：双方当事人的姓名、住所；流转土地的名称、坐落、面积、质量等级；流转的期限和起止日期；流转土地的用途；双方当事人的权利和义务；流转价款及支付方式；违约责任。

从调查结果来看，关于流转合同，73.3% 是由双方共同起草的，18.5% 是使用县乡政府的统一合同，8.1% 使用承包方提供的合同（见表 2－21）。

表 2－21　牧民草场流转合同签订形式统计分析

有效性	签订形式	频率	百分比/%	有效百分比/%	累积百分比/%
有效	双方共同起草	99	7.6	73.3	73.3
	使用县乡政府的统一合同	25	1.9	18.5	91.9
	使用承包方提供的合同	11	0.8	8.1	100.0
	合计	135	10.3	100.0	
缺失	系统	1175	89.7		
合计		1310	100.0		

草原流转中，受让方必须履行草原保护和建设义务，严格遵守草畜平衡制度，签订草畜平衡责任书，按照合同约定，合理利用草原，不得进行掠夺性经营。[①] 从调查结果来看，牧民草场流转所办理的手续中，80.2% 的牧民签订了合同，10.3% 的牧民填写过流转草场申请表，3.2% 的牧民签订过草畜平衡责任书，3.2% 的牧民到乡镇、村政府盖过章，3.2% 的牧民到草场监理所盖过章（见表 2－22）。

表 2－22　牧民草场流转手续办理情况统计分析

有效性	手续办理情况	频率	百分比/%	有效百分比/%	累积百分比/%
有效	签订合同	101	7.7	80.2	80.2
	签订草畜平衡责任书	4	0.3	3.2	83.3
	填写流转草场申请表	13	1.0	10.3	93.7
	到乡镇、村政府盖章	4	0.3	3.2	96.8
	到草场监理所盖章	4	0.3	3.2	100.0
	合计	126	9.6	100.0	

① 昌吉州人民政府．昌吉回族自治州草原承包经营权流转办法（试行）［Z］．［2010－05－01］．http：//www.mlx.gov.cn.

续表

有效性	手续办理情况	频率	百分比/%	有效百分比/%	累积百分比/%
缺失	系统	1184	90.4		
	合计	1310	100.0		

以《昌吉回族自治州草原承包经营权流转办法（试行）》为例，该办法第十条[①]规定了官方提倡的草原流转范围，流转程序，政府的监管责任。从表2－22我们发现，草场流转一系列手续中，填写流转草场申请表（10.3%），签订草畜平衡责任书（3.2%），到乡镇、村政府盖章（3.2%），到草场监理所盖章（3.2%）的比例都很低，而签订合同高达80%以上，这说明牧民草场流转中为了避免出现纠纷，双方是签订了合同的。从表2－21中可知“使用县乡政府的统一合同”的只占18.5%，其余是承包方和受让方共同起草的合同，有的用的是受让方提供的合同。政府备案的草场流转案例只占18.5%，而这备案的18.5%的流转户手续完备的仅占3.2%。草场流转手续办理时，30.1%的牧民参阅法律资料，27.4%的牧民没有参考，25.3%的牧民询问专业人士，17.1%的牧民参考了其他农户的转让经验。统计结果见表2－23。

表2－23　牧民草场流转手续办理中的相关法律参阅情况

有效性	相关法律参阅情况	频率	百分比/%	有效百分比/%	累积百分比/%
有效	参阅法律资料	44	3.4	30.1	30.1
	询问专业人士	37	2.8	25.3	55.5
	参考其他农户的转让经验	25	1.9	17.1	72.6
	不参考	40	3.1	27.4	100.0
	合计	146	11.1	100.0	

① 《昌吉回族自治州草原承包经营权流转办法（试行）》第十条规定：“草原承包经营权提倡在本集体经济组织内外进行流转的，承包方和受让方应当共同向发包方提出申请，经村委会核实，到乡（镇）人民政府登记。草原承包经营权流转合同应当向发包方、乡（镇）人民政府和县级以上草原监督管理机构备案。”第十四条规定：“发包方、乡（镇）人民政府和县级以上草原监督管理机构应当将合同文本及相关文件归档并妥善保管。”

续表

有效性	相关法律参阅情况	频率	百分比/%	有效百分比/%	累积百分比/%
缺失	系统	1164	88.9		
	合计	1310	100.0		

从以上数据，我们了解到草场流转过程中牧民手续办理是不完备的，主要原因有二：一是大部分草场流转双方都是本村熟人，觉得没有必要；二是法律意识淡漠。大量的草场流转通过流转双方，顶多再加上中间人，即“阿吾勒”的族长或长老作为见证人，没有签订草畜平衡责任书，也没有填写“流转草场申请表”或到乡镇、村组草原监理部门备案。随着草原价值的增加，草场数量逐年减少，畜牧业尤其是畜产品的需求扩大，牧民对草场的理性认知在提高，意识到草场也是一种资本，可以通过流转带来收益。很多发生在熟人和亲戚之间的草场流转，基于双方的信任，没有书面明确流转的形式和期限，当承包方想要收回原有的承包草场自己放牧，73.6% 的牧民“有合同，按合同处理”，2.7% 的牧民“无合同，但顺利收回”，见表 2－24。

表 2－24　草场使用权收回过程中出现的可能结果

有效性	收回途径	频率	百分比/%	有效百分比/%	累积百分比/%
有效	有合同，按合同处理	327	25.0	73.6	73.6
	有合同，但起纠纷	95	7.3	21.4	95.0
	无合同，起纠纷打官司	10	0.8	2.3	97.3
	无合同，但顺利收回	12	0.9	2.7	100.0
	合计	444	33.9	100.0	
缺失	系统	866	66.1		
	合计	1310	100.0		

从表 2－20 和表 2－24 看，没有签订合同的样本占 3.4%，没有合同凭借熟人间的信任顺利收回草场的样本占 2.7%，说明在草场日渐增值的今天，

基于熟人社会人与人之间关系道德维系的原则，约束力渐微。有合同和没合同出现纠纷的样本共占23.7%。当转让草场有利可图时，双方的信任对承租方约束变小，承租方在承包方不知道的情况下变更草场使用证①；或承包方不到约定期限就将草场收回流转给出价更高的另一方，引发草场纠纷甚至民事纠纷。这样的私下流转草原扭曲背离了草场流转的目的，加剧了对草场的掠夺性经营，对草原长远的保护和建设十分有害。②

根据《中华人民共和国草原法》第十四条③，草场流转的受让方要按照合同履行义务。根据调查结果，样本中54%的牧民流转草场用于畜牧业，没有改变用途。23.7%的牧民流转草场用于种植业，14.4%的牧民流转草场用于林业，5.8%的牧民流转草场用于企业用地，2.2%的牧民流转草场用于其他用途。样本中46%的牧户将草原转为非畜牧业生产用地，这些做法违反了《中华人民共和国草原法》，必须依法办理建设用地审批手续（见表2-25）。

表2-25 牧民草场流转用途统计分析

有效性	流转用途	频率	百分比/%	有效百分比/%	累积百分比/%
有效	种植业	33	2.5	23.7	23.7
	林业	20	1.5	14.4	38.1
	畜牧业	75	5.7	54.0	92.1
	企业用地	8	0.6	5.8	97.8
	其他	3	0.2	2.2	100.0
	合计	139	10.6	100.0	
缺失	系统	1171	89.4		
合计		1310	100.0		

牧民以草场入股有利于开展互助、提高劳动生产率，有利于优良品种和新技术推广使用，有利于有效提高打草机等牧业机械设施的利用效率，有利

① 张引弟．牧区草场承包经营权流转问题研究［D］．呼和浩特：内蒙古大学，2009：25.

② 张引弟．牧区草场承包经营权流转问题研究［D］．呼和浩特：内蒙古大学，2009：25.

③《中华人民共和国草原法》第十四条第一款规定："承包经营草原的单位和个人，应当履行保护、建设和按照承包合同约定的用途合理利用草原的义务。"

于联合起来提高产品竞价能力。① 牧民以草场作为资本参与合作的具体途径，从调查结果看，60.5% 的牧民草场入股养殖合作社，29.0% 的用于其他用途，8.0% 的入股奶牛合作社，2.5% 的入股孕马尿合作社。样本中 71% 的牧民草场参加了合作社，29% 的牧民用于其他用途。统计结果见表 2－26。

表 2－26　牧民草场流转用于合作社的统计分析

有效性	合作社类型	频率	百分比/%	有效百分比/%	累积百分比/%
有效	养殖合作社	121	9.2	60.5	60.5
	奶牛合作社	16	1.2	8.0	68.5
	孕马尿合作社	5	0.4	2.5	71.0
	其他	58	4.4	29.0	100.0
	合计	200	15.3	100.0	
缺失	系统	1110	84.7		
合计		1310	100.0		

（五）哈萨克族牧民对草场流转态度的分析

草场对于牧民而言相当于土地对于农民的重要性，草场所承载的社会功能远远大于耕地，草场具有涵养水源、净化空气、维持生态平衡的重要功能。从调查结果来看，样本中 45.8% 的牧民生活“完全依赖”草场，42.8% 的牧民觉得草场“比较重要”，10.5% 的牧民认为“一般”，0.9% 的牧民认为“不重要”。综合来看，88.6% 的牧民生活依赖于草场。统计结果见表 2－27。

表 2－27　草场对于牧民的重要性统计分析

有效性	重要性	频率	百分比/%	有效百分比/%	累积百分比/%
有效	完全依赖	213	16.3	45.8	45.8
	比较重要	199	15.2	42.8	88.6
	一般	49	3.7	10.5	99.1

① 张引弟．牧区草场承包经营权流转问题研究［D］．呼和浩特：内蒙古大学，2009：25.

续表

有效性	重要性	频率	百分比/%	有效百分比/%	累积百分比/%
有效	不重要	4	0.3	0.9	100.0
	合计	465	35.5	100.0	
缺失	系统	845	64.5		
合计		1310	100.0		

对草场流转意愿，从调查结果来看，样本中29.8%的牧民既不愿意转出也不愿意转入草场，29.3%的牧民愿意转出草场，27.0%的牧民愿意转入草场，13.9%的牧民既愿意转出又愿意转入草场。70.2%的牧民有草场流转意愿，近三成的牧民不愿意流转草场。统计结果见表2－28。

表2－28　牧民草场流转意愿统计分析

有效性	流转意愿	频率	百分比/%	有效百分比/%	累积百分比/%
有效	转出	127	9.7	29.3	29.3
	转入	117	8.9	27.0	56.4
	既愿意转出又愿意转入	60	4.6	13.9	70.2
	既不愿意转出又不愿意转入	129	9.8	29.8	100.0
	合计	433	33.1	100.0	
缺失	系统	877	66.9		
合计		1310	100.0		

牧民对草场流转的态度调查中，从调查结果来看，样本中42.5%的牧民对草场流转基本赞成，8.1%的牧民非常赞成，35.4%的牧民无所谓，14%的牧民反对。总体而言，50.6%的牧民赞成草场流转。统计结果见表2－29。

表 2－29　牧民对草场流转的态度统计分析

有效性	态度	频率	百分比/%	有效百分比/%	累积百分比/%
有效	非常赞成	40	3. 1	8. 1	8. 1
	基本赞成	209	16. 0	42. 5	50. 6
	无所谓	174	13. 3	35. 4	86. 0
	反对	69	5. 3	14. 0	100. 0
	合计	492	37. 6	100. 0	
缺失	系统	818	62. 4		
合计		1310	100. 0		

牧民愿意转出草场的原因，从调查结果来看，31. 6% 的牧民因“畜牧业收入太低”，23. 3% 的牧民因“身体病弱，无劳动能力”，17% 的牧民因“外出打工”，9. 7% 的牧民因“去城镇定居（或移民哈萨克斯坦）”，12. 1% 的牧民因“无畜或少畜”，5. 3% 的牧民因“工业园区、国家项目启动、旅游开发、矿产开发”，1. 0% 的牧民因“离牧场太远了”。统计结果见表 2－30。

表 2－30　牧民愿意转出草场的原因分析

有效性	愿意转出的原因	频率	百分比/%	有效百分比/%	累积百分比/%
有效	畜牧业收入太低	65	5. 0	31. 6	31. 6
	去城镇定居(或移民哈萨克斯坦)	20	1. 5	9. 7	41. 3
	身体病弱，无劳动能力	48	3. 7	23. 3	64. 6
	外出打工	35	2. 7	17. 0	81. 6
	离牧场太远了	2	0. 2	1. 0	82. 5
	工业园区、国家项目启动、旅游开发、矿产开发	11	0. 8	5. 3	87. 9
	无畜或少畜	25	1. 9	12. 1	100. 0
	合计	206	15. 7	100. 0	
缺失	系统	1104	84. 3		
合计		1310	100. 0		

不愿意转出草场的原因，从调查结果来看，样本中68.5%的牧民因“草场是生计生活需要”，15.2%的怕“草场会被破坏”，9.8%的是因为“收入减少了”，因“要照顾老人和孩子”和“恋土情结”不愿意转出或转入的仅占5.4%和1.1%（见表2-31）。

表2-31　牧民不愿意转出草场的原因分析

有效性	不愿意转出的原因	频率	百分比/%	有效百分比/%	累积百分比/%
有效	草场是生计生活需要	63	4.8	68.5	68.5
	收入减少了	9	0.7	9.8	78.3
	恋土情结	1	0.1	1.1	79.3
	要照顾老人和孩子	5	0.4	5.4	84.8
	草场会被破坏	14	1.1	15.2	100.0
	合计	92	7.0	100.0	
缺失	系统	1218	93.0		
合计		1310	100.0		

牧民的草场分春秋草场、夏草场、冬草场，除了移居城市或移民国外，不需要将所有类型的草场都流转，一般家庭需要流转的草场只是家庭草场总数的一部分。从调查结果来看，样本中28.0%的牧民草场流转占家庭草场的1/2，25.0%的牧民草场流转占家庭草场的1/4，24.2%的牧民家庭全部草场流转，13.6%的牧民草场流转占家庭草场的1/3，9.1%的牧民草场流转占家庭草场的1/5（见表2-32）。

表2-32　牧民草场流转占家庭草场比重分析

有效性	流转比例	频率	百分比/%	有效百分比/%	累积百分比/%
有效	全部	32	2.4	24.2	24.2
	1/2	37	2.8	28.0	52.3
	1/3	18	1.4	13.6	65.9
	1/4	33	2.5	25.0	90.9

续表

有效性	流转比例	频率	百分比/%	有效百分比/%	累积百分比/%
有效	1/5	12	0.9	9.1	100.0
	合计	132	10.1	100.0	
缺失	系统	1178	89.9		
合计		1310	100.0		

（六）哈萨克族牧民草场征占征用情况的调查

随着国家经济发展和各项建设工程的实施，因矿藏开采和工程建设等需要征占草原以及临时占用草原的情况日益增多，有些地方片面追求经济发展，无视法律规定，以招商引资或其他建设名义，非法或超越法定权限乱批乱占草原，不仅对草原资源和生态环境造成了破坏，还直接侵害了农牧民对草原的承包经营权和收益权。近年来，违法征占用、开垦、破坏草原的现象时有发生，草原生态保护及农牧民合法权益问题成为农牧民和专家关注的热点。

牧民土地和草场被政府征用的情况主要集中在重大建设工程项目沿线，其他地区较少。从调查结果来看，样本中27.2%的牧民草场被征用，72.8%的牧民草场没有被征用。在被征用的草场中，有23.3%的牧民草场被征用于修建铁路、公路，27.9%的牧民草场被征用于开矿、修砖窑、建水泥厂，23.3%的牧民草场被征用于修建电站、水库等，17.4%的牧民草场被征用于建工业园区，8.1%的牧民草场被征用于旅游开发。有37.1%的牧民被征用草场为春秋草场，23.4%的为夏草场，21.9%的为打草场，16.8%的为冬草场，只占0.8%的饲草料地被征用。耕地被征用获得的收入远远高于草场被征用获得的收入。草场征用后牧民的生活安置需要引起高度重视。统计结果见表2－33和表2－34。

表 2-33 草场被征用用途统计分析

有效性	征用途径	频率	百分比/%	有效百分比/%	累积百分比/%
有效	修建铁路、公路	20	1.5	23.3	23.3
	建工业园区	15	1.1	17.4	40.7
	开矿、修砖窑、建水泥厂	24	1.8	27.9	68.6
	旅游开发	7	0.5	8.1	76.7
	修建电站、水库等	20	1.5	23.3	100.0
	合计	86	6.6	100.0	
缺失	系统	1224	93.4		
合计		1310	100.0		

表 2-34 被征草场类型统计分析

有效性	草场类型	频率	百分比/%	有效百分比/%	累积百分比/%
有效	夏草场	60	4.6	23.4	23.4
	春秋草场	95	7.3	37.1	60.5
	冬草场	43	3.3	16.8	77.3
	打草场	56	4.3	21.9	99.2
	饲草料地	2	0.2	0.8	100.0
	合计	256	19.5	100.0	
缺失	系统	1054	80.5		
合计		1310	100.0		

因建设征用集体所有草原，按照《中华人民共和国草原法》第三十九条[①]和《中华人民共和国土地管理法》规定是要给予补偿的。从调查结果来看，样本中71%的牧民草场被征用后按草场等级的补偿标准和面积给予了补偿，18.0%的牧民认为补偿金额低于草场等级标准和面积的乘积，11.1%的

① 《中华人民共和国草原法》第三十九条规定："因建设征收、征用集体所有的草原的，应当依照《中华人民共和国土地管理法》的规定给予补偿；因建设使用国家所有的草原的，应当依照国务院有关规定对草原承包经营者给予补偿。"

牧民没有给予任何补偿。有关牧民草场被征收后的补偿问题已成为牧区重大的社会问题。历年各地上访群众反映最多的问题便是草场征占补偿不到位或者严重侵害牧民利益，危及牧民生存。这也成为各级党政领导关心、社会关注的焦点问题。“草场征占补偿分为草原补偿费和安置补助费，草原补偿费标准为该草原被征用前三年平均年产值的 6 ~ 10 倍；安置补助费标准为该草场被征用前三年平均年产值的 4 ~ 6 倍，每公顷最高不得超过被征用前三年平均年产值的 15 倍。”① 补偿和安置对草场征占用的牧民很重要，搬迁是安置的一种途径，样本中 68.9% 的牧民草场被征用后没有搬迁，31.1% 的牧民搬迁了。搬迁牧民当中 45.2% 的为“整体搬迁”，14.3% 的为“部分搬迁”，40.5% 的为“个别搬迁”。与牧民草场征收相关的调查情况见表 2 – 35 和表 2 – 36。

表 2 – 35　草场征占牧民草原补偿费和安置补助费获得情况统计分析

有效性	补助情况	频率	百分比 /%	有效百分比 /%	累积百分比 /%
有效	按草场等级的补偿标准和面积给予了补偿	154	11.8	71.0	71.0
	补偿金额低于草场等级标准和面积的乘积	39	3.0	18.0	88.9
	没有给予任何补偿	24	1.8	11.1	100.0
	合计	217	16.6	100.0	
缺失	系统	1093	83.4		
合计		1310	100.0		

表 2 – 36　草场被征占牧民的安置方式统计分析

有效性	搬迁形式	频率	百分比 /%	有效百分比 /%	累积百分比 /%
有效	整体搬迁	19	1.5	45.2	45.2
	部分搬迁	6	0.5	14.3	59.5
	个别搬迁	17	1.3	40.5	100.0
	合计	42	3.2	100.0	

① 新疆维吾尔自治区发展和改革委员会. 关于调整草原补偿费和安置补助费收费标准的通知（新发改收费〔2010〕2679 号）[Z]. 2010 – 10 – 21.

续表

有效性	搬迁形式	频率	百分比/%	有效百分比/%	累积百分比/%
缺失	系统	1268	96.8		
	合计	1310	100.0		

牧民草场流转后的去向，从调查结果来看，32.3%的牧民“仍留在牧区为其他牧户做牧工”，36.1%的牧民“仍然经营牧业生产”，13.8%的牧民选择“其他去向”，17.8%的牧民选择“进城打工或居住”。草场征占搬迁牧民84.4%的“新建牧民定居点安置”，9.4%的“插花式安置”，6.3%的搬迁牧民被企业安置；牧民草场实施禁牧后，69.6%的牧民转移到牧民定居点，13.6%的牧民转移到城镇，2.4%的牧民搬迁到整村推进项目点，1.6%的牧民参加劳务输出，12.8%的牧民以其他方式被安置（见表2－37）。

表2－37　草场经营权流转后牧民去向统计

内容	搬迁安置情况	频率	百分比/%	有效百分比/%	累积百分比/%
草场流转牧民去向	进城打工或居住	71	5.4	17.8	17.8
	仍留在牧区为其他牧户做牧工	129	9.8	32.3	50.1
	仍然经营牧业生产	144	11.0	36.1	86.2
	其他去向	55	4.2	13.8	100.0
草场被征占安置	新建牧民定居点安置	27	2.1	84.4	84.4
	插花式安置	3	0.2	9.4	93.8
	企业安置	2	0.2	6.3	100.0
	合计	32	2.4	100.0	
禁牧区牧民安置	转移到城镇	17	1.3	13.6	13.6
	转移到牧民定居点	87	6.6	69.6	83.2
	整村推进项目点	3	0.2	2.4	85.6
	劳务输出	2	0.2	1.6	87.2
	其他	16	1.2	12.8	100.0

草场征占牧民搬迁后以何种手段谋生呢？根据调查统计结果，搬迁出去的牧民 43.8% 进城打工，31.3% 靠代牧，9.4% 靠种植业，6.3% 靠销售刺绣品挣钱，3.1% 的牧民靠季节性短工谋生，6.3% 的牧民靠其他手段谋生（见表 2－38）。

表 2－38　草场征占牧民搬迁后谋生手段统计分析

内容	谋生手段	频率	百分比 /%	有效百分比 /%	累积百分比 /%
草场征占牧民	种植业	3	0.2	9.4	9.4
	进城打工	14	1.1	43.8	53.1
	代牧	10	0.8	31.3	84.4
	刺绣	2	0.2	6.3	90.6
	季节性短工	1	0.1	3.1	93.8
	其他	2	0.2	6.3	100.0

按照《中华人民共和国草原法》第四十七条[①]规定，国家 2003 年对生态脆弱地区的草原实行禁牧休牧制度。2005 年开始实行以草定畜、草畜平衡制度。[②] 对在国务院批准规划范围内实施退耕还草的农牧民，按照国家规定给予粮食、现金、草种费补助。从调查结果来看，样本中 55.4% 的牧民的草场列入退牧还草工程，44.6% 的牧民的草场没有列入。74.7% 的实施退牧还草的牧民的禁牧补助和草畜平衡补贴全额给付，13.6% 的部分给付，6.1% 的拖欠，5.6% 的没有给付。统计结果见表 2－39。

表 2－39　退牧还草补助统计分析

有效性	退牧还草补助	频率	百分比 /%	有效百分比 /%	累积百分比 /%
有效	全额给付	148	11.3	74.7	74.7

① 《中华人民共和国草原法》第四十七条规定："对严重退化、沙化、盐碱化、石漠化的草原和生态脆弱区的草原，实行禁牧、休牧制度。"

② 《中华人民共和国草原法》第四十五条规定："国家对草原实行以草定畜、草畜平衡制度。县级以上地方人民政府草原行政主管部门应当按照国务院草原行政主管部门制定的草原载畜量标准，结合当地实际情况，定期核定草原载畜量。各级人民政府应当采取有效措施，防止超载过牧。"

续表

有效性	退牧还草补助	频率	百分比/%	有效百分比/%	累积百分比/%
有效	部分给付	27	2.1	13.6	88.4
	拖欠	12	0.9	6.1	94.4
	没有给付	11	0.8	5.6	100.0
	合计	198	15.1	100.0	
缺失	系统	1112	84.9		
合计		1310	100.0		

在调查过程中，对于“禁牧休牧后牧户面临的生计困难有哪些”的问题，被访者给出的答案是，牧户在禁牧休牧后面临着一些生计困难，52.3%的牧民认为是“缺乏饲料来源和舍饲圈养条件”，22.7%的牧民认为是“舍饲棚圈未纳入补助范围”，14.8%的牧民认为是“人工饲草地未纳入补助范围”，10.2%的牧民认为是“国家禁牧补助低，未达妥善安置标准”（见表2-40）。

表2-40　禁牧休牧后牧户面临的生计困难统计分析

有效性	生计困难	频率	百分比/%	有效百分比/%	累积百分比/%
有效	人工饲草地未纳入补助范围	13	0.9	14.8	14.8
	舍饲棚圈未纳入补助范围	20	1.4	22.7	37.5
	缺乏饲料来源和舍饲圈养条件	46	3.3	52.3	89.8
	国家禁牧补助低，未达妥善安置标准	9	0.7	10.2	100.0
	合计	88	6.4	100.0	
缺失	系统	1293	93.6		
合计		1381	100.0		

当问及维持流转牧户的生计，政府需要做哪些工作时，样本中41.3%的牧民选择“实行牧户联合规模经营”，12.9%的牧民选择“政府租赁草场”，34.8%的牧民选择“创办生态家庭牧场”，11.0%的牧民选择“其他”（见表2-41）。

表 2－41　牧户认为维持流转牧户生计政府需要做的工作统计分析

有效性	政府职能	频率	百分比 /%	有效百分比 /%	累积百分比 /%
有效	实行牧户联合规模经营	128	9.8	41.3	41.3
	政府租赁草场	40	3.1	12.9	54.2
	创办生态家庭牧场	108	8.2	34.8	89.0
	其他	34	2.6	11.0	100.0
	合计	310	23.7	100.0	
缺失	系统	1000	76.3		
合计		1310	100.0		

当问及牧区社会保障服务体系缺少哪些服务时，43.5% 的牧民认为应当“出台进城落户、子女就业、创业培训、低保、合作医疗等方面的保障政策”，26.5% 的牧民认为缺少“建立健全牧民转移进城的组织领导、政策保障、就业培训、社会服务的机制”，20.5% 的牧民认为应当“加大对转移牧民的培训力度，开展引导性培训、技能培训、岗位培训等措施，提高牧民的专业技能”，9.5% 的牧民认为应当“提供可替代牧户对草场所依赖的生活保障功能的各种产品或相应服务”。具体结果见表 2－42。

表 2－42　牧区社会保障服务体系需求统计分析

有效性	缺少内容	频率	百分比 /%	有效百分比 /%	累积百分比 /%
有效	出台进城落户、子女就业、创业培训、低保、合作医疗等方面的保障政策	128	9.8	43.5	43.5
	建立健全牧民转移进城的组织领导、政策保障、就业培训、社会服务的机制	40	3.1	26.5	54.2
	加大对转移牧民的培训力度，开展引导性培训、技能培训、岗位培训等措施，提高牧民的专业技能	108	8.2	20.5	89.0

续表

有效性	缺少内容	频率	百分比/%	有效百分比/%	累积百分比/%
有效	提供可替代牧民对草场所依赖的生活保障功能的各种产品或相应服务	34	2.6	9.5	100.0
	合计	310	23.7	100.0	
缺失	系统	1000	76.3		
合计		1310	100.0		

（七）草场流转对哈萨克族牧民生计影响的调查

1. 土地流转前哈萨克族牧民的生计方式

中华人民共和国成立以前，哈萨克族沿袭游牧生产方式，游牧以若干家庭组合而成的协作生产组织进行。从事畜牧生计是人类对于干旱或高寒地区生态环境的一种适应形式。

牧场通常被分为春秋牧场、夏牧场、冬牧场三种类型。一年根据四季牧场情况进行转场，大的转场四次，小的转场更多。哈萨克族最基层的游牧生产组织是“阿吾勒”，通常是冬季三户在一起定居，春、夏、秋三季十来顶毡房在一起居住和游牧。

直到21世纪初，中国159.12万①哈萨克族人仍有80多万人②直接从事畜牧业生产，畜牧业生产仍然占有重要地位，而随着社会历史的发展，其社会内部的组织和生计方式也发生了明显的变迁。20世纪50年代初期，哈萨克族主要靠养殖牲畜维持生活，牲畜的数量较多。1950—1982年，农村里的畜牧业生产处于停滞状态。在“以粮为纲”“割资本主义尾巴”等口号下，重农轻牧，畜牧业发展受到了很大的挫折。大都完全依靠天然牧场的条件饲养牲畜，由于冬季草料的缺乏，管理的松散混乱，村民养殖积极性等原因，加上一些年份大风雪等自然灾害，牲畜的死亡率较高，尤其是羊羔的成活率一般仅在70%左右。

① 朱远来．中国哈萨克族现代教育发展研究［D］．北京：中央民族大学，2012：23.

② 张新国．哈萨克传统生产方式的变迁及其影响［J］．青海师范大学学报，2009（3）.

畜牧折价归户时村里的草场划归牧户使用，村里牧业生产队的村民都分得一定数目的牲畜和草场。实行承包后饲养方式也发生了变化。

哈萨克族牧民饲养牲畜的种类与结构受到自然环境和社会环境的影响，也一直在不断地调整，以适应畜牧业发展需要（见表2-43）。

表2-43　哈萨克族牧民养殖牲畜品种情况

种类 / 年份	绵羊/山羊	牛	马
1980年以前	哈萨克羊、新疆细毛羊、土种山羊	哈萨克牛、新疆褐牛	哈萨克马
1980—1990年	哈萨克羊、中国美利奴（新疆型）细毛羊、土种山羊	哈萨克牛、新疆褐牛	哈萨克马、伊犁马
1990年至今	哈萨克羊、中国美利奴（新疆型）细毛羊、阿勒泰杂交羊、小尾寒羊、土种山羊、绒山羊	哈萨克牛、荷斯坦牛、西门塔尔牛	伊犁马

哈萨克族传统牧养牲畜的方法是放养，一年四季随水草游牧。随着牧民定居的开展，夏秋季在天然草场放牧，冬春季在定居点圈养和半圈养。几十年来，哈萨克族放养和圈养相结合的牧养方式虽然没有发生大的变革，但有一些变化（见表2-44）。在调整牧业生产关系后，畜牧业迅速发展，养殖数量和养殖规模都前所未有。由于不断改良品种，更新饲养方式，调整养殖结构，在20世纪90年代，牲畜养殖规模达到了最大，草场放养牲畜严重饱和。21世纪初由于国家天然草场“退牧还草”项目工程的施行，许多草场限制放牧时间和牧养数量，加上很多草场被不断开垦种田，饲养草场资源越来越匮乏，畜牧养殖数目呈下降趋势。人们开始逐步接受科技养殖，引进优质牲畜品种养殖，利用信息和科技开始走向现代畜牧养殖之路。

表2-44　哈萨克族牧民牧养方式情况

种类 / 年份	绵羊/山羊	牛	马
1990年以前	冷/暖季放养	冷/暖季放养	冷/暖季放养

续表

种类 / 年份	绵羊/山羊	牛	马
1999—2000 年	暖季放养/冷季半圈养	暖季放养/冷季半圈养	暖季放养/冷季半圈养
2000 年至今	暖季放养/冷季半圈养、圈养	圈养	圈养

2. 土地流转对牧民个体生计的影响

从调查结果来看，草场流转前后牧民收入变化不同。样本中 37.7% 的牧民认为草场流转后收入比以前增加了，35.9% 的牧民认为与以前差不多，26.4% 的牧民认为比以前减少了（见表 2－45）。总体上，牧民对草场流转对家庭收入的变化期望不是很高。

表 2－45　牧民草场流转前后收入变化统计分析

有效性	收入变化	频率	百分比 /%	有效百分比 /%	累积百分比 /%
有效	比以前增加了	154	11.8	37.7	37.7
	与以前差不多	147	11.2	35.9	73.6
	比以前减少了	108	8.2	26.4	100.0
	合计	409	31.2	100.0	
缺失	系统	901	68.8		
合计		1310	100.0		

从调查数据来看，畜牧收入，草场流转前平均为 23041.86 元，流转后为 18608.98 元；非牧收入，草场流转前平均为 4671.75 元，流转后为 6462.33 元；其他收入，草场流转前平均为 1586.25 元，流转后为 3084.21 元。草场流转后牧民的畜牧收入减少，非牧收入、其他收入增加。统计结果见表 2－46。

表 2－46　牧民草场流转后经济收入比较分析

收入类型	前后对比	均值/元	N	标准差/元	均值的标准误/元
畜牧收入	流转前	23041.86	184	45515.236	3355.428
	流转后	18608.98	184	45335.918	3342.208
非牧收入	流转前	4671.75	138	11486.714	977.814
	流转后	6462.33	138	15237.591	1297.110
其他收入	流转前	1586.25	133	5453.111	472.845
	流转后	3084.21	133	17897.621	1551.921
总收入	流转前	24728.3071	127	54105.65089	4801.10015
	流转后	24675.7953	127	57884.78579	5136.44415

从统计分析来看，牧民的畜牧收入、非牧收入、总收入在草场流转前后之间有强相关性（R = 0.793，Sig. = 0；R = 0.611，Sig. = 0；R = 0.859，Sig. =0），其他收入（R =0.005，Sig. =0.953）在草场流转前后没有相关性（见表 2－47）。

通过分析可见，在 0.05 的显著性水平下，只有畜牧收入流转前后差异显著，因为 Sig. =0.041，Sig. <0.05，显著性检验明显，畜牧收入流转前后有差异，流转后比流转前降低了。草场流转后，财力、物力、人力投入从畜牧转移到其他方面去了，所以流转后畜牧收入比流转前降低了，总收入没差别，符合生活实际。非牧收入、其他收入、总收入显著性差异不明显，因为 Sig. =0.088，Sig. =0.357，Sig. =0.984，均比 0.05 大，不能通过显著性检验（见表 2－48）。

表 2－47　牧民收入草场流转前后相关系数分析

收入类型	前后对比	N	相关系数	Sig.
畜牧收入	流转前与流转后	184	0.793	0.000
非牧收入	流转前与流转后	138	0.611	0.000
其他收入	流转前与流转后	133	0.005	0.953
总收入	流转前与流转后	127	0.859	0.000

表 2－48　牧民收入草场流转前后成对样本检验

收入类型	前后对比	成对差分					t	df	Sig. 双侧
		均方差			差分的 95% 置信区间				
		均值/元	标准差/元	均值的标准误/元	下限/元	上限/元			
畜牧收入	流转前与流转后	4432.88	29255.50	2156.74	177.603	8688.16	2.055	183	0.041
非牧收入	流转前与流转后	－1790.58	12252.86	1043.03	－3853.106	271.946	－1.71	137	0.088
其他收入	流转前与流转后	－1497.96	18682.84	1620.00	－4702.499	1706.57	－0.92	132	0.357
总收入	流转前与流转后	52.511	29944.329	2657.12	－5205.868	5310.891	0.02	126	0.984

3. 草场流转对牧民群体生计的影响

研究表明，草场流转在一定程度上能协调草场承包到户后产生的牲畜对草场的需求与草场供给之间的矛盾，草场整体的放牧压力稍有缓解，牧民生计有所提高；但是却造成草场内部放牧压力转移、被流转草场过度利用，贫困户因无法转产而无法根本改善生计，贫富分化加剧的问题。此外，草场流转后使用草场的牧户虽然移动距离有所增加，但是空间仍相对固定，牧户关系更加独立，仍然使其难以灵活应对自然灾害、政策变化等带来的风险。

（1）牧民收入状况分析。

新疆 2009 年农民人均纯收入首次突破 4000 元，增加 497 元，增长 14%。[①] 2011 年，新疆农牧民人均年纯收入首次突破 5000 元，比 2010 年增长 17.2%，扣除价格因素，实际增长 9.7%。[②]“布尔津县 2012 年农牧民人均纯收入达 7108 元，较 2011 年增收 1103 元，增幅 18.4%，2013 年农牧民人均纯收入达到 8360 元，较 2012 年增长 1252 元，增幅 17.6%，两年增收均超过 1100

① 新疆去年农牧民人均收入首次突破 4000 元［EB/OL］.　［2010－01－18］. http://www.sina.com.cn.

② 2011 年新疆农牧民人均年纯收入首次突破 5000 元［EB/OL］.［2012－01－31］. http://www.chinanews.com/gn/2012/01－31/3633422.shtml.

元，平均增幅达到了 18%。”① 巩留县 2013 年农牧民人均纯收入达到 10293 元，实现人均增收 1238 元，较上年增长 13.67%。② 2011 年昌吉市农牧民人均纯收入达 10536 元（见表 2－49），比全国农牧民人均纯收入 6977 元多出 3559 元，比全疆农牧民人均纯收入 5231 元多出 5305 元③，五年年均增长 11.7%。

表 2－49　2007—2011 年昌吉市农牧民人均纯收入

（单位：元）

收入＼年份	2007	2008	2009	2010	2011
人均收入	6585	7143	7898	9408	10536
增长	526	558	755	1510	1128

从以上数据来看，新疆农牧民纯收入不高，农牧民增收成为牧区发展非常重要的问题。表 2－50 是牧民 2011—2013 年家庭畜牧总收入，年均收入不高。

表 2－50　牧区牧户 2011—2013 年全年收入统计分析

收入类型	极大值	极小值	均值	合计
参与草场流转/元	466000.00	0.00	23708.85	6401390.00
转入支出或转出收入/元	341000.00	0.00	12786.57	3516307.00
当年收入/元	600000.00	0.00	11494.45	3183964.00
收入/元	300000.00	0.00	7748.58	2107614.00
出售羊羔/只	200025000.00	0.00	721651.42	200619095.00
出售羊绒/千克	400000.00	0.00	4798.98	1334117.00
出售羊皮/张	93000.00	0.00	734.13	202620.00
出售羊毛/千克	24000.00	0.00	790.88	220656.00
出售牛/头	105000.00	0.00	2607.33	727444.00
出售马匹/匹	150000.00	0.00	5429.98	1471525.00
出售骆驼/峰	1230000.00	0.00	31821.13	8909915.00

① 新疆布尔津县农牧民人均纯收入连续两年增收超过 1100 元［EB/OL］．［2013－12－17］．新疆兴农网．

② 巩留县农技站．新疆巩留县 2013 年农牧民人均纯收入情况分析［EB/OL］．［2014－03－31］．http：//www.farmers.org.cn/Article/ShowArticle.asp？ArticleID＝428494．

③ 昌吉市统计局坚持民生优先　确保农牧民收入快速增长——昌吉市农牧民人均纯收入的现状及对策［EB/OL］．［2012－11－02］．http：//www.cjs.gov.cn/cjsrmzf/gzdt/jjdt/2012/154655.html．

在牧民收入中，非牧收入流转前约占牧户总收入的 18. 87%，流转后占 26. 19%；流转前 93. 18% 收入来自畜牧业，流转后 75. 41% 来自畜牧业。其中牧户的畜产品生产能力和畜产品价格成为影响收入的主要因素。在新疆，牧户生产的畜产品中，羊毛、羊绒、皮张的商品率比羊肉的商品率高，牛奶、羊奶、牛肉商品率低。20 世纪 80 年代牧民收入主要来源于羊毛和羊肉，90 年代牧民收入主要来源于羊绒和羊肉。由表 2 –49 可知，牧民出售羊羔收入最多，出售羊绒、马匹、骆驼的收入也较高，牧户收入主要来自畜牧业，在牧区具有普遍性，其中，贫困牧户对牧业的依赖程度要高于富裕牧户。牧户家庭收入对牲畜养殖高度依赖，这种单一的收入结构增大了牧民维持生活的风险。

（2）草场流转对牧户收入的影响。

2010 年，全国畜牧业产值占农业总产值的比重为 38%。[①] 昌吉州 2011 年畜牧业产值占大农业比重的 52%，呼图壁县 2011 年畜牧业产值占大农业比重的 58%。新疆畜牧业产值占大农业比重在 50% 以上。从表 2 –46 可知，无论草场流转前还是流转后畜牧业收入在牧民总收入中都是最高的，草场流转后畜牧收入低于流转前，非牧收入流转后高于流转前。草场流转对牧民收入结构的调整是有影响的。但收入总量变化不大。牧民参与草场流转之后，牧民的非牧收入增加，有利于牧民生活水平的提高。

四、本章小结

本研究中土地流转主要是指土地利用类型中的草场的流转。中华人民共和国成立之后，在中国土地制度改革的整体大背景下，牧区的草场制度也先后进行了改革。本书通过回顾牧区草场制度变革的历程，使我们了解了耕地与草原的不同，草原承包制实际上是把建基于农村耕地的制度设计放置到牧区的实践。草场承包后，无畜户、大畜户、无劳力户的存在引发草场自发流转。20 世纪 90 年代末国家草场流转的制度性文件相继出台，但“新疆维吾尔自治区草场流转管理办法”至今尚未出台。草原和耕地在生态功能、社会

① 2010 年全国畜牧业产值占农业总产值比重的 38% [EB/OL]. [2006 –09 –13]. 新华网.

保障功能方面不同，因此草原流转与耕地流转也表现出诸多不同。

根据入户调查得知，过半数的受访牧民参与草场流转，流转形式主要有出租、转包、转让、互换、入股等，转包和出租较多。转出主要是因为“缺少劳动力”，转入主要是因为“扩大养殖规模”“充分利用剩余劳动力”。流转对象主要是本村牧民，属于“农牧户之间小规模草场流转”。流转的草场主要是打草场和夏草场。在草原行政主管部门备案的草场流转案例只占18.5%，而这备案的18.5%的流转户手续完备的仅占3.2%。草场流转手续办理时，只有三成的牧民咨询过法律人士或参看法律资料。27.2%的牧民草场被征用，在被征用的草场中，主要用于修建铁路、公路，开矿、修砖窑、建水泥厂，修建电站、水库，建工业园区，旅游开发。被征用草场最多的是春秋草场，其次是夏草场、打草场，最少是冬草场。大多数牧民家草场被征用后按草场等级的补偿标准和面积给予了补偿，18.0%的牧民认为补偿金额低于草场等级标准和面积的乘积，11.1%的牧民没有得到任何补偿。搬迁是安置的一种途径，31.1%的牧民搬迁，大多数在“新建牧民定居点安置”，少数“插花式安置”，也有小部分由企业安置。搬迁牧民三成“仍留在牧区为其他牧户做牧工”，三成“仍然经营牧业生产”。牧民的草场实施禁牧后，大多数转移到牧民定居点，部分转移到城镇，个别搬迁到整村推进项目点，很少人参加劳务输出。草场征占牧民近四成进城打工，近三成靠代牧，少部分靠种植业、销售刺绣品、季节性短工谋生，少数靠其他手段谋生。超过半数的牧民的草场列入退牧还草工程，七成的退牧还草牧民的禁牧补助和草畜平衡补贴全部拿到，部分牧民拿到部分奖补资金，部分拖欠和至今没有支付。禁牧休牧后牧户面临着生计困难，受访牧民认为“缺乏饲料来源和舍饲圈养条件”“舍饲棚圈未纳入补助范围”“人工饲草地未纳入补助范围”“国家禁牧补助低，未达妥善安置标准”。流转牧户需要政府积极推进“牧户联合规模经营”“政府租赁草场”“创办生态家庭牧场”等。无论草场流转前还是流转后畜牧收入在牧民总收入中都是最高的，草场流转后畜牧收入低于流转前，非牧收入流转后高于流转前。草场流转对牧民收入结构的调整是有影响的，但收入总量变化不大。牧民参与草场流转之后，牧民的非牧收入增加，有利于牧民生活水平的提高。

第三章 新疆土地流转中哈萨克族牧民生计策略分析

本研究以2013年12月至2014年1月哈萨克族本科学生以其生源所在地28个县、67个乡、122个村的616户哈萨克族牧民问卷调查为基础，结合了2013年6月至2015年6月对15个哈萨克族人口较多的县进行的牧户调查、对新疆54个乡镇/村委会负责人进行的访谈。共发放调查问卷1747份，收回1409份，有效问卷1310份，占收回问卷的91.03%。问卷主要涉及三部分内容，即哈萨克族牧民基本情况、哈萨克族牧民草场流转情况和哈萨克族牧民生计资本情况。

一、调查样本分析

本书通过对数据整理，得出样本的基本特征：样本户1310户，涉及人口5413人，户均4.13人（见表3－1）。

表3－1　调查对象的基本特征

特征	分组	频数	百分比/%	人口	说明
年龄	10岁及以下	638	9.42	510	年纪太小而不能劳动
	11～14岁	572	5.67	307	其中寄宿制学生221人 可做简单的家务或农活，如看孩子、放牧牲畜等
	15～17岁	520	3.97	215	其中寄宿制学生195人 可以作为成人的助手

续表

特征	分组	频数	百分比/%	人口	说明
年龄	18~60岁	2534	46.81	2534	男性为1367人，女性为1167人，能从事全部的成人劳动
	60岁以上	543	6.69	362	只能从事部分的成人劳动
健康状况	残疾人	427	1.11	60	没有劳动能力
	长期患病者	462	3.44	186	在过去半年及以上的时间里不能劳动
教育程度	文盲		4.94	167	
	小学		36.74	930	
	初中		34.90	884	
	高中或中专		16.43	416	
	大学及以上		6.99	117	

二、哈萨克族牧民的生计现状分析

（一）新疆牧区牧民生计方式

新疆是中国第二[①]大牧区，伊犁州直、塔城地区、阿勒泰地区、昌吉州、哈密地区的草场面积占新疆牧区草场面积的90%以上，本书调查所涉及县市有牧业县和以牧业为主的半牧业县，这些区域牧民的生计方式以畜牧、种植、多种经营等为主。伊犁州直、塔城地区、阿勒泰地区、昌吉州、哈密地区等地有广阔的草地资源，以放牧哈萨克羊、中国美利奴（新疆型）细毛羊、阿勒泰杂交羊、小尾寒羊、土种山羊、绒山羊、哈萨克牛、新疆褐牛、哈萨克马、伊犁马、土种山羊为主。

哈萨克族牧民能根据不同的牲畜选择不同的放牧方式，针对四季牧场产草量和枯草质量的不同，分类放牧。不同时间不同区域轮牧。哈萨克族牧民的这些生产技能是在长期游牧实践中，顺应自然生存环境，客观上保护自然环境和牲畜的一种社会适应。

① 中国生态环境部.2017年中国生态环境状况公报［R］.［2018-05-31］. http://www.mee.gov.cn/hjzl/zghjzkgb/lnzghjzkgb/第40页.

（二）新疆牧区牧民主要的生计策略类型

1. 牧民收入状况

新疆哈萨克族牧民收入来源主要靠畜牧业收入，其次为种植业收入，再次为副业、工资性收入。新疆牧区牧民收入主要来源构成如表3-2和图3-1所示。

表3-2 牧民收入主要来源统计分析表

（单位：元）

内容	极小值	极大值	均值	标准差
工资（教师/企事业单位/政府部门等收入）	0	48000	1697.57	6011.959
畜牧业（马/牛/羊/骆驼/鸡/奶制品等收入）	0	800000	32168.03	60742.801
野生产品采集	0	5000	43.21	391.057
副业	0	170000	3204.46	14328.785
种植业（小麦/玉米/蔬菜/水果/油菜/牧草等）	0	200000	3564.52	16741.378
其他	0	30000	270.19	1981.577

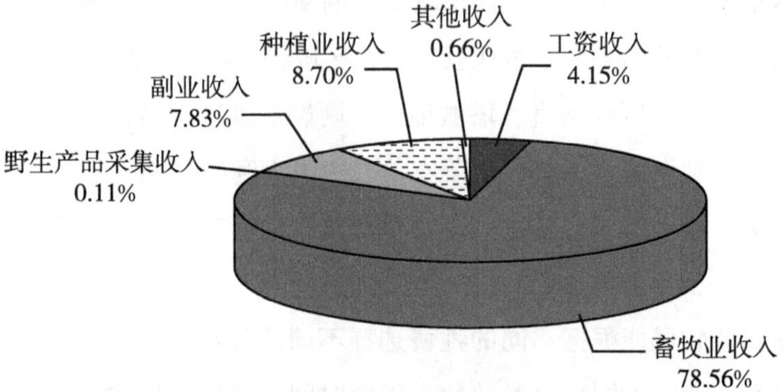

图3-1 牧民收入主要来源统计示意图

对以上调查统计数据进一步分析可得牧民生计活动中各项活动的比重。从表3-3可知，样本中从事畜牧养殖业的家庭占54.1%，种植业占19.5%，采集占0.3%，手工业占6%，外出打工占7.7%，本地做零工占6%，经商占2.6%，工资性工作占2.7%，其他占1%（主要为靠国家低保、养老保险等生活的家庭）。

表3－3 牧民生计活动比重表

内容	频率	百分比/%
畜牧/养殖业	709	54.1
种植业	256	19.5
采集	4	0.3
手工业	79	6.0
外出打工	101	7.7
本地做零工	79	6.0
经商	34	2.6
工资性工作	36	2.7
其他	14	1.0
合计	1312	99.9

从表3－4可知，11.3%的牧户无人从事牧业；家里有1～5人从事牧业工作的牧户居多，21.1%的牧户家里有1人从事牧业，48.8%的牧户家里有2人从事牧业，10.3%的牧户家里有3人从事牧业，3.3%的牧户家里有4人从事牧业，1.4%的牧户家里有5人从事牧业。有2人从事牧业的牧户最多。除此之外，有6～18人从事牧业工作的牧户，但占比都较少，在0.9%以下。平均2.28人/户从事牧业工作，平均0.28人/户从事种植业，平均0.25人/户打工，平均0.07人/户经商，平均0.02人/户进行运输，平均0.14人/户从事工资性工作，没有劳动能力的平均0.4人/户。从统计数据来看，牧民主要从事牧业工作，其次为种植和打工，从事其他工种的均较少。

表3－4 牧户从事牧业工作平均人数的比例

有效性	人数	频率	百分比/%	有效百分比/%	累积百分比/%
有效	0	24	1.8	11.3	11.3
	1	45	3.4	21.1	32.4

续表

有效性	人数	频率	百分比/%	有效百分比/%	累积百分比/%
有效	2	104	7.9	48.8	81.2
	3	22	1.7	10.3	91.5
	4	7	0.5	3.3	94.8
	5	3	0.2	1.4	96.2
	6	1	0.1	0.5	96.7
	10	1	0.1	0.5	97.2
	14	1	0.1	0.5	97.7
	15	1	0.1	0.5	98.1
	17	1	0.1	0.5	98.6
	18	2	0.2	0.9	99.5
	25	1	0.1	0.5	100.0
	合计	213	16.3	100.0	
缺失	系统	1097	83.7		
合计		1310	100.0		

从表3-5可知，80.7%的牧户中没有人从事种植业，11.8%的牧户中有1人从事种植业，6.9%的牧户中有2人从事种植业，有3人从事种植业的家庭仅占0.7%，可见牧户从事种植业的人数较少。82.3%的牧户中没有人打工，11.1%的牧户中有1人打工，6.2%的牧户中有2人打工，仅占0.3%的牧户中有3人打工。93.2%的牧户中没人经商，6.1%的牧户中有1人经商。97.7%的牧户中没有人从事运输工作。90.0%的牧户中没有人从事工资性工作，6.8%的牧户中有1人从事工资性工作，2.9%的牧户中有2人从事工资性工作，仅占0.3%的牧户中有4人从事工资性工作。由表3-5可知，牧户打工、经商、运输、从事工资性工作都很少。

表 3－5　牧户从事非牧生计平均人数的比例

有效性	人数	频率	百分比/%	有效百分比/%	累积百分比/%
种植业	0	246	18.8	80.7	80.7
	1	36	2.7	11.8	92.5
	2	21	1.6	6.9	99.3
	3	2	0.2	0.7	100.0
	合计	305	23.3	100.0	
打工	0	251	19.2	82.3	82.3
	1	34	2.6	11.1	93.4
	2	19	1.5	6.2	99.7
	3	1	0.1	0.3	100.0
	合计	305	23.3	100.0	
经商	0	290	22.1	93.2	93.2
	1	19	1.5	6.1	99.4
	2	2	0.2	0.6	100.0
	合计	311	23.7	100.0	
运输业	0	303	23.1	97.7	97.7
	1	7	0.5	2.3	100.0
	合计	310	23.7	100.0	
工资性工作	0	280	21.4	90.0	90.0
	1	21	1.6	6.8	96.8
	2	9	0.7	2.9	99.7
	4	1	0.1	0.3	100.0
	合计	311	23.7	100.0	

2. 新疆牧户类型与划分标准

本研究根据家庭现有谋生方式、家庭主要收入来源及其所占比重、家庭主要劳动力的投入方向等，将一个牧户的生计类型划分为四种类型：畜牧型、种植型、非牧型、多样型（见表 3－6）。划分农牧户类型的目的是探究牧民所采取的不同生计模式与其所拥有的生计资本之间的相互关系。

由表3－6可知，新疆牧户四种类型中，家庭畜牧业收入大于或等于60%为畜牧型家庭，这种家庭占样本总数的75.4%，比重最大；收入多样化，但仍以畜牧收入为主要收入的家庭为多样型家庭，在总样本中占比15.4%；非牧业收入大于或等于60%的为非牧型家庭，这种家庭在样本中占6.2%；种植业收入大于或等于60%的家庭为种植型家庭，这种家庭最少，占样本总数的3%。

表3－6　新疆牧户类型与划分标准

家庭类型	划分标准			所占比重/%
	谋生方式	家庭主要收入来源	主要劳动力收入	
畜牧型	畜牧业为主	畜牧业收入≥60%	畜牧业活动	75.4
种植型	种植业为主	种植业收入≥60%	种植业活动	3.0
多样型	牧业/牧农业	收入多样化，畜牧收入为主	牧业/非牧业活动	15.4
非牧型	非牧业为主	非牧业收入≥60%	非农活动	6.2

从不同类型家庭收入的构成可知，四种类型牧户家庭收入中，五种收入构成里来自畜牧业的收入最高（见表3－7和图3－2）。

表3－7　不同类型家庭收入的构成（1）

（单位：元）

生计策略	工资性收入（均值）	畜牧业收入（均值）	采集收入（均值）	副业收入（均值）	种植业收入（均值）
畜牧型	1858.95	41775.79	136.84	1920.53	3463.16
种植型	0.00	46750.00	0.00	2000.00	1300.00
多样型	3030.77	35710.85	76.92	3923.08	2386.15
非牧型	9100.00	60450.00	0.00	25000.00	1676.00
总计	2293.22	42225.77	118.64	3317.37	3180.31

畜牧型家庭拥有较大数量的羊、牛等牲畜和广阔的草原，畜牧产品除满

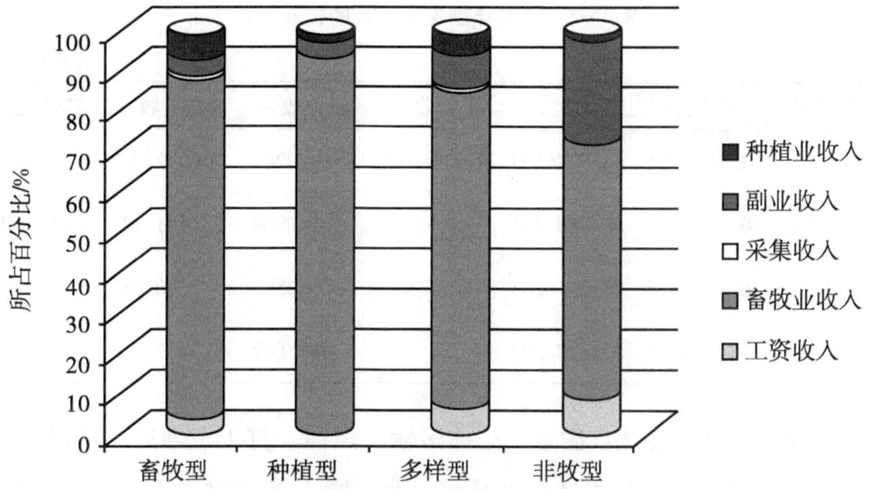

图3-2　不同类型家庭收入的构成（1）

足自己家庭成员的消费外，部分进行销售，如各种牲畜、肉类、皮毛或奶制品等，用以购买大米、面粉、白糖、食盐、植物油等日常消费必需品；有部分家庭同时还经营少量的种植业，如小麦、玉米、蔬菜水果、油菜、牧草等，一般供自己家庭成员日常消费或作为牲畜的饲料。

种植型家庭样本量较少，这种家庭种植的作物有小麦、玉米、油菜、牧草等，种植业产品除满足自己家庭成员的消费外，有部分进行销售；这类家庭一般都饲养牛、马、羊等禽畜，牛和马一般都作为役畜，羊的饲养一般作为增加现金收入的手段；同时有一部分劳动力还从事季节性的外出打工、本地做零活、小本生意等一些非牧增收活动，一般而言，农牧生产所得除自给自足外，还能带来现金收入。

表3-8显示，多样型家庭相对其他类型家庭而言所从事的生计活动有畜牧养殖、种植、非牧活动以及采集等，工资性收入占6.64%，畜牧业收入占78.33%，采集收入占0.16%，副业收入占8.6%，种植业收入占5.23%，其他收入占1.01%。由于所从事的生计活动领域较广，所以分散了他们的生计风险，生计的可持续性较强。

表 3－8 不同类型家庭收入的构成（2）

（单位:%）

生计策略	工资性收入	畜牧业收入	采集收入	副业收入	种植业收入	其他收入
畜牧型	3.7613282	84.5276509	0.2768815	3.8859248	7.0072309	0.5409838
种植型	0	86.8152275	0	3.7140204	2.4141133	7.0566388
多样型	6.6479826	78.3316263	0.1687305	8.6052566	5.2340208	1.0123831
非牧型	9.4569035	62.8208592	0	5.9805042	1.741733	0

非牧型家庭主要从事副业、个体运输、经商、打工、导游、房屋出租、在政府部门或企事业单位供职以及手工业、匠人等非牧生产活动。这些活动能够为家庭带来现金收入，为提升家庭生活质量提供了资金条件。部分家庭也从事少量牧业生产活动，如养羊、鸡等禽畜，作为家庭成员所需营养的重要来源。同时也种植少量的小麦、玉米、水果、油菜、牧草等，一方面满足自己家庭的食物消费需要，另一方面可以作为禽畜的饲料。

以上类型的家庭除了他们的主要生计活动外，还采集野生产品作为经济补充，例如，中草药、蘑菇、羊肚菌、雪莲、淫羊藿、党参等。这些山野珍品和药用野生植物能在市场上以较好的价格出售。

3. 不同类型家庭的基本特点

不同类型家庭的基本特点也不相同，其特点体现在收入构成、家庭规模、劳动力分工、年龄结构和教育水平等方面。

（1）不同类型家庭的收入。

工资性收入是指有在乡政府、村组、学校、行政企事业单位工作获得的相对固定和稳定来源的收入；副业收入主要包括家庭家禽养殖、手工业、副业、个体运输、经商、打工等收入；种植业收入包括粮食种植、经济作物种植、林果蔬菜等种植收入；畜牧业收入包括牲畜乳畜皮毛等收入；采集收入指各种野生植物、菌种、奇石收入。

从表 3－7 不同类型家庭收入的构成和图 3－2 可知，畜牧型家庭畜牧业收入最高，其次为种植业收入；种植型家庭畜牧业收入最高；多样型家庭畜牧业收入最高，工资性收入、副业收入、种植业收入也较高，收入渠道多样化而且相对均衡；非牧型家庭畜牧业收入最高，副业收入、种植业收入、工资性收入也较高。通过数据统计，我们可以看到新疆牧区这四种类型的家庭，畜牧业收入都是最高的，说明牧区牧民的收入主要都是以畜牧业为基础，围绕畜牧业进行的，种植也以畜牧业为基础，如青贮玉米、苜蓿等的种植；采集收入最少，采集收入只占很少部分，而且是可遇而不可求的，特色药材的采摘具有很大的偶然性。

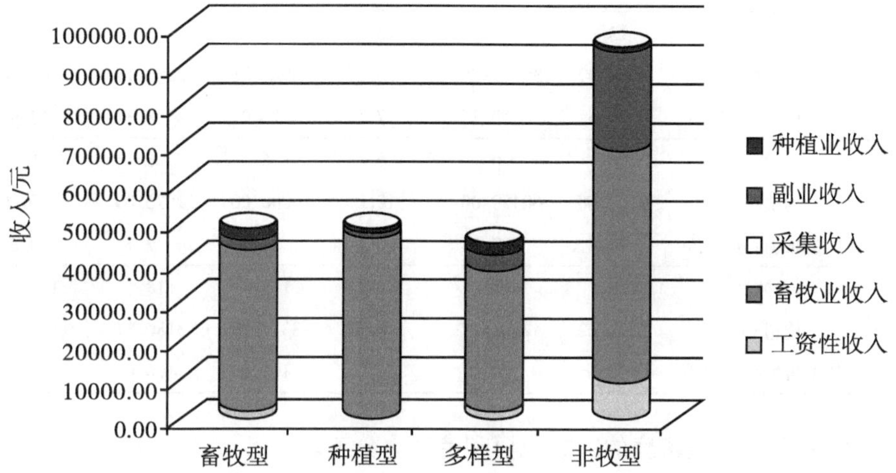

图 3－3　不同类型家庭收入的构成（2）

从表 3－9 可知，在工资性收入中，畜牧型家庭占 65.3%，非牧型家庭占 20.2%，多样型家庭占 14.6%；在畜牧业收入中，畜牧型家庭占 79.7%，多样型家庭占 9.3%，非牧型家庭占 7.3%，种植型家庭占 3.8%；在野生小产品采集收入中，畜牧型家庭占 92.9%，多样型家庭占 7.1%；在副业收入中，畜牧型家庭占 46.6%，非牧型家庭占 38.3%，多样型家庭占 13%，种植型家庭占 2%；在种植业收入中，畜牧型家庭占 87.7%，多样型家庭占 8.3%，非牧型家庭占 2.7%，种植型家庭占 1.4%；在其他收入中，畜牧型家庭占 54.5%，种植型家庭占 32.6%，多样型家庭占 12.9%。在不同生计活动所获收入中，占比最高的都是畜牧型家庭。

表 3 - 9　不同类型家庭收入的构成（3）

生计策略		工资	畜牧业	野生小产品采集	副业	种植业	其他
畜牧型	*N*	95	95	95	95	95	94
	均值/元	1858.95	41775.79	136.84	1920.53	3463.16	270.21
	占总和的百分比/%	65.3	79.7	92.9	46.6	87.7	54.5
种植型	*N*	4	4	4	4	4	4
	均值/元	0.00	46750.00	0.00	2000.00	1300.00	3800.00
	占总和的百分比/%	0.0	3.8	0.0	2.0	1.4	32.6
多样型	*N*	13	13	13	13	13	13
	均值/元	3030.77	35710.85	76.92	3923.08	2386.15	461.54
	占总和的百分比/%	14.6	9.3	7.1	13.0	8.3	12.9
非牧型	*N*	6	6	6	6	6	6
	均值/元	9100.00	60450.00	0.00	25000.00	1676.00	0.00
	占总和的百分比/%	20.2	7.3	0.0	38.3	2.7	0.0
总计	*N*	118	118	118	118	118	117
	均值/元	2293.22	42225.77	118.64	3317.37	3180.31	398.29
	占总和的百分比/%	100.0	100.0	100.0	100.0	100.0	100.0

（2）不同类型家庭的家庭规模和劳动力分工。

从表 3 - 10 可知，畜牧型家庭规模最大，其次为种植型、多样型、非牧型。在畜牧型牧户中，从事牧业工作的最多，其次是种植业、工资性工作；在种植型牧户中从事牧业的最多，其次是打工、种植业；在多样型牧户中，主要从事牧业，其次是种植、打工、经商，而且人数相当；在非牧型牧户中，主要是从事种植业，其次是工资性工作。

表 3 - 10　不同类型家庭的劳动分工统计

（单位：人）

生计策略	总人口	从事牧业	种植业	打工	经商	运输	工资性工作	学生	其他
畜牧型	4.35	2.29	0.19	0.08	0.06	0.05	0.16	1.04	0.48
种植型	4.00	2.00	0.25	0.75	0.00	0.00	0.00	0.25	0.33
多样型	3.60	1.90	0.25	0.25	0.25	0.00	0.17	0.58	0.50

续表

生计策略	总人口	从事牧业	种植业	打工	经商	运输	工资性工作	学生	其他
非牧型	2.50	2.50	0.50	0.00	0.00	0.00	0.33	0.00	0.50

注：表中数字不包括已婚分家、经济独立的人口；“工资性工作”不同于打工等副业，是指在国家政府部门、事业单位工作，有相对正式、固定的职位和较稳定的工资；“其他”指老人、残疾人、长期患病者、学龄前儿童等没有劳动能力的人。

（3）不同类型家庭的年龄结构与受教育程度。

从表3－11可知，样本中四种类型家庭中18～60岁的人最多，畜牧型家庭这一年龄段占62.03%，种植型占68.29%，多样型占63.59%，非牧型占74.03%，说明四种家庭中劳动力充足；其次人数较多的是10岁以下孩子，再次是11～14岁的孩子。

从表3－11、图3－4和图3－5可知，牧民所受教育，畜牧型家庭小学水平最多，其次为初中水平；种植型家庭小学水平最多，其次为初中、高中或中专水平，没有文盲；多样型家庭小学水平最多，其次为初中水平；非牧型家庭初中水平最多，其次为小学水平，文盲最少。可见牧民的教育水平主要为小学水平和初中水平。

表3－11　不同类型家庭的年龄结构与教育程度

分类	分组	畜牧型		种植型		多样型		非牧型	
年龄结构	10岁以下	138	13.33%	4	9.76%	27	13.85%	7	9.09%
	11～14岁	80	7.73%	3	7.32%	14	7.18%	5	6.49%
	15～17岁	61	5.89%	2	4.88%	14	7.18%	3	3.90%
	18～60岁	642	62.03%	28	68.29%	124	63.59%	57	74.03%
	60岁以上	114	11.01%	4	9.76%	16	8.21%	5	6.49%
	合计	1035		41		195		77	
受教育程度	文盲	37	4.43%	0	0.00%	9	5.56%	3	4.35%
	小学	334	40.00%	14	46.67%	58	35.80%	24	34.78%
	初中	273	32.69%	7	23.33%	50	30.86%	25	36.23%

续表

分类	分组	畜牧型		种植型		多样型		非牧型	
受教育程度	高中或中专	153	18.32%	7	23.33%	32	19.75%	12	17.39%
	大学及以上	38	4.55%	2	6.67%	13	8.02%	5	7.25%
	合计	835		30		162		69	

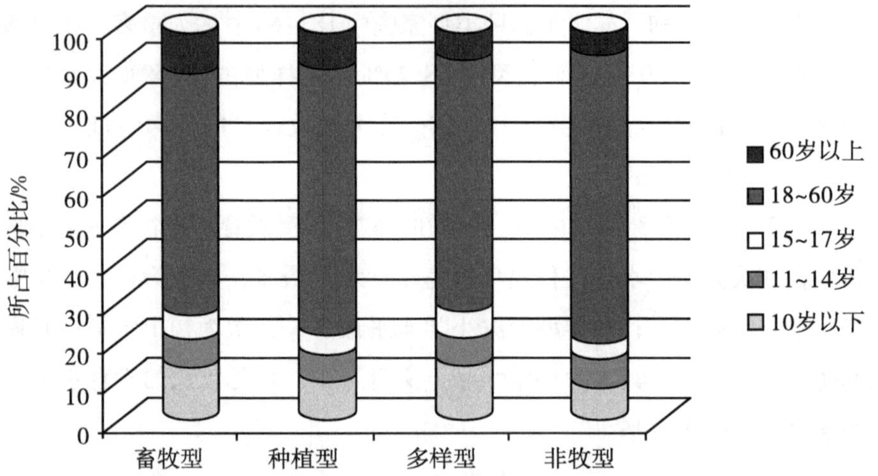

图 3-4　不同类型家庭的年龄构成

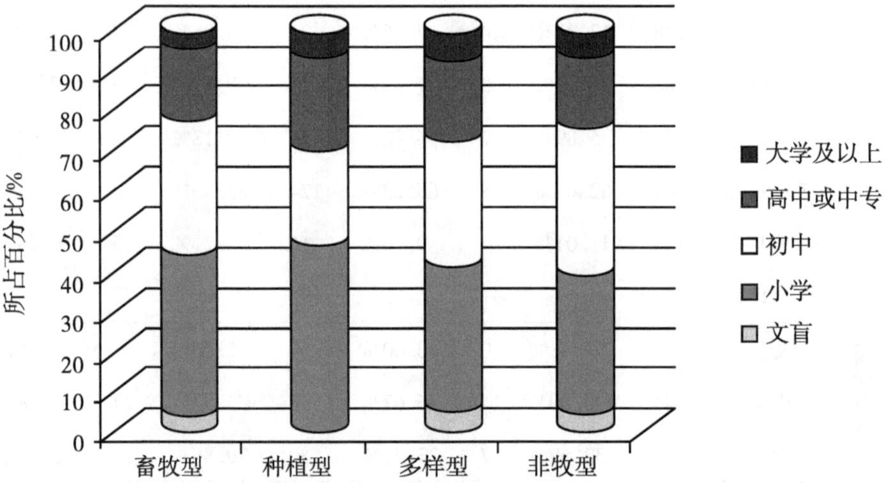

图 3-5　不同类型家庭的受教育程度统计

三、哈萨克族牧民的生计策略

生计策略是资本组合和应用的方法。人们为了改善自身生计条件，追求良好效益的生计产出。一般而言，家庭是组织生计活动的最基本单位，家庭生计往往是在一个较长时段内资本积累以及家庭生活水准得以维持并较大可能和较大幅度提高的潜能。

（一）新疆牧区哈萨克族牧民主要的生计策略类型

不同类型的牧户所从事的生计活动存在着差异，主要体现在生计活动安排及非农活动及其组合上（见表3－12）。

表3－12 不同类型家庭的生计活动

生计策略	畜牧/养殖业	种植业	采集	家庭副业	外出打工	本地做零工	个体运输	经商	工资性工作
畜牧型	+	—			——				
种植型	+	+	——	—	—			—	
多样型	+	+	——	+	+	+	+	—	——
非牧型	+	+	——	—	—	—	—	—	—

注：1. 由于该项目调查对象的主体是牧民，牧民的主要生计就是畜牧，所以这里讲的生计策略类型应该是基于畜牧的生计策略类型，也就是说是在以畜牧为基础从事别的生产活动。

2. ＋表示主要生计活动，—表示次要/辅助生计活动，——代表再次要。具体而言，种植业包括种植粮食（小麦、玉米、油菜）、果类（苹果、梨、葡萄）；畜牧/养殖业包括养牛、羊、马、骆驼等；采集包括采集野生药材、食用菌；家庭副业包括小型加工（小麦、玉米、马奶、马肉、马肠、奶酪、酥油）、手艺（马具、民族刺绣、民族食品加工、装修）；外出打工包括长期工和零工；个体运输包括驮运、开皮卡车；经商包括收购皮毛、乳畜产品，商品批零，出售移动通信设备及通信费缴纳等；工资性工作包括在政府部门、学校、工厂等工作；其他包括草场出租等。

畜牧型家庭的主要生计活动是畜牧/养殖业，有少量的打工；种植型家庭以种植业和养殖业作为他们的主要生计活动；多样型的非牧活动种类更丰富、更多样；非牧型家庭生计活动也以养殖业和种植业为主，其次从事非笔非农工作。

牧民选择某种生计活动或者几种活动的联合受多种因素的影响，除主要受其所拥有的生计资本的影响外，各种潜在的风险和面临的限制因素也对选择有重大的影响。① 归纳来看，研究区存在的生计策略有以下几大类：资源导向策略②、劳动力导向策略③、多样策略④、迁移策略⑤。

（二）不同类型牧民对目前生活水平、面临压力及提高途径的认知

不同类型的农牧户对生活水平及提高途径的认知也存在差异（见表 3 - 13），具体表现在以下几个方面。

表 3 - 13　不同类型家庭对生活水平及提高途径的认知

（单位：%）

生计策略 / 家庭类型	生活水平评价	生活压力		提高途径		需要帮助	
畜牧型	满意（66）	没钱	23	出外打工	2	贷款/融资	50
		没文化/技术	19	经商	7	提供致富/就业信息	18
		学费	3	发展养殖	59	提供技术指导/培训	4
		就业	14	种好庄稼	1	学费	2
		医疗	3				
		草场不够	4				

① 杨培涛．牧民生计资本与生计策略的关系研究［D］．兰州：西北师范大学，2009：34.

② 资源导向策略依赖于家庭对某种自然资源的大量占有，畜牧型家庭就采用了这一策略，他们拥有大量的草地资源，所以可以放牧大量的牲畜，而饲养大规模的畜群需要较多的劳动力，因而这类型家庭的规模较大。该策略在牧区人口增长的情况下会对草地形成过大的压力，导致草场（生态）退化。

③ 劳动力导向策略是指通过大量劳动力而非金融资本或物质资本的投入，从事某一特定的生产活动。如种植型家庭只有在有限的耕地上投入大量劳动力才能获得足以维持生计的产出。采集活动收入的多少依赖于有多少劳动力投入到野生小产品的采集以及这种采集活动是否成功（能否找到），野生产品采集通常是一种竞争性生计活动，所以关于野生小产品分布位置的信息保持在家庭内部而不是和邻居分享。新疆属于生态脆弱区，这种高强度的种植和挖掘采集活动会造成水土流失等问题。

④ 多样策略，顾名思义，其收入来源多样化，不但扩展了生产活动的范围，而且在各种收入来源之间保持相对的平衡，如像其他类型家庭一样，他们也饲养牛、羊等牲畜，经营一些种植业，采集蘑菇、雪莲、贝母等，同时也从事一些临时性工作和工资性工作，使生计风险得到很好的分散。

⑤ 采用迁移策略的样本户占 31.1%，该策略分为被动迁移和主动迁移两种类型：一种为禁牧休牧等退牧还草搬迁；一种是草场征占搬迁。搬迁是当地牧民不得已的选择，牧民生计策略选择与自然资源禀赋和地方政策密不可分，其生计策略的目的都是增加牧户自身的发展能力，获得更好的生活。

续表

家庭类型＼生计策略	生活水平评价	生活压力		提高途径		需要帮助	
畜牧型	不满意（34）	没钱	23	出外打工	7	贷款/融资	15
		没文化/技术	8	经商	10	提供致富/就业信息	11
		学费	1	发展养殖	13		
		就业	1	种好庄稼	1		
		医疗	1				
种植型	满意（67）	没钱	33	发展养殖	67	提供致富/就业信息	50
		没文化/技术	17				
		学费	17				
	不满意（33）	医疗	33	出外打工	16	贷款/融资	50
				种好庄稼	17		
多样型	满意（76）	没钱	32	出外打工	12	贷款/融资	30
		没文化/技术	24	经商	12	提供致富/就业信息	20
		就业	8	发展养殖	56	提供技术指导/培训	10
		医疗	4				
		草场不够	8				
	不满意（24）	没钱	20	出外打工	4	贷款/融资	20
		就业	4	发展养殖	16	提供致富/就业信息	20
非牧型	满意（89）	没钱	33	出外打工	11	贷款/融资	40
		没文化/技术	45	经商	11	提供致富/就业信息	60
		学费	11	发展养殖	78		

续表

家庭类型 \ 生计策略	生活水平评价	生活压力		提高途径	需要帮助
非牧型	不满意（11）	没钱	11		

注：基本采用牧民的说法，表中的比重值为提及该项的家庭户数 ÷ 所属类型的总户数。

1. 哈萨克族牧民对生计的满意度

从表3－13可知，非牧型家庭对生活满意度高，其次是多样型家庭，再次是种植型家庭、畜牧型家庭。虽然有来自生活不同程度的压力，需要政府不同方面的帮助，但总体来说，牧民对当前生活的满意度超过了66%。牧民面临诸多生活压力，依然对生活满意度较高，这与收入多少、生计目标、对风险的规避能力等有关。

2. 哈萨克族牧民面临的生活压力

从表3－14的牧民家庭的生计活动开支情况（以2013年为例）来看，牧民生产开支中畜禽饲料/药品、放牧开销、采购畜禽较高，生活开支中粮食/肉类/蔬菜/非主食食品、新建/维修房屋、学费/书籍等教育开支较高。

表3－14　牧民家庭的生计活动开支情况（以2013年为例）

（单位：元）

	支出	*N* 统计量	全距 统计量	极大值 统计量	和 统计量	均值 统计量	标准差 统计量
生产开支	割草、剪毛等	266	100000	100000	793000	2981.20	8146.236
	采购畜禽	265	300000	300000	1291750	4874.53	23105.732
	畜禽饲料/药品	265	120000	120000	1469493	5545.26	11618.909
	放牧开销	264	250000	250000	1387900	5257.20	18990.769
生活开支	粮食/肉类/蔬菜/非主食食品	265	200000	200000	2288300	8635.09	16717.763
	服装和床上用品	285	47000	47000	966782	3392.22	4442.009
	新建/维修房屋	284	300000	300000	2103900	7408.10	27666.521
	医疗	285	60000	60000	1268016	4449.18	8020.034

续表

		N	全距	极大值	和	均值	标准差
	支出	统计量	统计量	统计量	统计量	统计量	统计量
生活开支	学费/书籍等教育开支	284	3000000	3000000	3701860	13034.72	177937.043
	能源（电/太阳能/水/煤/柴）	284	120000	120000	670160	2359.72	7454.537
	通信（有线电视/座机电话/手机）	283	35000	35000	382280	1350.81	2724.570
	交通运输费用	183	15000	15000	305135	1667.40	2208.306
其他形式的开支	礼仪/宗教节日开支	180	50000	50000	493150	2739.72	6211.010
	宴请/送礼	254	15000	15000	401100	1579.13	2461.241
	罚款和罚金（因违反社区规则等）	254	37000	37000	49800	196.06	2348.775
其他	其他（请注明）	220	100000	100000	132000	600.00	6788.656

从图 3－6 可知，53.7% 的牧户最大开支为草料运输，0.8% 的牧户为交通运输，42% 的牧户为基本生活费，3.5% 的牧户为学生生活费。

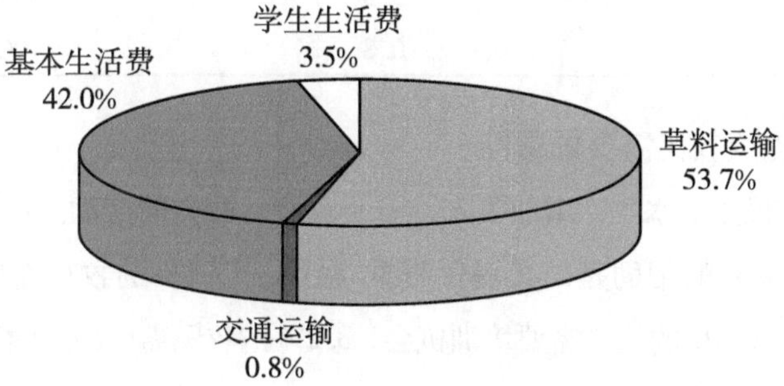

图 3－6　牧民家庭最大开支比较

从图 3－7 可知，42.8% 的牧户面临的生活压力或困难是没钱，23.2% 的牧户是没文化/技术，15.2% 的牧户是就业，8.1% 的牧户是医疗，7.4% 的牧户是草场不够，4.2% 的牧户是学费。

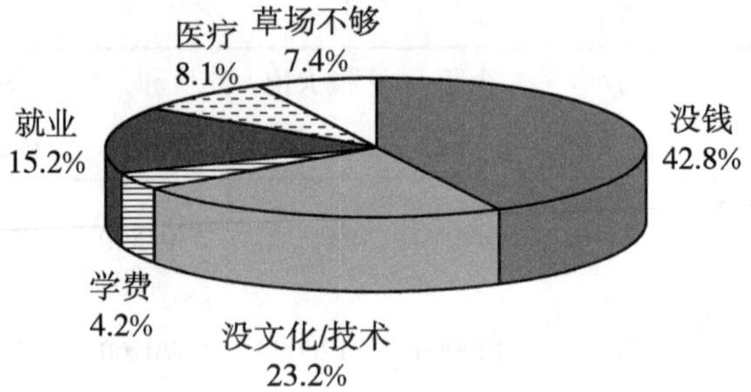

图3-7　牧户面临的生活压力

3. 提高牧民生活水平的途径

从表3-15可知，提高牧民生活水平的途径，75.1%的牧民认为是发展养殖，10.5%的牧民认为是出外打工，10.3%的牧民认为是经商，3.3%的牧民认为是种好庄稼，0.8%的牧民认为是采药材。

表3-15　提高牧民生活水平的途径

内容	有效百分比/%	累积百分比/%
出外打工	10.5	10.5
经商	10.3	20.8
发展养殖	75.1	95.9
种好庄稼	3.3	99.2
采药材	0.8	100.0

4. 哈萨克族牧民需要的帮助

为提高牧民生活水平，增加收入，需要政府、社会的帮助。从图3-8可知，63.7%的牧户需要的帮助是向其提供贷款/融资，23.7%的牧户需要的是获得致富/就业信息，9.2%的牧户需要培训机会，3.2%的牧民需要减免学费。

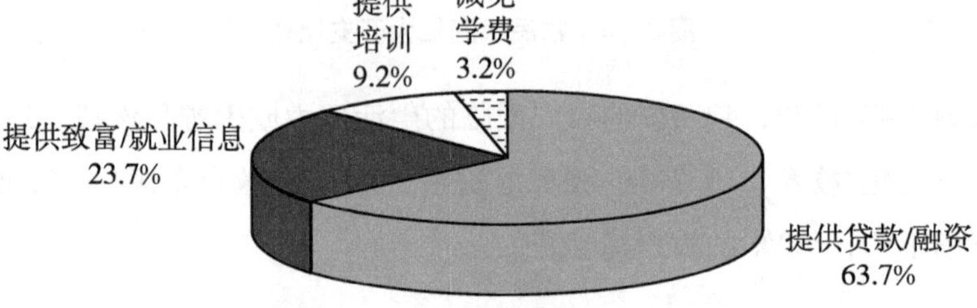

图3-8　政府需要做的工作

牧民认为维持牧户的可持续生计，政府需要提供资金支持、技术支持、创业指引、生活保障。从表 3－16 和图 3－9 可知，12.1% 的牧户需要的是创业指引，37.1% 的牧户需要畜牧业养殖等技术支持，17.9% 的牧户需要生活保障，32.9% 的牧户需要资金支持。

表 3－16　政府需要做的工作

内容	有效百分比/%	累积百分比/%
资金支持	32.9	32.9
技术支持	37.1	70.0
创业指引	12.1	82.1
生活保障	17.9	100.0

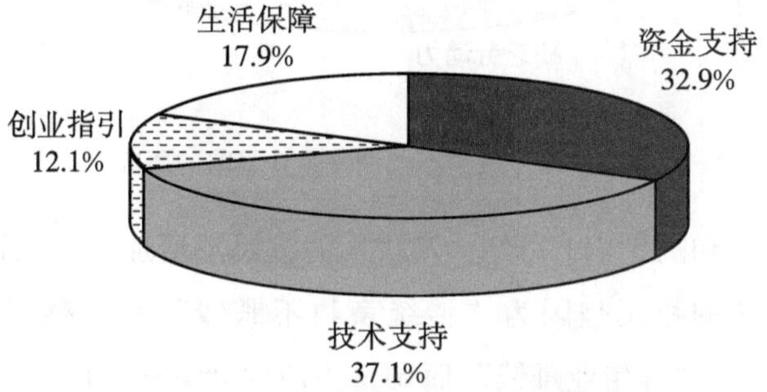

图 3－9　牧民需要的帮助

对于需要政府提供的帮助中，牧户最希望国家给予再多些优惠政策，包括畜牧物资降价、牧道饮水工程等基础设施建设、牧区医疗保险、定居补贴、自然灾害牲畜补贴等。这些都是影响牧户生计改善的制约因素和面临的生计风险，这些制约因素和风险只有依靠国家政策解决，仅靠牧民自身是无法解决的。

（三）新疆牧区哈萨克族牧民对未来生计策略的调整

从统计结果看，对于当前的生计策略，样本中 51.35% 的牧户想调整，48.65% 的牧户不想调整，想调整的家庭多于不想调整的家庭。从表 3－17 和图 3－10 可知，牧户不想调整的原因占比情况如下：21.28% 的牧民是因为“年老”；78.3% 的牧民是因为“缺乏劳动力”；0.43% 的牧民认为“感觉维持现状稳当”。

表 3-17　牧民不想调整生计策略的原因

内容	有效百分比/%	累积百分比/%
年老	21.28	21.28
缺乏劳动力	78.30	99.57
感觉维持现状稳当	0.43	100.00

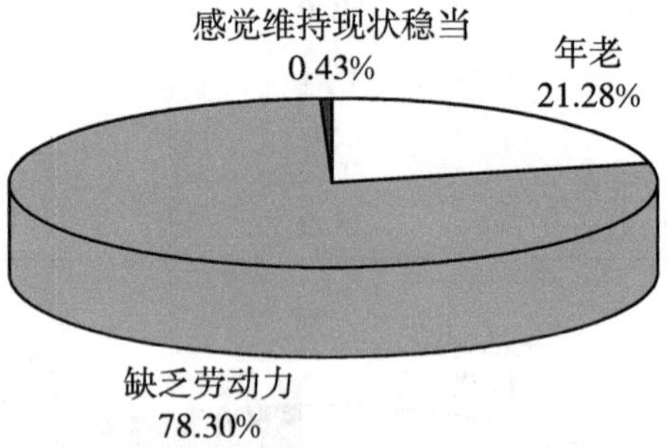

图 3-10　牧民不想调整生计策略的原因

从表 3-18 和图 3-11 可知，72.4% 的牧民想增加收入而调整当前的生计策略，21.8% 的牧民是因为“传统畜牧不赚钱”而调整当前生计策略，4.6% 的牧民认为“养殖业赚钱”而调整当前生计策略，1.1% 的牧民想通过“经商/打工赚钱”来调整当前生计策略。

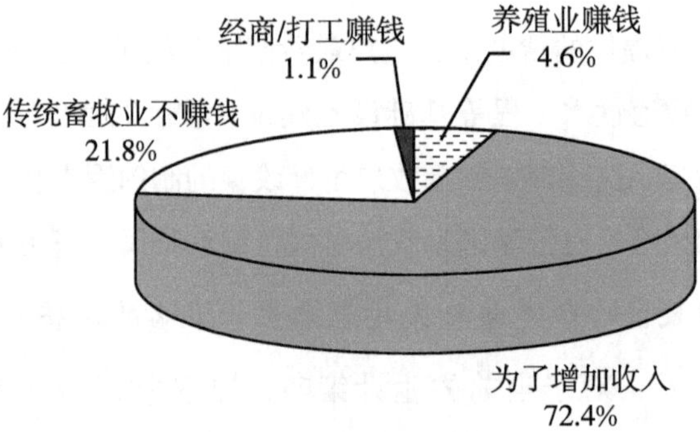

图 3-11　牧民想调整生计策略的原因

表 3－18　牧民想调整生计策略的原因

内容	有效百分比/%	累积百分比/%
为了增加收入	72.4	72.4
传统畜牧业不赚钱	21.8	94.3
经商/打工赚钱	1.1	95.4
养殖业赚钱	4.6	100.0

从表 3－19 来看，86.4% 的牧民为改善生计考虑今后改良牲畜，只有 13.6% 的牧民不考虑；考虑开商店、饭馆、小企业或其他的占 63.8%，不考虑的占 36.2%；考虑出去长期打工或打零工的占 26.3%，不考虑的占 73.7%；考虑移居城市的占 33.6%，不考虑的占 66.4%。

表 3－19　牧民生计策略的调整方向

（单位:%）

内容	是	否
今后考虑改良牲畜	86.4	13.6
今后考虑开商店、饭馆、小企业或其他	63.8	36.2
今后考虑出去长期打工或打零工	26.3	73.7
考虑移居城市	33.6	66.4

在所有生计类型的样本户中，68% 的样本户对目前生活水平表示满意，但从数据来看，这种满意仅仅是最基本的生存需要满足层次的满意。不满意的占总样本户的 32%。总体来看牧民希望过上更好的生活，随着牧民对外部世界、物质条件的了解，他们逐渐感受到自己生活的困难和落后。不同类型的家庭对目前生活水平的评价是有明显差异的，非牧型（89%）、多样型（76%）、种植型（67%）、畜牧型家庭（66%）的满意度呈依次递减趋势（见表 3－13），这分别与其经济收入多少、生活水准高低以及对生计风险规避能力有关。

非牧型家庭比多样型家庭对目前生活水平满意度高，因为他们生计活动为家庭生活提供了基本保障，但是由于牧区社会分工不发达，牧民的教育程度、汉语水平的限制使他们的生计选择局限于相对低收入的体力劳动领域里。种植型家庭比畜牧型家庭对目前生活满意度高些，种植收入高于畜牧收入，而且相对稳定。

在各类型的牧户中，有 48.65% 的家庭由于受各种因素限制，仍选择保持现有生计策略不变；其余家庭选择对生计策略进行调整，而生计策略调整方式也因家庭类型不同而存在差异（表3－20）。

表3－20　不同类型家庭的生计策略调整

家庭类型	不调整生计策略		调整生计策略		
	比重	原因及比重	比重	原因及比重	如何调整及比重
畜牧型	50%	年老占17% 缺乏劳动力占83%	50%	为了增加收入占71% 传统畜牧业不赚钱占25% 经商/打工赚钱占1% 养殖业赚钱占3%	改良牲畜占55%，如果有条件想改良占26% 开商店、饭馆、小企业或其他占76% 出去长期打工或打零工占18% 移居城市占26%
种植型	60%	缺乏劳动力占100%	40%	为了增加收入占100%	改良牲畜占100% 开商店、饭馆、小企业或其他占33% 出去长期打工或打零工占25% 移居城市占25%
多样型	48%	年老占20% 缺乏劳动力占80%	52%	为了增加收入占73% 传统畜牧业不赚钱占9% 养殖业赚钱占18%	改良牲畜占40%，如果有条件想改良占50% 开商店、饭馆、小企业或其他占50% 出去长期打工或打零工占55% 移居城市占40%
非牧型	44%	年老占25% 缺乏劳动力占75%	56%	为了增加收入占80% 传统畜牧业不赚钱占20%	改良牲畜占60%，如果有条件想改良占20% 开商店、饭馆、小企业或其他占60% 出去长期打工或打零工占20% 移居城市占40%

注：基本采用牧民的说法，表中的比重值为提及该项的家庭户数÷所属类型的总户数。

种植型家庭保持现有生计策略不变的比例为60%，是四类家庭中最高的。畜牧型家庭保持现有生计策略不变的比例仅次于种植型，为50%，调整的方向为开商店、饭馆、小企业或其他，改良牲畜，移居城市，出去长期打工或打零工等。多样型、非牧型家庭选择调整现有生计策略的比例都超过52%，在对生计策略调整的选择中，除了要畜种改良、发展养殖、种植牧草或药材等农牧生计策略外，都引入了打工、经商等非牧型生计策略。这说明除了某些制约性因素限制了他们对生计策略的调整外，也体现出非牧型生计策略和多样型生计策略是广大牧民比较认同和普遍追求的生计策略。多样型家庭的生计策略调整中还提到了搬迁，扩大非牧生产活动和增加生计途径的多样性。

新疆牧区牧民所从事的各种具体的生计活动有畜牧（养殖）、种植、采集、打工、经商、工资性工作、运输、搬迁等，牧户往往采用某种活动或者几种活动的联合来实现他们的家庭生计。基础设施和条件落后、作物和牲畜品种更新缓慢、抗病虫害能力低、饲草缺乏、环境退化、医疗保障缺乏等也制约了居民的生计。一些牧户更多地寄希望于国家的政策、扶贫资金以及他人的帮助。各种生计途径的采用情况统计（见表3－21），可以看出虽然广大牧民表达出生计策略非牧化、多样化的意愿和想法，但由于一些制约因素的存在，使得牧民目前主要使用的策略依然是依靠大量自然资源和简单劳动力投入的农牧活动。

从表3－21和图3－12可知，新疆牧区牧民从事畜牧/养殖业的最多，其次是种植业，再次是外出打工。

表3－21　新疆牧区牧民生计活动统计

（单位：户）

		畜牧/养殖业	种植业	采集	手工业	外出打工	本地做零工	个体运输	经商	工资性工作	其他
N	有效	709	256	4	79	101	79	34	36	35	10
	缺失	601	1054	1306	1231	1209	1231	1276	1274	1275	1310

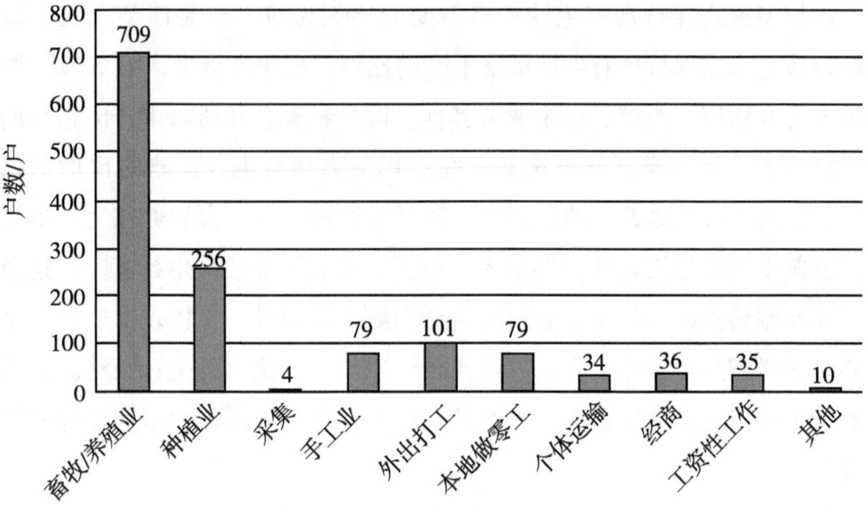

图 3－12　新疆牧区牧民生计活动统计

四、本章小结

对调查对象进行分析，成年劳动力占将近一半，教育程度以小学和初中水平居多。哈萨克族牧民的生计方式以畜牧、种植、多种经营等为主。新疆哈萨克族牧民收入来源主要靠畜牧业收入，其次为种植业收入，再次为副业收入、工资性收入。七成的家庭从事畜牧/养殖业，部分从事种植业、外出打工、手工业，从事个体运输、经商、工资性工作很少。

新疆牧区牧户分为畜牧型、多样型、非牧型、种植型四种类型，畜牧型家庭占七成，多样型家庭占 15.4%，非牧型家庭占 6.2%，种植型家庭最少。新疆牧区四种类型家庭，收入来自畜牧业都最高。在不同生计活动所获收入中，占比最高的都是畜牧型家庭。畜牧型家庭规模最大。不同类型的牧户从事的生计活动有差异。不同类型的牧户对生活水平及提高途径的认知存在差异。

牧民的生计策略分为资源导向策略、劳动力导向策略、多样策略、迁移策略四种。四种类型家庭对生计满意度较高，但这种满意仅仅是生存需要层面的满意。牧民的生活压力是“没钱”“没文化/技术”“就业”“医疗”“草场不够”“学费”，他们希望通过发展养殖、打工、经商、种植、采集来提高生活水平。他们需要提供贷款/融资、提供致富/就业信息、提供培训、减免学费这些帮助；希望政府提供资金支持、技术支持、创业指引、生活保障。超过半数的牧民希望调整当前的生计策略。

第四章 新疆牧区草场流转中哈萨克族牧民的生计资本条件分析

一、草场流转牧民的生计资本的分析

根据英国海外发展部的可持续生计分析框架，把牧户看作脆弱性背景中生存的发展单元，牧民利用一定的资本及资本的配置以实现所期望的成果或状况，从而满足他们的生计目标。本研究的可持续生计分析框架的生计资本为自然资本、物质资本、金融资本、人力资本、社会资本和信息资本。

（一）哈萨克族牧民的生计资本状况

1. 人力资本

人力资本是指人们为了追求不同的生计策略和实现生计目标而拥有的技能、知识、劳动能力和健康等。对于一个家庭，人力资本取决于实际劳动力的量和质，随家庭的大小、技能水平、领导潜力、健康状况等因素而变化。人力资本的数量和质量决定了牧户能否运用其他资本，如健康、教育、知识和技能、劳动能力、适应变化的能力。

本研究共调查了1310户牧户，共涉及人口5413人，户均4.13人，成年人（18~60岁，能从事全部的成人劳动）共2534人，占总人口的46.81%，其中男性1367人，女性1167人；男性在家庭中占主导地位；成年劳动力中文盲有125人（占4.93%）；受过教育的共2409人（占95.07%），其中小学程度占36.74%，初中程度占34.90%（见表4－1）。45岁（含45岁）以下人数为1921人，占35.49%。

表 4－1 哈萨克族牧民人力资本状况

特征	分组	频数	百分比/%	人口/人	说明
劳动力状况	10 岁及以下	638	9.42	510	年纪太小而不能劳动
	11～14 岁	572	5.67	307	其中寄宿制学生 221 人，可做简单的家务或农活，如看孩子、放牧牲畜等
	15～17 岁	520	3.97	215	其中寄宿制学生 195 人，可以作为成人的助手
	18～60 岁	2534	46.81	2534	男性为 1367 人，女性为 1167 人。能从事全部的成人劳动
	60 岁以上	543	6.69	362	只能从事部分的成人劳动
教育程度	文盲	167	4.94		
	小学	930	36.74		
	初中	884	34.90		
	高中或中专	416	16.43		
	大学及以上	117	6.99		

表 4－2 没有劳动能力者统计表

（单位：人）

人口结构	有效样本数	极小值	极大值	和	均值	标准差
家庭人口数	1310	1	10	5413	4.13	1.350
残疾人	427	0	2	60	0.14	0.380
长期患病者	462	0	4	186	0.40	0.602
老年人	543	0	87	1861	35.11	28.152
患病者	225	0	84		32.48	28.284

2. 自然资本

自然资本是一个用于描述自然资源储备的术语，从自然资源储备中演变出对生计有用的资源流动及服务。草原是牧民最重要的自然资本，在可持续生计框架内部，自然资本与“脆弱性背景/环境”的关系尤其密切，许多摧毁贫困牧民生计的外部冲击因素，其本身就是破坏自然资本的自然作用过程

(如草场退化、雪灾、泥石流等)。

研究区绝大多数的牧民认为草场在其生产生活中最为重要，是其赖以为生的根本。草场的面积大小、草场质量好坏以及产草量，是其饲养牲畜规模的重要依据。牧民普遍认为近年草场产草量下降的程度较大，主要是由于干旱和过度放牧，草场开垦，草场征占用于开矿、建旅游区、修铁路、修公路、修乡村公路、修牧道，流转后不重视保护建设造成的。

调查样本总面积为 911011 亩，人均草场面积 168.01 亩，户均面积 693.88 亩，其中家庭拥有草原面积在 2000 亩以上的占样本户的 15.42%，家庭拥有的草原面积在 1000～2000 亩的约占样本户的 14.25%，家庭拥有的草原面积在 1000 亩以下的约占样本户的 70.33%。有饲草料地和林地的都较少，只有牧民定居点才划分饲草料地，大多 35～80 亩/户，平均 29.9 亩/户，主要用于种植苜蓿、玉米等饲料。调查结果显示，牧民通过家庭承包拥有草场，由于草场面积有限，人口在不断增加，几代人共用一个草场，自然资本呈现较低水平。

3. 物质资本

物质资本包括基础设施和维持生计的生产资料。基础设施包括运输设备、安全的住所、充足的水源供应和卫生设施、干净而可购买的能源、可利用的信息等；生产资料是指人们用来更加有效地进行生产的工具和设备。对于牧民来说，物质基础除了必要的环境、人口条件外，还包括房屋、草场等。一般而言，同一牧业村的公共基础设施水平大致相同，不同牧户家庭的物质资本存在差异。在研究区，物质资本主要体现在住房情况、牲畜情况、生活资料情况、生产生活资料情况、公用设施情况等方面。牧民家庭饮用水夏季主要来自自来水与河渠水，而冬季由于气候寒冷，基本上只能挑水；牧民缺乏统一供暖设施；因受气候、历史环境、牧民自身等一系列因素的影响，牧民的物质资本仅能维持基本生活。在面临风险（如疾病、自然灾难）时，牧民没有多余的资本可以用来降低其生计脆弱性。

从物质资本中固定资产的拥有情况（见表 4－3 和图 4－1）可以看出：牲畜是牧民重要的生计资本，样本户户均拥有牛 11.01 头、羊 86.42 只、马 5.73 匹、骆驼/骡/驴 0.56 匹、鸡/鸭/鹅 2.45 只，这些牲畜构成农牧民生计的重要来源，在日常生产生活中发挥重要的作用。

表 4－3　牧民家庭牲畜情况分析表

牲畜种类	最小值	最大值	总计	平均值	标准差
羊/只	0	900	27655	86.42	100.473
牛/头	0	200	3522	11.01	19.632
马/匹	0	100	1898	5.73	11.219
骆驼/骡/驴/匹	0	13	185	0.56	1.693
鸡/鸭/鹅/只	0	70	807	2.45	7.621

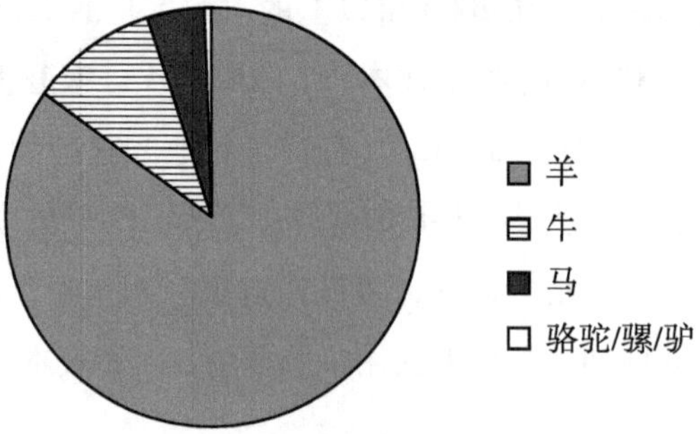

图 4－1　固定资本拥有统计图

综合来看，哈萨克族牧民的牲畜结构中羊所占比重最大，牧民在牲畜拥有量上来看差距较大。这些牲畜中饲养最少的是骆驼、骡、驴，骆驼的饲养主要在阿勒泰地区、昌吉州木垒县、伊犁州巩留县，其他地区的牧民养殖较少，家禽饲养量也较少。

从表 4－4 可知，牧民家庭生活物品因为牧业生产方式的原因情况如下：样本中 11.1% 的牧民家有水泵，88.9% 的没有；1.8% 的牧民家有生物能（沼气）灶，98.2% 的没有；31.9% 的牧民家有太阳能灶，68.1% 的没有；59.6% 的牧民家有自来水，40.4% 的没有；12.3% 的牧民家有煤气/液化气灶，87.7% 的没有；76.5% 的牧民家有电视机，23.5% 的没有；81.6% 的牧民家有座机电话/手机，18.4% 的没有；80.7% 的牧民家有摩托车，19.3% 的没有。从统计结果来看，70% 以上的牧民家庭中拥有电话、摩托车、电视机等生活耐用品，拥有生物能（沼气）灶、卡车、剪毛机、药浴池、小型货车、面包车等物品的家庭较少。

表 4 –4　牧民家庭生活物品拥有情况

（单位:%）

生活物品	有（有效百分比）	没有（有效百分比）	生活物品	有（有效百分比）	没有（有效百分比）
水泵	11.1	88.9	拖拉机	25.6	74.4
生物能（沼气）灶	1.8	98.2	小型货车/面包车	8.9	91.1
太阳能灶	31.9	68.1	卡车	2.1	97.9
自来水	59.6	40.4	小轿车	8.2	91.8
煤气/液化气灶	12.3	87.7	暖棚	31.2	68.8
电视机	76.5	23.5	剪毛机	3.8	96.2
座机电话/手机	81.6	18.4	药浴池	2.1	97.9
摩托车	80.7	19.3			

样本中 25.95% 的牧民家庭拥有混凝土房，27.48% 的有砖瓦/砖木房，27.4% 的有土木房，27.40% 的有毡房；四种房屋都有的极少，既有混凝土房、砖瓦/砖木房又有土木房的牧户占 12.57%。拥有量依次为砖瓦/砖木房平均 1.88 间/人、混凝土房 1.51 间/人、土木房 0.68 间/人、毡房 0.51 间/人（见表 4 –5）。牧民的住房状况还可以。

表 4 –5　牧民家庭人均房屋拥有情况

（单位：间）

房屋结构	极小值	极大值	和	均值	标准差
混凝土房	0	83	515	1.51	4.911
砖瓦/砖木房	0	21	676	1.88	2.161
土木房	0	6	244	0.68	1.226
毡房	0	4	184	0.51	0.620

由表 4 –6 可知，牧民的土围栏草场面积平均为 315.61 亩，铁丝围栏面积平均为 392.41 亩，没有围栏的草场面积平均为 703.94 亩，围栏草场占样本中草场的 45.44%。

表 4-6　牧民草场拥有情况

（单位：亩）

草场	极小值	极大值	和	均值	标准差
总亩数	20	5920	33436	1759.79	1521.232
春秋草场	0	1750	9574	136.77	288.807
夏草场	200	760	6700	478.57	176.149
冬草场	280	700	7160	511.43	119.025
打草场	0	2890	8352	167.04	511.831
土围栏草场	0	7728	153073	315.61	926.829
铁丝围栏	0	6720	260955	392.41	769.611
没有围栏	0	9050	496983	703.94	1304.287
人均草场	0	9312	154088	204.90	509.943

从表 4-7 可知，牧民拥有的饲草地面积平均为 42.569 亩，最多为 2685 亩，最少的没有，有饲草地和无饲草地的差异较大；林地面积平均为 5.31 亩，有林地的较少，有林地和没有林地的差异较大。

表 4-7　牧民家庭耕地林地面积

（单位：亩）

内容	极小值	极大值	和	均值	标准差
	统计量	统计量	统计量	统计量	统计量
饲草地面积	0	2685.0	9280.0	42.569	195.1822
林地面积	0	240	499	5.31	27.839

4. 金融资本

金融资本是指人们用来实现其生计目标的金融资源；可被用来作为设法获得构建重要生计的要素，即现金或等价物的实用性，以使人们能采用不同的生计策略。具体而言主要指牧户可支配和可筹措的现金，包括三个来源：自身的现金收入、从正规渠道和非正规渠道获得的贷款、无偿援助。自身的现金收入主要是农牧户通过自己的创收所得，也是大多数牧户金融资本的主要来源。从正规渠道获得的贷款是指从正规金融机构（农业银行、信用社）获得的现金。从非正规渠道获得的贷款是指从亲戚、朋友、邻居或者高利贷获得的现金。无偿援助是指农牧户的亲戚、朋友或社会组织（慈善机构）和政府给予的现金帮助。样本中25.7%的牧户在过去的12个月内收到过捐款、捐物（不包括各种政府补贴，如草畜平衡奖励/禁牧休牧补助等），74.3%的牧民未收到过任何形式的捐款、捐物。金融资本的转换性最强，也可以直接转换为生计成果，如以现金购买粮食。

研究区牧民家庭年收入普遍不高，平均在42892.33元以下，收入差距很大。很多牧民有强烈的增收欲望。

从表4－8的统计结果可知，牧民家庭贷款84.3%来源于银行或信用社，7.5%来源于亲戚或朋友，3.2%来源于高利贷，5.0%来源于其他。

表4－8　牧民家庭的信贷资金来源统计结果

有效性	内容	频率	百分比/%	有效百分比/%	累积百分比/%
有效	银行或信用社	237	18.1	84.3	84.3
	高利贷	9	0.7	3.2	87.5
	亲戚或朋友	21	1.6	7.5	95.0
	其他（请注明）	14	1.1	5.0	100.0
	合计	281	21.5	100.0	
缺失	系统	1029	78.5		
合计		1310	100.0		

根据牧民借贷金额情况统计结果可知，样本中牧民借贷最大金额达20万元，最少的没有贷款，贷款金额达1767001元，平均借贷19000.01元。

从表4－9的统计结果可知，样本中47.5%的牧民是靠向私人借债，出售资本还贷；22.5%是私人借债，靠打工还贷；15%的牧民向金融机构借贷，靠出售资本还贷；15%的牧民向金融机构借贷，靠打工还贷。

表4－9　牧民借贷还款情况统计表

有效性	内容	频率	百分比/%	有效百分比/%	累积百分比/%
有效	靠向私人借债，出售资本还贷	237	18.1	47.5	47.5
	私人借债，靠打工还贷	9	0.7	22.5	77.5
	向金融机构借贷，靠出售资本还贷	21	1.6	15.0	85.0
	向金融机构借贷，靠打工还贷	14	1.1	15.0	100.0
	合计	281	21.5	100.0	
缺失	系统	1029	78.5		
合计		1310	100.0		

5. 社会资本

在可持续生计分析框架中，社会资本是指人们为了实现其生计目标所使用的社会资源。社会资本主要通过各类社会中介组织的发展水平、整体社会的信任程度、领导潜力、亲缘社交来表征。

社会资本包括经济、政治和社会关系，它们相互联系、相互作用构成人们赖以存在并活动于其中的社会关系总体。研究区牧民生计普遍受禁牧休牧、草场征占、草场流转影响，禁牧休牧有政府补贴，草场征占有草原补偿和安置补偿，补贴金额根据草场禁牧休牧面积和征占面积大小不同而不同。政府的补助成为牧民收入来源的一部分。

从调查结果来看，样本中只有12%的牧民家里有人在村委员会担任职务、担任村民代表或在乡以上政府中担任公职，而88%的牧民家庭没有在村委会担任职务、担任村民代表或在乡以上政府中担任公职的人。

从表4－10和图4－2可知，公众的参与意识不强，在乡/村委会上，“从来不提”反对意见的约占30.1%，“极少提”的约占23.3%，“总是提”的约占2.8%，“通常提”的约占8.1%，“有时提”的约占35.7%，“极少提”

和“从来不提”的合计占53.4%。样本中24%的牧民指出自己所在牧业村里有自发性组织，76.7%的牧民说没有。参加村里自发性组织的牧民家庭占10%，没有参加的占90%，参加的合作组织类型的居多。

表4-10　在乡/村会议上提出反对意见的情况

有效性	内容	频率	百分比/%	有效百分比/%	累积百分比/%
有效	从来不提	97	7.4	30.1	30.1
	极少提	75	5.7	23.3	53.4
	有时提	115	8.8	35.7	89.1
	通常提	26	2.0	8.1	97.2
	总是提	9	0.7	2.8	100.0
	合计	322	24.6	100.0	
缺失	系统	988	75.4		
合计		1310	100.0		

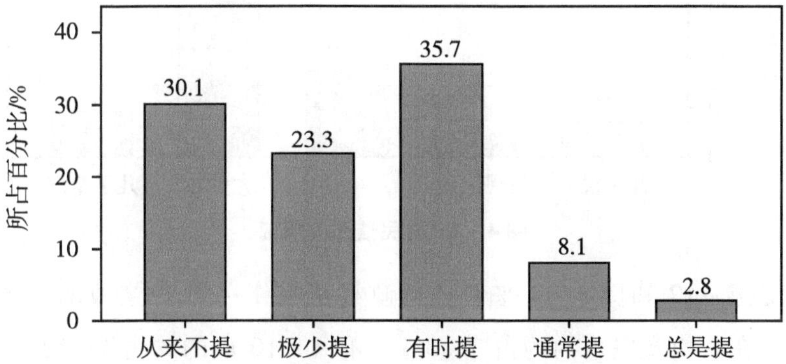

图4-2　在乡/村会议上提出反对意见的情况

从表4-11和图4-3可知，村里50.5%的牧民认为村里“大多数”人可信任，20%的牧民认为村里“一半”人值得信任，12.8%的牧民认为可信任的人只有“个别几个”，9.5%的牧民认为“几乎全部”人可以信任，只有7.2%的牧民认为村里“几乎没有”可以信任的人。从调查结果来看，新疆牧区哈萨克族牧区整体社会的信任程度较好。

表 4-11　村民信任度情况调查统计结果

有效性	内容	频率	百分比/%	有效百分比/%	累积百分比/%
有效	几乎没有	22	1.7	7.2	7.2
	个别几个	39	3.0	12.8	20.0
	一半	61	4.7	20.0	40.0
	大多数	154	11.8	50.5	90.5
	几乎全部	29	2.2	9.5	100.0
	合计	305	23.3	100.0	
缺失	系统	1005	76.7		
合计		1310	100.0		

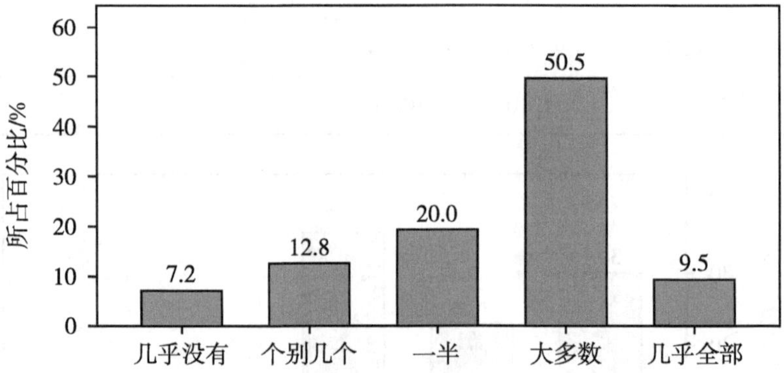

图 4-3　村民信任度情况

从表 4-12 和图 4-4 来看，行政村里有 1~10 户亲戚的占 81.7%（其中，在 3 户及以下的约占 32.3%，有 4~10 户的约占 48.5%，有 10 户的约占 19.2%），亲戚有 11~20 户的占 10%，21~30 户的占 5.4%，大于或等于 30 户的占 2.9%。中国乡村社会关系很大程度上取决于所在区域的血缘关系，比如，家族、部落等强社会关系对基层民主起着关键决定作用。

表 4－12　行政村亲戚户数统计结果

有效性	内容	频率	百分比/%	有效百分比/%	累积百分比/%
有效	≤10 户	228	17.4	81.7	81.7
	11～20 户	28	2.1	10.0	91.8
	21～30 户	15	1.1	5.4	97.1
	≥30 户	8	0.6	2.9	100.0
	合计	279	21.3	100.0	
缺失	系统	1031	78.7		
合计		1310	100.0		

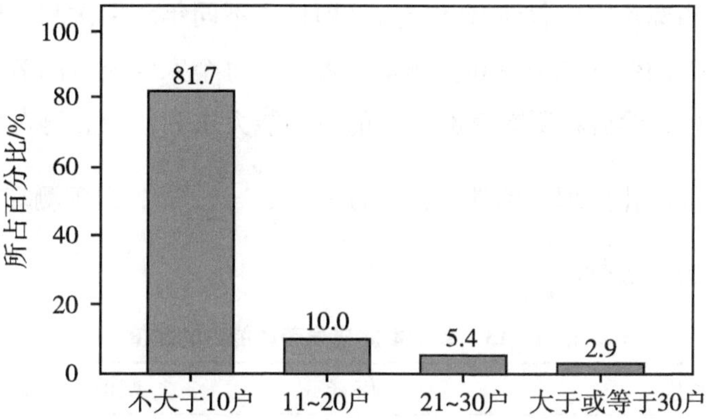

图 4－4　行政村亲戚户数关系

6. 信息资本

信息资本是现代社会牧民家庭支出的一项重要内容，这与哈萨克族的生活环境和生活方式有关。哈萨克族牧民生活在牧区，彼此的空间距离都比较远，从前以口口相传进行信息传递，现在由于通信技术的广泛使用，很大程度上，改变了牧民的生活方式，无论生产生活、交友、婚丧嫁娶，不用再骑马通知了，可以通过手机非常便捷地完成信息的传递。另外，手机的普及加快了哈萨克族牧民向现代社会转型的速度。信息资本是牧民生计中的一项重要内容。生计资本分析框架中增加信息资本变量，由五种生计资本变为六种生计资本，是根据现实需要对原分析框架的推陈出新。

通过牧民通信（有线电视/座机电话/手机）开支情况和手机话费来考察牧

民的信息资本，从数据统计来看，样本中牧民家庭的座机电话/手机拥有量是比较高的，拥有户数占牧民家庭总数的81.6%，没有的只占18.4%；拥有电视机家庭占76.5%，没有的占23.5%；牧区基本没有网络。手机话费年平均达1350.81元，最多达35000元。手机话费数额由于家庭情况不同而差异较大。

（二）哈萨克族牧民生计资本的测量指标

根据李小云等研究设计的关于生计资本的量化研究，结合已有的研究成果和新疆牧区的实际情况，本书设计了适合于新疆牧区的测量牧户生计资本的测量指标、指标量化数值以及指标设定公式。

1. 人力资本的测量指标

第1个指标是家庭整体劳动能力，即处于不同年龄层次和健康状况的家庭成员所拥有的劳动能力总和。测量时首先将每个家庭成员的劳动能力赋值（见表4－13），然后将所有家庭成员的劳动能力求和，最后再对农牧户家庭劳动能力做标准化处理，标准化公式为 $Z_1 = \frac{X_1 - X_{min}}{X_{max} - X_{min}}$，以下测算中的数据标准化都用此公式进行。

表4－13　单个家庭成员劳动能力的赋值

类别	解释	赋值（劳动能力单位）
10岁以下的孩子	年纪太小而不能劳动	0.0
11～14岁的孩子	可以做简单的家务或农活	0.3
15～17岁的孩子	可以是成人的助手	0.6
成年人（18～60岁）	能够从事全部成人劳动	1.0
老年人（60岁以上）	只能从事部分成人劳动	0.5
残疾人	不能劳动	0.0
长期患病者	在过去半年及以上时间里不能工作	0.0

第2个指标是家庭中是否至少有一个成年男性劳动力。该指标的设定是基于牧业地区家庭是否拥有男性成年劳动力将在很大程度上影响其脆弱性，该指标的测量方法就是牧户是否具有男性成年劳动力，如果具有这个条件，赋值为1，否则为0。

第 3 个指标是家庭成年劳动力的受教育程度。对这一指标的测量类似于对家庭劳动能力的测量。首先对每个成年劳动力的受教育程度进行赋值（见表 4－14），然后将所有成年劳动力的赋值求和，最后进行标准化处理。

表 4－14　单个成年劳动力受教育程度的赋值

类别	赋值（受教育程度单位）
文盲	0.00
小学	0.25
初中	0.50
高中或中专	0.75
大学及以上	1.00

注：该指标只对成年劳动力的受教育程度进行计算。成年劳动力是指 18～60 岁的劳动人口。

2. 自然资本的测量指标

第 1 个指标是草地资源，即对各种草地资源赋值再求和，具体赋值见表 4－15，最后进行标准化处理。第 2 个指标是林地资源，第 3 个指标是饲草料地资源，都进行类似的标准化处理。再对三个指标进行线型加权求和。三个指标赋予相同的权重。

表 4－15　家庭各类草地资源的质量赋值

类别	赋值
铁丝网围栏草场	1.0
土围栏草场	0.8
没有围栏的草场	0.5

3. 物质资本的测量指标

第 1 个指标是家庭拥有的牲畜数量，以牛、羊、马、骆驼的市场平均价格来确定这些牲畜的赋值（见表 4－16），最后进行标准化处理。第 2 个指标是家庭住房情况。第 3 个指标是家庭固定资产情况，包括生产性工具和耐用消费品。家庭住房情况可进一步细化为住房类型和住房面积（两者的赋值情况见表 4－17），家庭住房指标的数值就是两者的平均值。三个指标分别赋予

0.5、0.25 和 0.25 的权重。

表 4－16　牲畜指标的赋值

牲畜种类	赋值
马/骆驼	1.0
牛	0.8
羊	0.2

表 4－17　家庭住房指标的赋值

住房类型	赋值	住房面积	赋值
混凝土房	1.00	5 间及以上	1.00
砖房/砖木房	0.75	4 间	0.75
土木房	0.50	3 间	0.50
毡房	0.25	2 间	0.25
木房	0.00	1 间	0.00

4. 社会资本的测量指标

社会资本的评估主要用四个指标来衡量：第 1 个指标是领导潜力；第 2 个指标是参与社区组织状况；第 3 个指标是信任度；第 4 个指标是行政村里亲戚的多少。

领导潜力从家庭成员中有没有村委会成员或村民代表和在社区会议上提出反对意见的次数两方面来度量，具体赋值见表 4－18。参与社区组织状况从农牧民参加的经济合作类等自发性组织的个数来度量，具体赋值见表 4－19。社会资本的重要内容是社会的信任程度和信任范围，它们可以决定社会成员的合作方式、合作范围、合作深度、合作成本。一个社会的诚信程度越高，信任范围越普遍，这个社会也就越繁荣发展，越和谐稳定，越兴旺发达，信任度的测量具体赋值见表 4－20。从具体的人际网络结构上看，亲戚圈的规模最大，一般而言，亲戚之间可以相互获得资金、食物、劳力等方面的帮助以及利益维护、情感诉求等方面的支持，调查农牧户在行政村里的亲戚数，然后标准化处理。

表 4－18　领导潜力指标赋值

指标	赋值	求和
X（村委会成员）	有，赋值（1） 没有，赋值（0）	0.7X＋0.3Y
Y（反对意见）	“总是提”赋值（1.00） “通常提”赋值（0.75） “有时提”赋值（0.50） “极少提”赋值（0.25） “从来不提”赋值（0）	

表 4－19　参与社区组织指标赋值

数值（家庭成员在过去 12 个月中参与过的社区组织个数）	赋值
4 或者以上（最大数量）	1.00
3	0.75
2	0.50
1	0.25
0（最小数量）	0.00

表 4－20　信任度指标赋值

对周围人的信任程度	赋值
几乎全部	1.00
大多数	0.75
一半	0.50
个别几个	0.25
几乎没有	0.00

5. 金融资本的测量指标

本研究将牧户家庭现金收入与储蓄、获得信贷的机会、获得无偿现金援助的机会作为衡量金融资本的三个指标。对牧户家庭现金收入指标（第 1 个衡量指标）的测量是首先计算出家庭的现金收入，然后将其标准化。获得信贷的机会（第 2 个衡量指标）则以从银行或信用社贷款、借高利贷、从亲戚朋友处借钱三个方面来衡量，这三个方面均被设为二分变量，即如果能获得某一方面的贷款，则赋值为1，否则，赋值为0；最后将三个方面加权求和，计算出家庭获得信贷机会的指标数值（见表4－21）。金融资本的第3个衡量指标是获得援助或馈赠的机会，具体操作是看牧户在过去12个月中是否以现金的形式收到过任何捐款或汇款，若收到过现金捐款或汇款，则赋值为1，否则，赋值为0。三个指标分别赋予0.5、0.25和0.25的权重。

表4－21　获得信贷机会指标的赋值

如果有，赋值为1；如果没有，赋值为0		求和
银行或信用社	X	
高利贷	Y	$0.5X+0.25Y+0.25Z$
亲戚/朋友	Z	

6. 信息资本的测量指标

本研究创新之处在于将信息资本纳入牧民生计资本构成要素中，这是在新疆牧区社会生活中特别重要的一项指标。本书为信息资本设定了两个指标——移动电话的家庭拥有量和移动电话的年话费量，来观测信息在牧民生计中的重要性。这两个指标内涵没有可供参考的依据，根据我们在牧区调研时访谈到的情况，现将指标内涵定义为：移动电话的家庭拥有量是指拥有移动电话人数占人口总数的比例；移动电话的年话费量是指年话费额占家庭年可支配收入的比例，计算出家庭信息资本的指标数值（赋值见表4－22）。①

表4－22　信息资本指标的赋值

类别	赋值
移动电话的家庭拥有量	b/B（其中，B 为人口总数；b 为拥有移动电话人数）
移动电话的年话费量	m/M（其中，M 为该户家庭年可支配收入；m 为年话费额）

① “通信费用”在调查问卷中设计的包含“有线电机、座机电话和手机”所产生的统一费用，没有再做进一步区分。原因是，2015年牧区不具备网络条件，所以网络忽略不计。表4－22与表4－23中 M 值是一致的，原因是牧区通信大多使用移动电话，如电信、移动或联通三家运营商，三大运营商把电视（定居点有线或无线）、座机电话和移动电话捆绑在一起进行销售，方便用户使用和便于运营商收取通信费用，所以在信息资本指标中只用移动电话来做计算数据。

（三）哈萨克族牧民生计资本测量结果与分析

在对六类生计资本的指标进行量化后，根据每类生计资本中各个指标的权重，最终可以计算家庭各类生计资本的数值并归纳分析①，指标体系见表4－23。

表4－23　新疆哈萨克族牧民生计资本的测量评价指标

资本类型	评价指标	指标符号	指标公式	指标值	资本数值
人力资本	家庭整体劳动力	H_1	$\frac{H_1}{2}+\frac{H_2}{4}+\frac{H_3}{4}$	0.0797	0.369389
	成年男性劳动力	H_2		0.9700	
	成年劳动力受教育程度	H_3		0.3510	
自然资本	草地资源	N_1	$\frac{95N_1}{100}+\frac{4N_2}{100}+\frac{N_3}{100}$	0.287359	0.273298
	林地资源	N_2		0.007441	
	饲草料地资源	N_3		0.000928	
物质资本	住房情况	P_1	$\frac{P_1}{4}+\frac{P_2}{2}+\frac{P_3}{4}$	0.152185	0.185618
	牲畜情况	P_2		0.100500	
	固定资本	P_3		0.389285	
社会资本	领导潜力	S_1	$\frac{S_1}{4}+\frac{S_2}{4}+\frac{S_3}{4}+\frac{S_5}{4}$	0.251512	0.470237
	参与组织状况	S_2		0.891144	
	信任度	S_3		0.605738	
	亲戚数量	S_4		0.132557	
金融资本	获得现金信贷的机会	F_1	$\frac{F_1}{4}+\frac{F_2}{4}+\frac{F_3}{2}$	0.460854	0.205598
	获得现金援助的机会	F_2		0.257329	
	家庭现金收入与储蓄	F_3		0.052105	
信息资本	信息获取费	M	M	0.165071	0.165071

注：本书计算出牧民家庭年开支中通信费用（有线电视/座机电话/手机/网络）所占比值，并将其标准化后作为信息资本指标。

通过以上对指标体系的运算，可得出新疆哈萨克族牧区生计资本评价和牧民可持续生计资本统计分析，并通过雷达图的形式直观反映出新疆哈萨克族牧区生计资本的构成情况，如表4－24、表4－25和图4－5所示。

① 杨培涛．牧民生计资本与生计策略的关系研究［D］．兰州：西北师范大学，2009：26.

表 4－24　新疆哈萨克族牧区生计资本评价结果

地州	县市	统计量	物质资本	社会资本	人力资本	自然资本	信息资本	金融资本
阿勒泰地区	阿勒泰市	均值	0.1863	0.4746	0.3672	0.0153	0.1651	0.2042
		标准差	0.0040	0.0267	0.0709	0.0186	0.0004	0.0088
	布尔津县	均值	0.1424	0.4234	0.3649	0.3686	0.1651	0.2285
		标准差	0.0284	0.0944	0.0701	0.2215	0.0000	0.1888
	福海县	均值	0.1944	0.4753	0.3739	0.2580	0.1685	0.1938
		标准差	0.0605	0.0440	0.0173	0.2446	0.0207	0.0512
	哈巴河县	均值	0.1859	0.4749	0.3558	0.3271	0.1570	0.1657
		标准差	0.0388	0.0585	0.0432	0.4242	0.0360	0.0677
	吉木乃县	均值	0.2008	0.4802	0.3525	0.8254	0.1637	0.2127
		标准差	0.1323	0.0802	0.0800	0.9059	0.0922	0.1200
	青河县	均值	0.1856	0.4702	0.3681	0.1011	0.1651	0.2056
		标准差	0.0000	0.0000	0.0611	0.3263	0.0000	0.0000
	合计	均值	0.1876	0.4713	0.3638	0.3212	0.1642	0.2003
		标准差	0.0687	0.0551	0.0601	0.5597	0.0449	0.0821
塔城地区	额敏县	均值	0.1830	0.4710	0.3743	0.2794	0.1654	0.2135
		标准差	0.0158	0.0062	0.0122	0.3557	0.0029	0.0394
	沙湾县	均值	0.1856	0.4442	0.3625	0.4684	0.1651	0.2056
		标准差	0.0000	0.0688	0.0709	0.4557	0.0000	0.0000
	托里县	均值	0.1856	0.4702	0.3715	0.1033	0.1651	0.2056
		标准差	0.0000	0.0000	0.0651	0.1073	0.0000	0.0000
	乌苏市	均值	0.1921	0.4747	0.3504	0.1872	0.1663	0.2074
		标准差	0.0251	0.0460	0.0859	0.2785	0.0237	0.0466
	裕民县	均值	0.1690	0.4456	0.3737	0.1606	0.1435	0.2470
		标准差	0.0525	0.1193	0.0502	0.2311	0.0947	0.0864
	合计	均值	0.1814	0.4596	0.3664	0.2384	0.1588	0.2205
		标准差	0.0335	0.0762	0.0609	0.3292	0.0547	0.0588

续表

地州	县市	统计量	物质资本	社会资本	人力资本	自然资本	信息资本	金融资本
伊犁州直	察布查尔县	均值	0.1856	0.4702	0.4122	0.3685	0.1651	0.2056
		标准差	0.0000	0.0000	0.0443	0.2456	0.0000	0.0000
	巩留县	均值	0.1998	0.5134	0.3940	0.3724	0.1662	0.2019
		标准差	0.0434	0.0841	0.0491	0.8372	0.0337	0.0459
	霍城县	均值	0.1856	0.4702	0.3925	0.0825	0.1651	0.2056
		标准差	0.0000	0.0000	0.0516	0.0745	0.0000	0.0000
	尼勒克县	均值	0.2227	0.4623	0.3425	0.3877	0.1608	0.2219
		标准差	0.1296	0.0797	0.0815	0.7322	0.1447	0.0948
	特克斯县	均值	0.1735	0.4577	0.3770	0.3589	0.1967	0.1948
		标准差	0.0418	0.0600	0.0288	0.6847	0.1206	0.0658
	新源县	均值	0.1844	0.4803	0.3786	0.1859	0.1557	0.2029
		标准差	0.0268	0.0411	0.0393	0.4029	0.0396	0.0310
	伊宁县	均值	0.1856	0.4702	0.3285	0.2148	0.1651	0.2056
		标准差	0.0000	0.0000	0.1126	0.0940	0.0000	0.0000
	昭苏县	均值	0.1835	0.4832	0.3716	0.1961	0.1727	0.1922
		标准差	0.0387	0.0381	0.0408	0.1842	0.0610	0.0306
	合计	均值	0.1870	0.4755	0.3743	0.2474	0.1695	0.2010
		标准差	0.0540	0.0521	0.0495	0.4947	0.0807	0.0493
昌吉州	昌吉市	均值	0.1856	0.4702	0.3696	0.3667	0.1651	0.2056
		标准差	0.0000	0.0000	0.0262	0.4714	0.0000	0.0000
	阜康市	均值	0.1856	0.4702	0.3644	0.3295	0.1651	0.2056
		标准差	0.0000	0.0000	0.0203	0.1056	0.0000	0.0000
	吉木萨尔县	均值	0.1856	0.4702	0.3868	0.5319	0.1651	0.2056
		标准差	0.0000	0.0000	0.0210	0.0500	0.0000	0.0000
	木垒县	均值	0.1856	0.4702	0.3670	0.7731	0.1651	0.2056
		标准差	0.0000	0.0000	0.0566	0.9086	0.0000	0.0000

续表

地州	县市	统计量	物质资本	社会资本	人力资本	自然资本	信息资本	金融资本
昌吉州	奇台县	均值	0.1856	0.4702	0.3511	0.3477	0.1651	0.2056
		标准差	0.0000	0.0000	0.0687	0.2663	0.0000	0.0000
	合计	均值	0.1856	0.4702	0.3623	0.4783	0.1651	0.2056
		标准差	0.0000	0.0000	0.0531	0.5649	0.0000	0.0000
哈密地区	巴里坤县	均值	0.1843	0.4699	0.3786	0.3233	0.1651	0.2126
		标准差	0.0070	0.0103	0.0177	0.4046	0.0000	0.0315
	伊吾县	均值	0.1791	0.4608	0.3435	0.1977	0.1494	0.1941
		标准差	0.0279	0.0443	0.0649	0.1626	0.0497	0.0617
	合计	均值	0.1825	0.4668	0.3665	0.2801	0.1597	0.2062
		标准差	0.0173	0.0272	0.0435	0.3448	0.0296	0.0447
乌鲁木齐市	乌鲁木齐县	均值	0.1856	0.4627	0.3750	0.1772	0.1548	0.2056
		标准差	0.0000	0.0482	0.0330	0.2502	0.0406	0.0000
总计		均值	0.1856	0.4702	0.3694	0.2733	0.1651	0.2056
		标准差	0.0506	0.0567	0.0542	0.4762	0.0641	0.0583

注：该表数据均为样本牧户的平均值。

表 4－25　牧民可持续生计资本统计分析

地州	统计量	物质资本	社会资本	人力资本	自然资本	信息资本	金融资本
阿勒泰地区	均值	0.1876	0.4713	0.3638	0.3212	0.1642	0.2003
昌吉州	均值	0.1856	0.4702	0.3623	0.4783	0.1651	0.2056
哈密地区	均值	0.1825	0.4668	0.3665	0.2801	0.1597	0.2062
塔城地区	均值	0.1814	0.4596	0.3664	0.2384	0.1588	0.2205
乌鲁木齐县	均值	0.1856	0.4627	0.3750	0.1772	0.1548	0.2056
伊犁州直	均值	0.1870	0.4755	0.3743	0.2474	0.1695	0.2010
总计	均值	0.1856	0.4702	0.3694	0.2733	0.1651	0.2056

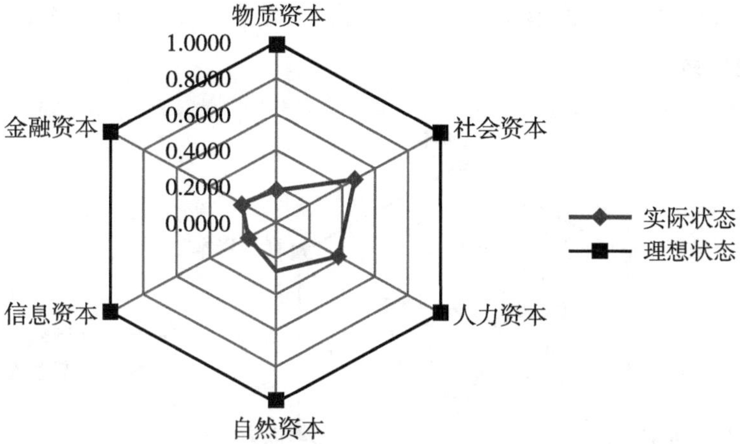

图 4 - 5 新疆牧区哈萨克族牧民生计资本评价结果（雷达图）

从图 4 - 5 可知，新疆牧区哈萨克族牧民的生计资本构成中社会资本（0. 4702）和人力资本（0. 3694）的存量最高，自然资本（0. 2733）和金融资本（0. 2056）也有较高存量，物质资本（0. 1856）和信息资本（0. 1651）较低，这和新疆牧区的实际情况是相符合的。从重视程度来看，新疆牧区有广阔的草地资源，人均拥有草原 204. 90 亩，自然资本是构成新疆牧区广大牧民生计的最主要基础。研究区牧民的家庭规模一般都比较大，样本户家庭人口规模平均为 4. 13 人，家庭拥有较充足的劳动力，这也是和以畜牧活动为主这种生计方式相适应的。

在人力资本测量的三个指标中，家庭整体劳动力指标值最低（0. 0797），成年劳动力受教育程度指标值相对偏低（0. 3510），说明牧区牧民劳动力素质不高，同时整体受教育程度和文化素质较低，这对牧民生计的发展有重要的影响。在社会资本测量中，信任度指标值相对较高（0. 605738），说明哈萨克族牧民整体社会信任程度较高，这可能与相对封闭的地理环境以及受宗教等文化因素的深刻影响有关；参与组织状况指标的值最高，为 0. 891144，说明近年来牧区各种社会中介组织发展得比较健全，广大牧民参与社会事务和公共活动的意识增强（这里不包括宗教活动）。

从图 4 - 6 可知，新疆阿勒泰地区哈萨克族牧民的生计资本构成中社会资本（0. 4713）和人力资本（0. 3638）的存量最高，自然资本（0. 3212）和金融资本（0.2003）也有较高存量，物质资本（0.1876）和信息资本（0.1642）较低。

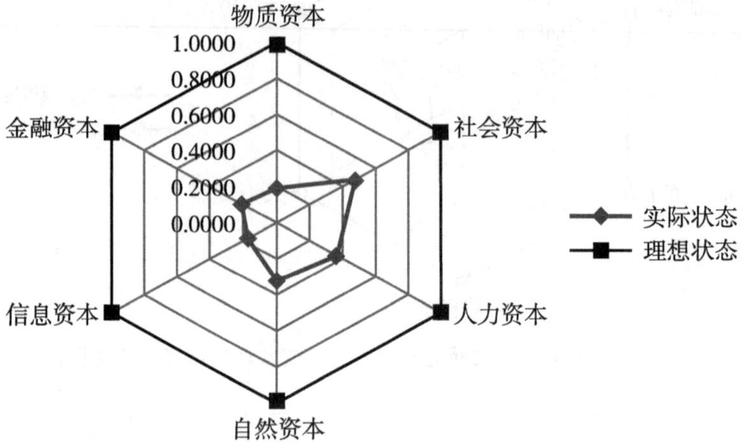

图 4－6　新疆阿勒泰地区哈萨克族牧民可持续生计资本评价结果（雷达图）

从图 4－7 可知，新疆塔城地区哈萨克族牧民的生计资本构成中社会资本（0.4596）的存量最高，人力资本（0.3664）、金融资本（0.2205）和自然资本（0.2384）也有较高存量，物质资本（0.1814）和信息资本（0.1588）较低。

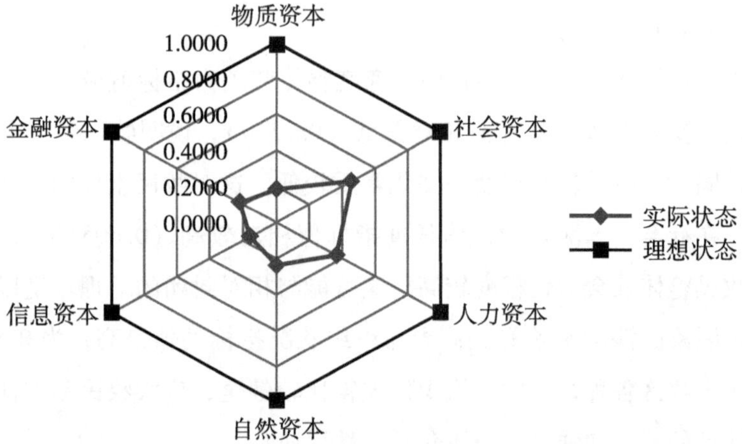

图 4－7　新疆塔城地区哈萨克族牧民生计资本评价结果（雷达图）

从图 4－8 可知，新疆伊犁州直哈萨克族牧民的生计资本构成中社会资本

（0. 4755）和人力资本（0. 3743）的存量较高，自然资本（0. 2474）和金融资本（0. 2010）存量一般，物质资本（0. 1870）和信息资本（0. 1695）存量较低。

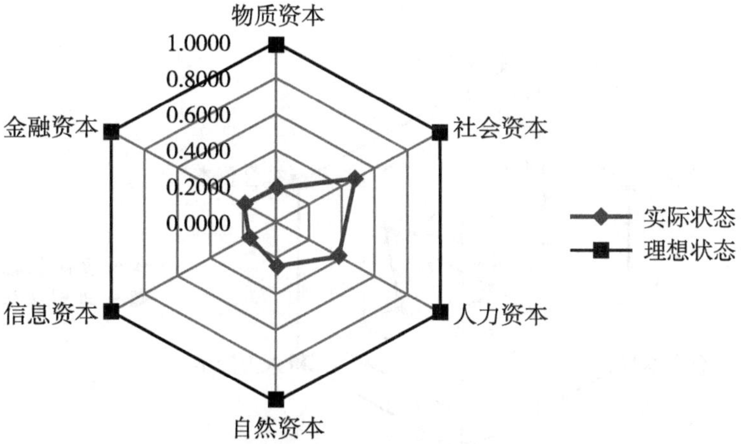

图 4 –8　新疆伊犁州直哈萨克族牧民生计资本评价结果（雷达图）

从图 4 –9 可知，新疆昌吉州哈萨克族牧民的生计资本构成中自然资本（0. 4783）和社会资本（0. 4702）的存量最高，人力资本（0. 3623）和金融资本（0. 2056）也有较高存量，物质资本（0. 1856）和信息资本（0. 1651）较低。

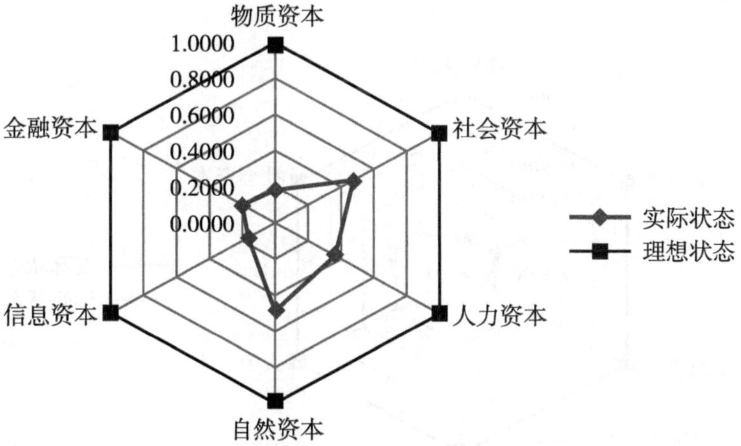

图 4 –9　新疆昌吉州哈萨克族牧民生计资本评价结果（雷达图）

从图 4－10 可知，新疆哈密地区哈萨克族牧民的生计资本构成中社会资本（0. 4668）和人力资本（0. 3665）的存量最高，自然资本（0. 2801）和金融资本（0. 2062）也有较高存量，物质资本（0. 1825）和信息资本（0. 1597）较低。

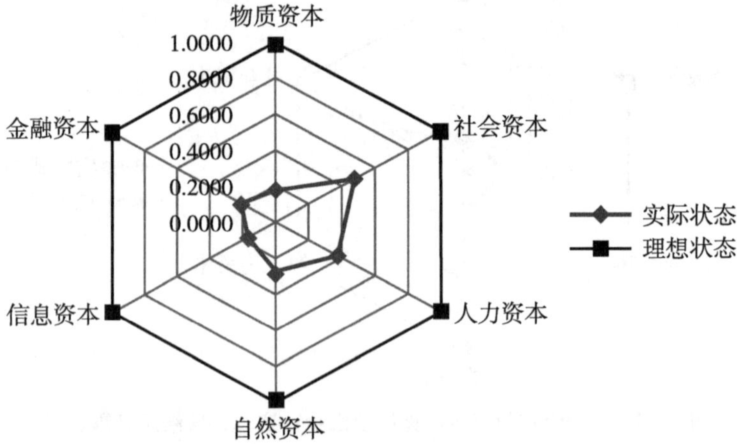

图 4－10　新疆哈密地区哈萨克族牧民生计资本评价结果（雷达图）

从图 4－11 可知，新疆乌鲁木齐县哈萨克族牧民的生计资本构成中社会资本（0. 4627）和人力资本（0. 3750）的存量最高，金融资本（0. 2056）和物质资本（0. 1856）也有较高存量，自然资本（0. 1772）和信息资本（0. 1548）较低。

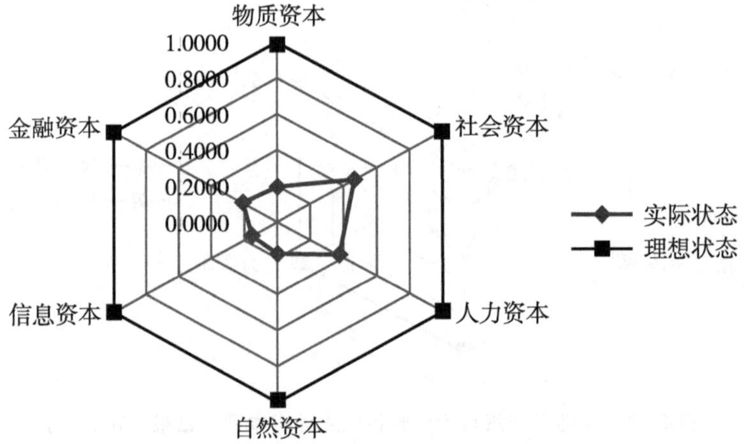

图 4－11　新疆乌鲁木齐县哈萨克族牧民生计资本评价结果（雷达图）

物质资本最高的是阿勒泰地区，最低的是塔城地区；社会资本最高的是伊犁州直，最低的是塔城地区；人力资本最高的是乌鲁木齐县，最低的是昌吉州；自然资本最高的是昌吉州，最低的是乌鲁木齐县；信息资本最高的是伊犁州直，最低的是乌鲁木齐县；金融资本最高的是塔城地区，最低的是阿勒泰地区。

通过以上雷达图综合来看，新疆各牧区牧民的生计资本构成情况比较一致，除了昌吉州外，没有特别显著的差异，总体表现为社会资本存量较高，其后依次是人力资本、金融资本、信息资本、物质资本、自然资本，而昌吉州自然资本（0.4783）最高，其次是社会资本（0.4702）。

（四）哈萨克族牧民生计资本评估结果分析

1. 人力资本测量评价

从表4－26可知，人力资本评价结果均值为0.3694，阿勒泰地区福海县较高，吉木乃县、哈巴河县较低；塔城地区额敏县、托里县、裕民县偏高，乌苏市较低；哈密地区巴里坤县较高，伊吾县较低；昌吉州昌吉市、吉木萨尔县偏高，奇台县较低；伊犁州直察布查尔县、霍城县、巩留县、特克斯县、新源县、昭苏县较高，尼勒克县、伊宁县较低；乌鲁木齐县较低。从数据结果来看，样本中福海县、额敏县、托里县、裕民县、巴里坤县、昌吉市、吉木萨尔县、察布查尔县、霍城县、巩留县、特克斯县、新源县、昭苏县人力资本存量较高。

表4－26 新疆牧区牧民人力资本评价结果

地州	县市	有效样本数	极小值	极大值	均值	标准差
阿勒泰地区	阿勒泰市	38	0.08	0.54	0.3672	0.07091
	布尔津县	19	0.13	0.50	0.3649	0.07011
	哈巴河县	41	0.13	0.41	0.3558	0.04323
	吉木乃县	57	0.03	0.50	0.3525	0.07997
	青河县	68	0.09	0.56	0.3681	0.06107
	福海县	52	0.34	0.45	0.3739	0.01731

续表

地州	县市	有效样本数	极小值	极大值	均值	标准差
塔城地区	额敏县	61	0.34	0.41	0.3743	0.01224
	沙湾县	45	0.06	0.46	0.3625	0.07090
	托里县	21	0.15	0.50	0.3715	0.06514
	乌苏市	65	0.04	0.47	0.3504	0.08589
	裕民县	86	0.10	0.54	0.3737	0.05018
伊犁州直	察布查尔县	10	0.35	0.50	0.4122	0.04430
	巩留县	29	0.35	0.54	0.3940	0.04912
	霍城县	41	0.34	0.59	0.3925	0.05156
	尼勒克县	62	0.08	0.45	0.3425	0.08151
	新源县	185	0.15	0.59	0.3786	0.03925
	伊宁县	10	0.11	0.44	0.3285	0.11264
	昭苏县	145	0.09	0.58	0.3716	0.04079
	特克斯县	111	0.34	0.59	0.3770	0.02876
哈密地区	巴里坤县	40	0.35	0.43	0.3786	0.01773
	伊吾县	21	0.10	0.48	0.3435	0.06486
昌吉州	昌吉市	11	0.34	0.41	0.3696	0.02618
	阜康市	10	0.31	0.38	0.3644	0.02034
	吉木萨尔县	4	0.36	0.41	0.3868	0.02100
	木垒县	20	0.14	0.44	0.3670	0.05663
	奇台县	26	0.10	0.48	0.3511	0.06867
乌鲁木齐市	乌鲁木齐县	32	0.31	0.46	0.3750	0.03304
总计		1310	0.03	0.59	0.3694	0.05420

结合表4-1和表4-2可以看出，新疆牧民牧户家庭规模较大，有劳动能力的成年男性占25.25%，成年劳动力中高中以上教育水平的牧民只占23.42%，残疾人和长期患病者占4.5%，患病者平均年龄为32.48岁，正值中青年，这些都说明了新疆牧区牧民的人力资本存量不高。

2. 自然资本测量评价

从表 4－27 可知，自然资本评价结果均值为 0.273，阿勒泰地区除阿勒泰市、布尔津县偏低外其余县都较高；塔城地区托里县偏低；昌吉州木垒县与吉木萨尔县偏低其余县都较高；伊犁州直伊宁县、察布查尔县、霍城县较低其余县较高；乌鲁木齐县较高，从数据结果来看，样本中吉木乃县、哈巴河县、额敏县、奇台县、巩留县、尼勒克县、特克斯县、新源县自然资本存量较高。

表 4－27　新疆牧区牧民自然资本评价结果

地州	县市	有效样本数	极小值	极大值	均值	标准差
阿勒泰地区	阿勒泰市	38	0.02	0.16	0.15	0.00124
	布尔津县	19	0.37	0.61	0.60	0.01477
	哈巴河县	41	0.33	2.26	2.25	0.02828
	吉木乃县	57	0.83	4.37	4.35	0.06039
	青河县	68	0.10	1.67	1.65	0.02175
	福海县	52	0.26	1.36	1.35	0.01631
塔城地区	额敏县	61	0.28	1.80	1.75	0.02371
	沙湾县	45	0.47	1.50	1.45	0.03038
	托里县	21	0.10	0.30	0.29	0.00715
	乌苏市	65	0.19	1.05	1.03	0.01857
	裕民县	86	0.16	1.05	1.01	0.01541
伊犁州直	察布查尔县	10	0.37	0.75	0.70	0.01637
	巩留县	29	0.37	4.51	4.50	0.05581
	霍城县	41	0.08	0.32	0.31	0.00497
	尼勒克县	62	0.39	5.41	5.40	0.04882
	新源县	185	0.19	5.42	5.41	0.02686
	伊宁县	10	0.21	0.46	0.45	0.00627
	昭苏县	145	0.20	1.82	1.81	0.01228
	特克斯县	111	0.36	4.37	4.35	0.04564

续表

地州	县市	有效样本数	极小值	极大值	均值	标准差
哈密地区	伊吾县	21	0.20	0.61	0.60	0.01084
	巴里坤县	40	0.32	1.81	1.80	0.02697
昌吉州	昌吉市	11	0.35	1.55	1.54	0.02458
	阜康市	10	0.37	1.65	1.64	0.03143
	吉木萨尔县	4	0.33	0.62	0.60	0.00704
	木垒县	20	0.53	0.61	0.60	0.00333
	奇台县	26	0.77	2.85	2.83	0.06057
乌鲁木齐市	乌鲁木齐县	32	0.35	0.75	0.72	0.01775
总计		1310	0.02	5.40	0.273	0.03175

注：数据的分布呈偏态，偏向极大值一侧。自然资本占有较为均匀，大家的生活状态差不多，贫富分化不严重，不像城市贫富差距较大。在草场划分之前大家在一起放牧，没有太大的差距。

新疆属于干旱草原，草低矮且产草量低，每年都要经历一个寒冷、缺草少料的冬季。20 世纪 50 年代以来牧区人口大幅度增加，人口增加必然带来畜牧头数的过量增长，草原无法得到休养生息，造成了草原生产力大幅度下降，草原承载能力脆弱。① 据了解，20 世纪 50 年代新疆草原载畜量是 3200 万羊单位，实际拥有牲畜 1000 万头（只）。现在新疆草原的载畜量降到了 2700 万羊单位，但是牲畜存栏却达到了 5000 万头（只），最高峰时牲畜可达 8000 万头（只）。② 牲畜量在飞速上升，草原却不堪重负，就快散架了。草畜矛盾、超载过牧是造成草原退化的关键。据了解，新疆超载在 50% ~ 100.5% 以上，已经陷入“草原退化—单位载畜量减少—越超载过牧—草原退化越加剧”的恶性循环。③

每年粗放型传统式的放牧，庞大的越冬畜牧过牧，给还没有喘口气的冬

① 新疆草原退化态势令人担忧［EB/OL］.［2010 - 07 - 17］. http://www.360doc.com/content/10/0717/09/1205635_39574459.shtml.

② 新疆草原退化态势令人担忧［EB/OL］.［2010 - 07 - 17］. http://www.360doc.com/content/10/0717/09/1205635_39574459.shtml.

③ 新疆草原退化态势令人担忧［EB/OL］.［2010 - 07 - 17］. http://www.360doc.com/content/10/0717/09/1205635_39574459.shtml.

春草场带来巨大灾难。许多草场远远看去无异于荒滩戈壁，走近了才能看出纤细、稀疏的植被，到了秋天还没来得及结籽，就被牛羊啃食一光。

由此可见，原本荒漠草原占总草原超过46%的新疆草场日益退化，新疆牧区生态已经到了令人担忧的地步，草畜矛盾、人地矛盾、环境和经济矛盾加剧，使草原生态系统完全失衡，近乎崩溃。① 草原生态不断恶化，造成巨大的生态赤字，加上牧区的旱灾、雪灾、狼患、山体滑坡、泥石流，可见，新疆牧民的自然资本存量不高。

3. 物质资本测量评价

牧民物质资本评价结果均值为0.1856，阿勒泰地区吉木乃县较高，布尔津县偏低；塔城地区裕民县较低；哈密地区伊吾县偏低；昌吉州五个县市均为均值；伊犁州直巩留县、尼勒克县偏高，特克斯县较低。从数据结果来看，样本中福海县、吉木乃县、乌苏市、巩留县、尼勒克县物质资本存量较高，详见表4-28。

表4-28　新疆牧区牧民物质资本评价结果

地州（市）	县市	有效样本数	极小值	极大值	均值	标准差
阿勒泰地区	阿勒泰市	38	0.19	0.21	0.195	0.00397
	布尔津县	19	0.12	0.25	0.14	0.02845
	福海县	52	0.10	0.56	0.19	0.06052
	哈巴河县	41	0.12	0.30	0.19	0.03884
	吉木乃县	57	0.07	0.85	0.20	0.13231
	青河县	68	0.19	0.19	0.19	0.00000
塔城地区	额敏县	61	0.07	0.20	0.18	0.01585
	沙湾县	45	0.19	0.19	0.19	0.00000
	托里县	21	0.19	0.19	0.19	0.000000
	乌苏市	65	0.15	0.33	0.19	0.02508
	裕民县	86	0.04	0.44	0.169	0.05247

① 新疆草原退化态势令人担忧［EB/OL］.［2010-07-17］. http：//www.360doc.com/content/10/0717/09/1205635_ 39574459.shtml.

续表

地州（市）	县市	有效样本数	极小值	极大值	均值	标准差
伊犁州直	巩留县	29	0.15	0.33	0.20	0.04337
	察布查尔县	10	0.19	0.19	0.19	0.00000
	霍城县	41	0.19	0.19	0.19	0.00000
	尼勒克县	62	0.06	0.73	0.22	0.12956
	特克斯县	111	0.04	0.28	0.17	0.04184
	新源县	185	0.07	0.42	0.18	0.02680
	伊宁县	10	0.19	0.19	0.19	0.00000
	昭苏县	145	0.09	0.34	0.18	0.03872
哈密地区	巴里坤县	40	0.19	0.19	0.19	0.00000
	伊吾县	21	0.14	0.28	0.18	0.02794
昌吉州	昌吉市	11	0.19	0.19	0.19	0.00000
	阜康市	10	0.19	0.19	0.19	0.00000
	吉木萨尔县	4	0.19	0.19	0.19	0.00000
	木垒县	20	0.19	0.19	0.19	0.00000
	奇台县	26	0.19	0.19	0.19	0.00000
乌鲁木齐市	乌鲁木齐县	32	0.19	0.19	0.19	0.00000
总计		1310	0.04	0.85	0.19	0.05063

结合表4－4和表4－6的数据来看，牧户生活物品里座机电话/手机（拥有占比81.6%）、电视机（拥有占比76.5%）、摩托车（拥有占比80.7%）、自来水（拥有占比59.6%）、生物能（沼气）灶（拥有占比1.8%）、拖拉机（拥有占比25.6%）、暖棚（拥有占比31.2%），这些生活耐用品应当是每家必备的，但从数据来看都不是很高，其他物品拥有比例就更低了。住房平均1.145间/人，人均草场204.90亩/人，饲料地、林地拥有量还可以，牲畜拥有量不高。这说明新疆牧区牧民的物质资本存量较低。

4. 金融资本测量评价

从表4－29可得，金融资本评价结果均值为0.2056，阿勒泰地区布尔津县较高，哈巴河县偏低；塔城地区裕民县偏高；昌吉州木垒县偏低；伊犁州直昭苏县、特克斯县较低。从数据结果来看，样本中布尔津县、裕民县、尼勒克县金融资本存量较高。

表 4－29　新疆牧区牧民金融资本评价结果

地区	县市	有效样本数	极小值	极大值	均值	标准差
阿勒泰地区	阿勒泰市	38	0. 15	0. 21	0. 20	0. 00885
	布尔津县	19	0. 07	0. 88	0. 23	0. 18882
	福海县	52	0. 07	0. 41	0. 19	0. 05124
	哈巴河县	41	0. 07	0. 40	0. 17	0. 06774
	吉木乃县	57	0. 13	0. 69	0. 21	0. 12004
	青河县	68	0. 21	0. 21	0. 21	0. 00000
塔城地区	额敏县	61	0. 19	0. 38	0. 21	0. 03944
	沙湾县	45	0. 21	0. 21	0. 21	0. 00000
	托里县	21	0. 21	0. 21	0. 21	0. 00000
	乌苏市	65	0. 07	0. 44	0. 21	0. 04662
	裕民县	86	0. 08	0. 44	0. 25	0. 08644
伊犁州直	察布查尔县	10	0. 21	0. 21	0. 21	0. 00000
	巩留县	29	0. 13	0. 39	0. 20	0. 0459
	霍城县	41	0. 21	0. 21	0. 20	0. 00000
	尼勒克县	62	0. 11	0. 47	0. 22	0. 09479
	特克斯县	111	0. 06	0. 43	0. 19	0. 06577
	新源县	185	0. 09	0. 40	0. 20	0. 03101
	伊宁县	10	0. 21	0. 21	0. 21	0. 00000
	昭苏县	145	0. 06	0. 21	0. 19	0. 03064
哈密地区	巴里坤县	40	0. 21	0. 21	0. 21	0. 00000
	伊吾县	21	0. 21	0. 21	0. 21	0. 00000
昌吉州	昌吉市	11	0. 21	0. 21	0. 21	0. 00000
	阜康市	10	0. 21	0. 21	0. 21	0. 00000
	吉木萨尔县	4	0. 21	0. 21	0. 21	0. 00000
	木垒县	20	0. 13	0. 38	0. 19	0. 06172
	奇台县	26	0. 21	0. 37	0. 21	0. 03153
乌鲁木齐市	乌鲁木齐县	32	0. 21	0. 21	0. 21	0. 00000
总计		1310	0. 06	0. 88	0. 21	0. 05827

牧民平均收入为42892.33元/户，但贫富分化严重；结合表4-8和表4-9来看，牧民通过信贷、亲戚朋友借款，没有抵押物、诚信分数也不高的牧民通过高利贷来融资，通过出售乳畜、草场和打工或高利贷偿还；收到政府、民间机构、工资、养老金、社保金等的牧民占比不高，牧民获得来自外部环境援助的机会并不多。新疆牧区牧民的金融资本存量不高。

5. 社会资本测量评价

从表4-30可知，社会资本评价结果均值为0.4702，阿勒泰地区吉木乃县较高，布尔津县较低；塔城地区裕民县、沙湾县较低；哈密地区巴里坤县接近均值；昌吉州五个县市为均值；伊犁州直巩留县、昭苏县、新源县较高，特克斯较低。从数据结果来看，样本中吉木乃县、乌苏市、巩留县、昭苏县、新源县社会资本存量较高。

表4-30 新疆牧区牧民社会资本评价结果

地州	县市	有效样本数	极小值	极大值	均值	标准差
阿勒泰地区	阿勒泰市	38	0.47	0.63	0.4746	0.02670
	布尔津县	19	0.27	0.69	0.4234	0.09437
	福海县	52	0.25	0.60	0.4753	0.04401
	哈巴河县	41	0.30	0.70	0.4749	0.05848
	吉木乃县	57	0.30	0.67	0.4802	0.08016
	青河县	68	0.47	0.47	0.4700	0.00000
塔城地区	额敏县	61	0.47	0.52	0.4710	0.00617
	沙湾县	45	0.17	0.50	0.4442	0.06880
	托里县	21	0.47	0.47	0.4700	0.00000
	乌苏市	65	0.22	0.68	0.4747	0.04596
	裕民县	86	0.05	0.67	0.4456	0.11935
昌吉州	昌吉市	11	0.47	0.47	0.4700	0.00000
	阜康市	10	0.47	0.47	0.4700	0.00000
	吉木萨尔县	4	0.47	0.47	0.4700	0.00000
	木垒县	20	0.47	0.47	0.4700	0.00000
	奇台县	26	0.47	0.47	0.4700	0.00000

续表

地州	县市	有效样本数	极小值	极大值	均值	标准差
伊犁州直	察布查尔县	10	0.47	0.47	0.4700	0.00000
	巩留县	29	0.47	0.74	0.5134	0.08406
	霍城县	41	0.47	0.47	0.4700	0.00000
	尼勒克县	62	0.31	0.66	0.4623	0.07972
	特克斯县	111	0.30	0.77	0.4577	0.05997
	昭苏县	145	0.37	0.60	0.4832	0.03812
	新源县	185	0.43	0.71	0.4803	0.04114
	伊宁县	10	0.47	0.47	0.4700	0.00000
哈密地区	伊吾县	21	0.36	0.58	0.4608	0.04429
	巴里坤县	40	0.42	0.51	0.4699	0.01031
乌鲁木齐市	乌鲁木齐县	32	0.20	0.50	0.4627	0.04821
总计		1310	0.05	0.77	0.4702	0.05673

结合表4－10、表4－11、表4－12和图4－2、图4－3、图4－4来看，牧民参政议政的意识不强，村委会上反对意见“极少提”和“从来不提”的合计占53.4%；参加自发性组织的牧民家庭占10%，说明公众的参与意识不高；92.8%的牧民对村里牧民不同程度地信任，只有7.2%的牧民认为村里没有可信任的人，新疆牧区整体社会的信任程度较好；牧村里有81.7%的牧民有1～10户亲戚，10户以上亲戚的牧户不同程度地存在。这说明牧民是一种亲缘社交，他们的社会支持网络比较强大，遇到困难能获得帮助而不是孤立无援，加之传统哈萨克族社会是血缘与地缘高度重合的社会，他们之间相互信任、互惠，能增进相互合作、减少交易成本。这些数据表明新疆哈萨克族牧民的社会资本存量较高。

6. 信息资本测量评价

从表4－31可知，信息资本评价结果均值为0.1651，阿勒泰地区较低所有县都高于均值；塔城地区裕民县较低；哈密地区伊吾县较低；昌吉州五个县市均高于均值；伊犁州直新源县较低；乌鲁木齐县低于均值。从数据结果来看，样本中特克斯县、昭苏县信息资本存量较高。

表 4 – 31　新疆牧区牧民信息资本评价结果

地州	县市	有效样本数	极小值	极大值	均值	标准差
阿勒泰地区	阿勒泰市	38	0.17	0.17	0.17	0.00041
	布尔津县	19	0.17	0.17	0.17	0.00000
	福海县	52	0.16	0.31	0.17	0.02065
	哈巴河县	41	0.00	0.17	0.17	0.03600
	吉木乃县	57	0.00	0.51	0.17	0.09222
	青河县	68	0.17	0.17	0.17	0.00000
塔城地区	额敏县	61	0.17	0.19	0.1654	0.00289
	沙湾县	45	0.17	0.17	0.17	0.00000
	托里县	21	0.17	0.17	0.17	0.00000
	乌苏市	65	0.07	0.29	0.1663	0.02367
	裕民县	86	0.00	0.48	0.1435	0.09474
昌吉州	昌吉市	11	0.17	0.17	0.17	0.00000
	吉木萨尔县	4	0.17	0.17	0.17	0.00000
	木垒县	20	0.17	0.17	0.17	0.00000
	阜康市	10	0.17	0.17	0.17	0.00000
	奇台县	26	0.17	0.17	0.17	0.00000
伊犁州直	巩留县	29	0.09	0.26	0.1662	0.03368
	察布查尔县	10	0.17	0.17	0.17	0.00000
	霍城县	41	0.17	0.17	0.17	0.00000
	尼勒克县	62	0.00	0.73	0.1608	0.14474
	特克斯县	111	0.06	0.96	0.1967	0.12057
	新源县	185	0.00	0.28	0.1557	0.03957
	伊宁县	10	0.17	0.17	0.17	0.00000
	昭苏县	145	0.04	0.70	0.1727	0.06102
哈密地区	伊吾县	21	0.00	0.17	0.1494	0.04965
	巴里坤县	40	0.17	0.17	0.17	0.00000
乌鲁木齐市	乌鲁木齐县	32	0.00	0.17	0.1548	0.04060
总计		1310	0.00	0.96	0.1651	0.06406

结合表4－4来看，从牧民通信（有线电视/座机电话/手机）开支情况数据统计来看，牧民家庭通信设备拥有量是比较高的，占牧民家庭总数的81.6%，在家庭总开支中手机话费平均达1350.81元，月均话费在100元以上；拥有电视机的家庭占76.5%。牧民通信设备拥有比例较高，但它是生活在当今社会人的基础生活用品、耐用消费品，并没有达到100%的普及；牧民对信息的内容，如就业信息、培训信息、畜牧信息、销售信息等的需求很多，但政府和社会提供给牧民的有效信息平台、信息量却是极其有限的。新疆哈萨克族牧民的信息资本存量总体而言不高。

二、牧民生计资本与生计策略的关系分析

一般而言，生计资本特征对生计策略类型有决定性影响；通常家庭拥有生计资本越多，选择范围和余地越大，并且具备在不同生计策略中机动转换和替代以保存生活水准不致下降的能力；牧民一般根据自己所拥有资本的丰富程度来选择相应生计策略以实现自己的生计目标；成功生计往往建基于优势资本的拥有，以及生计资本之间的灵活转换和替代。

（一）定性分析：自然、社会维度的综合考察

1. 自然地理环境与生计活动

哈萨克族是一个自古以来就以游牧生产为主，按季节转移牧场，过着逐水草而居生活的游牧民族，这种凭借天然牧场进行畜牧生产和再生产的生产方式实质是对天然牧场适应性利用基础上的生产经营方式。

从图4－12可知，阿勒泰地区牧民从事工资性工作占比最高，其次为畜牧/养殖业，再次为外出打工、种植业，无人从事采集业；昌吉州占比最高的是工资性工作，其次为种植业，再次为外出打工、个体运输，说明昌吉州与乌鲁木齐市中心城市相连，交通便利，牧民家里成员在机关事业单位里工作的人较多，外出打工较多；塔城地区从事“其他”生计的占比最高，其次为采集，再次为外出打工、手工业、经商、畜牧/养殖业，最少的是工资性工作；哈密地区工资性工作和经商占比最高，其次是手工业、个体运输；乌鲁木齐县样本量较少，“其他”占比最高，从事的行业较杂，其次为个体运输，再次为外出打工、畜牧/养殖业、手工业等，比例都较低；伊犁州直采集占比

最高，其次为经商和种植业，再次为畜牧/养殖业、手工业、外出打工，伊犁州直各种生计活动占比都比其他地州高。

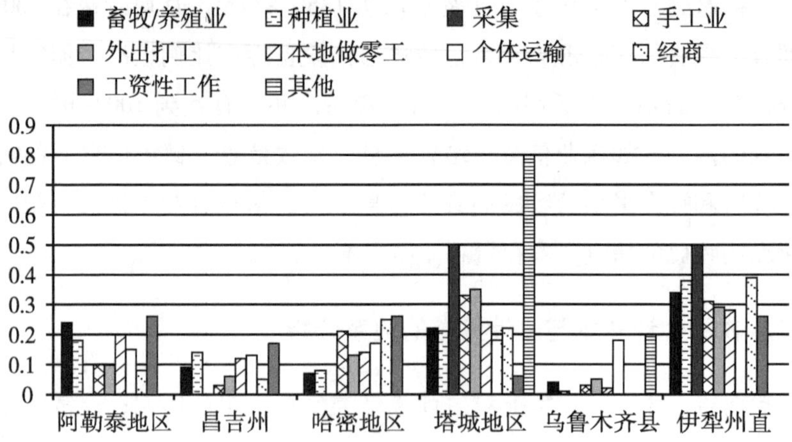

图 4-12　同生计活动的地域比例

从图 4-13 可知，六个地州占比最高都是畜牧/养殖业，最高为阿勒泰地区，其次为乌鲁木齐县，再次为伊犁州直；种植业最多的是昌吉州，其后依次是伊犁州直、阿勒泰地区、塔城地区、哈密地区、乌鲁木齐县；外出打工最高的是乌鲁木齐县，其后依次是塔城地区、哈密地区、伊犁州直、昌吉州、阿勒泰地区；个体运输最高的是乌鲁木齐县，其后依次是哈密地区、昌吉州、阿勒泰地区、塔城地区、伊犁州直；采集性活动主要分布在塔城地区和伊犁州直，其他地区都较少；经商依次为哈密地区、伊犁州直、塔城地区、昌吉州、阿勒泰地区。

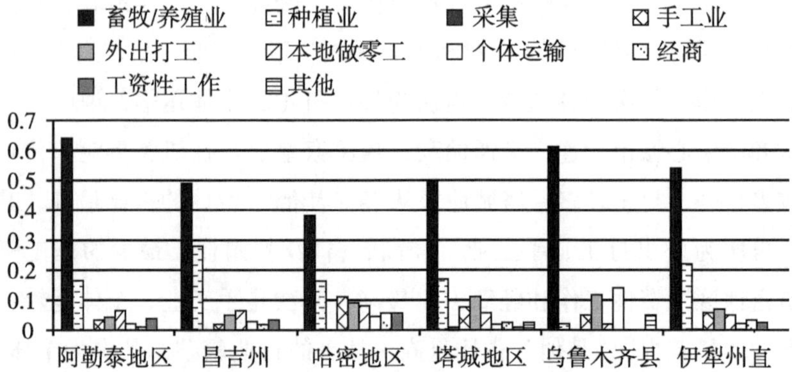

图 4-13 不同区域的生计活动比例

从图 4 – 14 可知，畜牧/养殖业阿勒泰地区占比最高，其次是乌鲁木齐县，再次是伊犁州直、塔城地区、昌吉州，占比最小的是哈密地区；种植业占比最高的是昌吉州，其次是伊犁州直，再次是阿勒泰地区、塔城地区、哈密地区，最小的是乌鲁木齐县；外出打工占比依次为乌鲁木齐县、塔城地区、哈密地区、伊犁州直、昌吉州、阿勒泰地区；手工业占比最高的是哈密地区，个体运输占比最高的是乌鲁木齐县，经商占比最高的是哈密地区，工资性工作占比最高的是哈密地区。

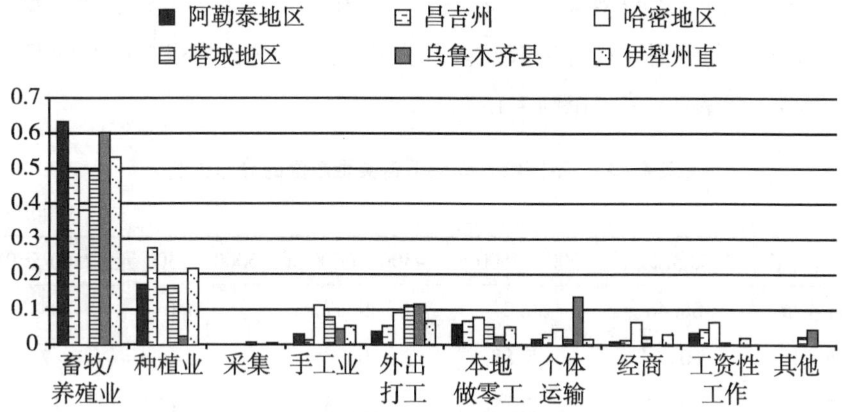

图 4 – 14　不同生计活动的区域比例

2. 社会经济因素与生计策略

非牧型家庭在交通运输条件较好、临时性工作机会较多的物资集散地和旅游区周围区域或在企事业机关单位较多的地方出现，他们主要从事的生计活动有交通运输业、商品批零、短期工或者在政府机构上班等，或者是某几种工作的组合。这类型家庭通常眼界开阔，头脑灵活，善于抓住机会，例如，进行木材买卖、矿产资源和旅游资源开发、休闲娱乐业经营、移动通信业经营、牛奶收购运输、旅游休闲食品制作销售等。由此可以看出，除了自然资本的影响外，社会经济因素对牧民生计策略及家庭类型有重要影响。

按照牧民人均收入的多少，我们可以把牧户划分为三个贫富程度不同的等级：人均收入在 7500 元以上的家庭为富裕户；人均收入在 3000 ~ 7500 元的家庭为中等户；人均收入在 3000 元以下的家庭为贫穷户。3000 元以下（贫穷户）阶段，畜牧型家庭占 88.46%，多样型家庭占 7.69%，非牧型家庭占3.84%，种植型家庭因为样本量太少可忽略不计；3000~7500元（中等户）分成了三部分：3000~4500元（中下等）阶段，畜牧型家庭占88.24%，种植型家庭占5.88%，多样型家庭占5.88%，非牧型家庭占比太小忽略不计；4500~6000元（中中等）阶段，畜牧型家庭占89.47%，种植型家庭和非牧型家庭占比太小忽略不计，多样型家庭占10.53%；6000~7500元（中上等）阶段，畜牧型家庭占75%，种植型家庭因样本量太小占比忽略不计，多样型家庭占16.67%，非牧型家庭占8.33%；7500元以上（富裕户）阶段，畜牧型家庭占68.29%，种植型家庭占7.32%，多样型家庭占14.63%，非牧型家庭占9.76%。贫穷户、中等户、富裕户中畜牧型家庭占比最多（见表4-32和图4-15）。

表4-32 不同收入等级下各类型家庭的分布比例

（单位:%）

家庭类型	3000元以下	3000~4500元	4500~6000元	6000~7500元	7500元以上
畜牧型	88.46	88.24	89.47	75.0	68.29
种植型	0	5.88	0	0	7.32
多样型	7.69	5.88	10.53	16.67	14.63
非牧型	3.84	0	0	8.33	9.76

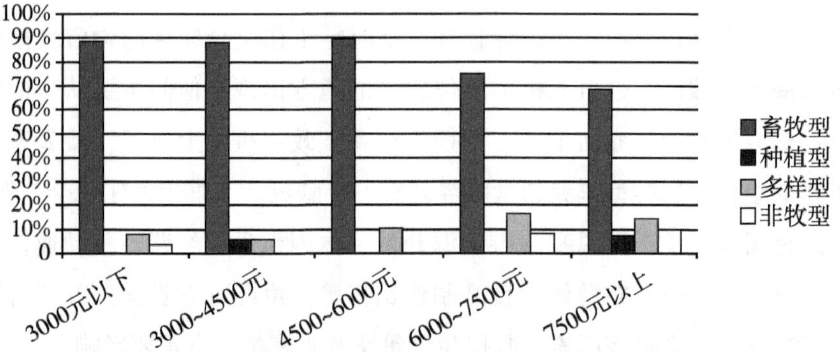

图4-15 不同收入等级下各类型家庭的分布比例

畜牧型家庭在由贫到富的三个等级均有分布，3000元以下的占25%，3000~4500元的占16.3%，4500~6000元的占18.48%，6000~7500元的占9.78%，7500元以上的占30.43%；种植型家庭收入居于3000元以下的占比太小忽略不计，3000～4500 元的占 25%，收入在 4500～6000 元、6000～7500 元的占比太小忽略不计，收入 7500 元以上的占 75%；多样型家庭在由贫到富的三个等级均有分布，3000 元以下的占 15.38%，3000～4500 元的占 7.69%，4500～6000 元的占 15.38%，6000～7500 元的占 15.38%，7500 元以上的占 46.15%；非牧型家庭收入居于 3000 元以下的占 16.67%，收入在 3000～4500 元、4500～6000 元的占比太小忽略不计，6000～7500 元的占 16.67%，7500 元以上的占 66.67%（见表 4－33 和图 4－16）。

表 4－33　各类型家庭的贫富分布比例

（单位:%）

家庭类型	3000 元以下	3000～4500 元	4500～6000 元	6000～7500 元	7500 元以上
畜牧型	25.00	16.30	18.48	9.78	30.43
种植型	0.00	25.00	0.00	0.00	75.00
多样型	15.38	7.69	15.38	15.38	46.15
非牧型	16.67	0.00	0.00	16.67	66.67

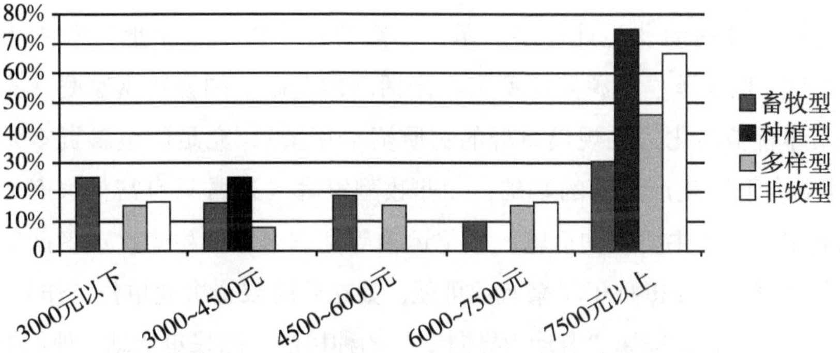

图 4－16　各类型家庭的贫富分布比例

牲畜业在第一产业中的特点是虽然利润低，但它的年际和季节性波动较小，受市场经济规律的影响较小。同时，畜牧型家庭的特点是以畜产品生产为主要经济收入来源，因为需要充足劳动力来满足放牧牲畜，因而畜群和家庭规模都较大，家庭经济条件相对较好。在本研究的调查中，有 30.43% 的畜牧型家庭属于富裕家庭，表明物质资本在牧区传统生活中是以牲畜这种实物形式加以表现的。

多样型家庭所从事的生产活动比其他类型的家庭具有更强的多样性，它兼有畜牧型和非牧型家庭的特征，如他们通常具有较多的谋生渠道和多项技能、较多的牲畜，有稳定的现金收入和较丰富的社会阅历，他们的平均受教育水平高于种植型家庭，46.15%的多样型家庭属于富裕户。

种植型家庭中富裕户所占比重最大，这类家庭有稳定的现金收入。种植型占比最高与样本量较少有很大关系。牧民除了种植外还经营畜牧业，家家户户都有牲畜或自养或代养，他们从事的是以畜牧业为基础的种植业，农业种植收入比牧业稳定。

综合以上分析可知：一些资本对于特定的生计活动和生计策略来说是基础性的，如较大面积的草场（自然资本）和较大规模的家庭（人力资本）对于生产喂养牲畜充足的饲料（物质资本、畜牧型）是必要的；通过借贷、馈赠、捐助等机会获得金融资本是一个家庭开展非牧活动的起始点；教育、技术和经验（人力资本）是家庭成员就业（非牧型策略）的必备条件；雪莲等野生产品（自然资本）为那些缺乏其他资本的穷人提供了最后一道维持生计和食物安全的屏障（采集策略）。

这些生计活动和生计策略启示：丰富的自然资本（草地）和人力资本（劳动力）是选择“资源导向型”生产活动的基础，如畜牧型家庭（家庭的人力资本优势转化为大规模畜群的物质资本存量）；充足的金融资本是选择“资本导向型”生产活动的基础，如非牧型家庭（通常只有富裕家庭才能购买得起卡车从事牛奶收购运输、牛羊运输等利润丰厚的生意，或者能够对子女进行教育投资使得孩子将来有业可就，如在政府或企事业单位工作）。缺乏以上三种资本就会选择“劳动力导向型”的种植活动和采集活动，他们把尽可能多的劳动力（家庭成员）配置到种植、采集活动中去。比较丰富的自然资本、人力资本和金融资本的结合就会形成比较富裕的多样型策略，实现家庭生产活动和收入来源的多样化。说明生计资本对生计策略有决定性的影响。

（二）定量分析：样本的多元选择及其价值定位

1. 人力资本与自然资本、物质资本之间的相关性

从表4-34可知，家庭人口数与饲草料用地、草场、羊、牛、马、骆驼

的相关系数均小于或等于0.3，从统计学意义上来说，家庭人口数与饲草料用地、草场、羊、牛、马、骆驼没有相关性。家庭人口数与羊的相关系数为0.068，说明家庭人口数与羊的数量没有相关性，因为草场承包50年不变的政策中“增人不增地（草场），减人不减地（草场）”，家庭人口数跟草场没有关系，跟牛、马、羊也没有关系。草场是牧民家的，牧民从可持续性发展角度来看，不能过度放牧，不会因为家里多养了孩子就多养羊，而是会根据草场的承载量来养羊。

家庭人口数与羊的相关系数为0.068，与牛的相关系数为0.042，与马的相关系数为0.118，与骆驼的相关系数为0.142，说明家庭人口数与马和骆驼相对于家庭人口数与羊、牛相关性要高，实际生活中，“牧民对市场的依从，已经致使草原上五大畜群结构发生了巨大变化。五大畜群——骆驼、马、牛、羊、山羊——其中的前三种畜种已基本被市场的产业链体系逐出”①。马的饲养要远远小于羊和牛，家庭人口数多了，在迁徙、放牧中需要更多的马和骆驼来骑乘，而且照顾马和骆驼比照顾羊和牛要困难得多，养马和骆驼的成本要比养牛、羊高很多，投入的精力、财力要高很多。以上分析说明人力资本与物质资本具有一定相关性。

表4-34　Pearson相关矩阵

内容	Pearson相关性	人力资本	自然资本		物质资本			
		家庭人口数	饲草料用地	草场	羊	牛	马	骆驼
家庭人口数	Pearson相关性	1	0.012	-0.113	0.068	0.042	0.118*	0.142*
	显著性（双侧）		0.862	0.059	0.234	0.465	0.036	0.011
	N	1310	211	280	307	307	318	317
饲草料用地	Pearson相关性	0.012	1	-0.060	0.066	0.383**	0.272**	-0.057
	显著性（双侧）	0.862		0.404	0.348	0.000	0.000	0.417
	N	211	211	198	203	203	203	202

① 周立，姜智强．竞争性牧业、草原生态与牧民生计维系［J］．中国农业大学学报（社会科学版），2011（2）．

续表

内容	Pearson 相关性	人力资本	自然资本		物质资本			
		家庭人口数	饲草料用地	草场	羊	牛	马	骆驼
草场总亩数	Pearson 相关性	-0.113	-0.060	1	0.278**	-0.015	-0.008	0.110
	显著性（双侧）	0.059	0.404		0.000	0.805	0.896	0.074
	N	280	198	280	266	266	266	266
羊	Pearson 相关性	0.068	0.066	0.278**	1	0.409**	0.450**	0.501**
	显著性（双侧）	0.234	0.348	0.000		0.000	0.000	0.000
	N	307	203	266	307	307	307	306
牛	Pearson 相关性	0.042	0.383**	-0.015	0.409**	1	0.778**	0.205**
	显著性（双侧）	0.465	0.000	0.805	0.000		0.000	0.000
	N	307	203	266	307	307	307	306
马	Pearson 相关性	0.118*	0.272**	-0.008	0.450**	0.778**	1	0.155**
	显著性（双侧）	0.036	0.000	0.896	0.000	0.000		0.006
	N	318	203	266	307	307	318	317
骆驼	Pearson 相关性	0.142*	-0.057	0.110	0.501**	0.205**	0.155**	1
	显著性（双侧）	0.011	0.417	0.074	0.000	0.000	0.006	
	N	317	202	266	306	306	317	317

注：* 表示显著性水平为 5%（双尾检验）；** 表示显著性水平为 1%（双尾检验）。

2. 自然资本与物质资本之间的相关性

由表 4 - 34 可知，饲草料用地与羊的相关系数为 0.066，与牛的相关系数为 0.383，与马的相关系数为 0.272，与骆驼的相关系数为 - 0.057，饲草料用地与羊、马、骆驼的相关系数均小于或等于 0.3，从统计学意义上来说，饲草料用地与羊、马没有相关性，与骆驼呈负相关。饲草料用地与牛的相关系数为 0.383，在统计学意义上具有弱相关性。只有部分牧民定居点才分有饲草料用地，而且数量较少，每户 30 ~ 80 亩，主要是种植畜草的。新疆牧区牧民养羊的绝对数量远远高于其他牲畜，羊的饲养主要靠天然草场的放养和天然打草场打的草，与饲草料用地相关性不大。

饲草料用地跟牛的相关系数为 0.383，在 0.05 水平上统计检验显著。从统计学意义上来说饲草料用地跟牛呈弱相关，牛喜欢吃杂草，因为杂草中各种物质含量多，还有青草，因为牛的胃有专门咀嚼的功能，因此对种植的青贮玉米、秸秆等能采食。因而饲草料用地与牛具有弱相关性。

饲草料用地与马的相关系数为 0.272，从统计学意义上来说小于或等于 0.3 就不具有相关性，但如果相关系数只保留 1 位小数，饲草料用地与马的相关系数 0.272 就近似为 0.3 了，当相关系数为 0.3 时，从统计学意义上来说饲草料用地与马就具有弱相关性了。马主要吃草，一般每天需要 10 ~ 15 千克草，可以加一些黑豆、玉米等辅食。但马消化系统功能不强，对食物的消化和吸收能力一般只有 50% ~60%，所以若让马匹自由放牧，用 2/3 天的时间来边遛边吃，马匹的胃纳很细，为免过量的喂吃造成马匹消化系统的压力和毛病，所以要少吃多餐，除日常保持一段时间的自由放牧外（每天 2 ~ 3 小时），精料的喂饲量约为 2 千克/天便足够（分早、午、晚三次喂饲）。从日常生活实践来看，饲草料用地与马的相关性比饲草料用地与骆驼、牛的相关性要高，可以说饲草料用地与马具有弱相关性。

饲草料用地与骆驼不相关。哈萨克族生活的地区干旱多戈壁，骆驼非常适宜生活于戈壁荒漠地带，因为经常要远行，它们以梭梭、胡杨、沙拐枣等各种荒漠植物为食，喜欢采食其他家畜不愿采食的带刺、毛、强烈气味和盐碱重的植物，如白刺、沙蒿，能够吃沙漠和半干旱地区生长的几乎任何植物（包括盐碱植物）。骆驼吃的东西羊不吃，骆驼与羊虽然同样生存于草场但不争草资源，骆驼在荒漠上生活，数量少，生存基础不在草场，不与牛、马争草场。

草场与羊的相关系数为 0.278，如果只从统计学意义上来说小于 0.3 是不具有相关性的，但从实际情况来看，草场与羊的相关系数为 0.278，草场总亩数与牛的相关系数为 -0.015，与马的相关系数为 -0.008，与骆驼的相关系数为 0.110，相对于草场与牛、马、骆驼来说相关系数高出很多。结合现实实际和统计学意义，可以说草场与羊具有弱相关性。

原本草场与牛、马、骆驼应当有相关性，但从数据来看不相关。原因可能在于，在新疆哈萨克族牧民草场承载的羊、牛、马、骆驼中，主要以羊占绝大多数，数量比牛、马、骆驼大得多，牛、马、骆驼因此与草场的相关性就不明显了，如果把羊的因素去掉后，可能与牛、马的相关性提高了。现在对牛、马、骆驼数量进行描述性统计后，来体现草场与牛、马、骆驼的相关性（见表 4 -35）。

表 4-35　无控制变量与影响因子影响下的 Pearson 相关矩阵

控制变量			牛	马	骆驼	草场总亩数	羊
无	牛	相关性	1.000	0.771	0.181	-0.015	0.439
		显著性（双侧）	—	0.000	0.003	0.805	0.000
		df	0	264	264	264	264
	马	相关性	0.771	1.000	0.116	-0.008	0.486
		显著性（双侧）	0.000	—	0.058	0.896	0.000
		df	264	0	264	264	264
	骆驼	相关性	0.181	0.116	1.000	0.110	0.445
		显著性（双侧）	0.003	0.058	—	0.074	0.000
		df	264	264	0	264	264
	草场总亩数	相关性	-0.015	-0.008	0.110	1.000	0.278
		显著性（双侧）	0.805	0.896	0.074	—	0.000
		df	264	264	264	0	264
	羊	相关性	0.439	0.486	0.445	0.278	1.000
		显著性（双侧）	0.000	0.000	0.000	0.000	—
		df	264	264	264	264	0
羊	牛	相关性	1.000	0.711	-0.018	-0.159	
		显著性（双侧）	—	0.000	0.770	0.010	
		df	0	263	263	263	
	马	相关性	0.711	1.000	-0.128	-0.170	
		显著性（双侧）	0.000	—	0.038	0.005	
		df	263	0	263	263	
	骆驼	相关性	-0.018	-0.128	1.000	-0.016	
		显著性（双侧）	0.770	0.038	—	0.794	
		df	263	263	0	263	
	草场总亩数	相关性	-0.159	-0.170	-0.016	1.000	
		显著性（双侧）	0.010	0.005	0.794	—	
		df	263	263	263	0	

注：—表示缺省处理。

在哈萨克族牧区，草场和牛、马的相关性低于草场和羊的相关性。为什么会这样呢？因为羊的数量远远高于牛、马、骆驼，羊的数量大体现不出牛、马与草场的相关性，可以去掉羊的变量做偏相关统计，通过牛、马、羊饲养量的描述性统计来分析牛、马、羊与草场的相关性。

把无控制变量和将羊作为影响因素相对照来看，牛与草场相关系数由 -0.015变成 -0.159，翻了10倍，说明其相关性明显增强。羊作为一个影响因素是一个影响因子，有羊的控制因素的情况下，影响了牛、马、骆驼与草场之间的相关性。羊的数量会影响牛、马、骆驼与草场的相关关系，而且影响是很明显的。从以上分析可以看出自然资本与物质资本间具有一定的相关性。

3. 物质资本中羊和牛、马、骆驼之间的相关性

由表4 -34 可知，羊跟牛的相关系数为0.409，和马的相关系数为0.450，和骆驼的相关系数为0.501，在0.05 水平上统计检验显著。说明羊和牛、马、骆驼具有较强相关性，羊的饲养量增多了，牛、马、骆驼的饲养也会增多。牛、马、骆驼作为牧民重要的交通运输工具，养羊越多，越需要投入更多的牛、马、骆驼进行辅助放牧，因而羊和牛、马、骆驼具有较强相关性。

牛和马的相关系数为0.778，呈强相关。哈萨克族大规模牧养的四畜（羊、牛、马、骆驼）中，马居首位。传统哈萨克族人的主要交通工具是马、骆驼以及木轮车。牛和羊是生产资料，马和骆驼是生活资料，马是用于骑乘的交通工具，人们在迁徙、狩猎、放牧时都要骑着它，养牛比养羊更需要马来看管，放牧牛需要更多的马来控制。

羊和骆驼的相关系数为0.501，在0.05 水平上统计检验显著。羊和骆驼在生活中具有较强相关性，统计学意义上也是较强相关，羊的饲养量增多，看管的人也需要增多，需要更多的马和骆驼来辅助养牛和羊。阿勒泰地区和塔城地区骆驼养殖日渐增多，如阿勒泰地区福海县瑞源驼奶有限公司与牧民签订骆驼养殖合约，牧民养殖骆驼致富后会有更多的资金扩大羊的养殖规模。

从以上分析可知物质资本各组成要素具有较强的相关性。

从表4 -36 来看，阿勒泰地区、塔城地区、伊犁州直的牲畜存量依次为羊、牛、马和骆驼。骆驼存量主要集中在阿勒泰地区，福海县最多，户均2.06 峰，其次为哈巴河县，户均1.21 峰，吉木乃县户均1.13 峰。2013 年阿勒泰地区出

台优惠政策，鼓励定居牧民发展奶驼养殖，促进富民兴牧目标的实现。福海县委、县政府立足畜牧优势资源，优化驼奶产业布局、强化驼奶收购网点建设、完善饲草料用地配套开发，全面推进驼奶产业化经营。奶驼产业已成为福海县委、县政府大力倡导、各乡（镇）倾力支持、各职能部门精心呵护、技术部门全程跟踪服务的产业。2012 年福海县依托富民兴边和扶贫项目资金，安排资金 1000 万元，对购置奶驼和建设奶驼养殖设施进行补助，引进优质奶驼 1000 峰，促使驼奶加工企业营销额达 4000 万元，拉动农牧民人均增收达 260 元以上。

塔城地区骆驼养殖也日渐多起来。新疆塔城市也门勒乡沃布逊村积极发展骆驼养殖业，2014 年，该村有骆驼养殖户 50 余家，骆驼千峰以上，牧民年人均纯收入由原来的不足千元增加到 5000 多元。裕民县吉也克镇哈拉赛村牧民、阜康市水磨沟乡柳城子西村牧民都发展骆驼养殖业，从十几峰骆驼发展到上百峰。福海县瑞源驼奶有限公司还与牧民合约养殖骆驼。

表 4 – 36　新疆牧区各县牲畜存量情况（户均）

县市		羊	牛	马	骆驼
布尔津县	均值	39.16	6.63	1.16	0.32
	N	19	19	19	19
	合计	744	126	22	6
福海县	均值	77.88	10.81	4.81	2.06
	N	16	16	16	16
	合计	1246	173	77	33
哈巴河县	均值	82.90	12.10	3.73	1.21
	N	30	30	30	29
	合计	2487	363	112	35
吉木乃县	均值	135.45	8.91	4.57	1.13
	N	56	56	56	56
	合计	7585	499	256	63
额敏县	均值	71.67	0.67	1.33	0.00
	N	3	3	3	3
	合计	215	2	4	0

续表

县市		羊	牛	马	骆驼
乌苏市	均值	178.75	6.25	1.63	0.32
	N	8	8	19	19
	合计	1430	50	31	6
裕民县	均值	79.70	4.70	1.26	0.07
	N	27	27	27	27
	合计	2152	127	34	2
哈密市	均值	46.25	13.08	3.25	0.50
	N	12	12	12	12
	合计	555	157	39	6
巩留县	均值	65.63	8.63	6.13	0.00
	N	8	8	8	8
	合计	525	69	49	0
尼勒克县	均值	92.43	26.81	17.10	0.00
	N	42	42	42	42
	合计	3882	1126	718	0
特克斯县	均值	61.55	8.52	5.64	0.12
	N	33	33	33	33
	合计	2031	281	186	4
新源县	均值	37.96	7.04	5.70	0.00
	N	23	23	23	23
	合计	873	162	131	0
昭苏县	均值	89.67	5.47	4.10	0.10
	N	30	30	30	30
	合计	2690	164	123	3
总计	均值	86.04	10.75	5.60	0.50
	N	307	307	318	317
	合计	26415	3299	1782	158

从表4－37可以看出，构成生计的六大类生计资本之间除了人力资本和信息资本之间有较弱的相关性（$r=-0.343$，Sig = 0.033）之外，其他资本之间不存在线性关系。人力资本与信息资本的相关系数为－0.343，为负的弱相关关系。从统计数据来看（见表4－4），样本中每户牧民平均拥有0.76台电视机，座机电话/手机0.82部。几乎每家都有电视机，手机户拥有量高于电视机，放牧可以没有电视机但不能没有手机。人力资本包括了教育水平、劳动力结构等多个因素，教育水平、整体劳动力越高，需要的信息资本越多；信息社会人们想各种办法来获取信息，现在的人不能脱离信息而生活。因此，人力资本与信息资本呈弱相关是符合实际的。

表4－37　新疆牧区牧民生计资本间的相关矩阵

生计资本	人力资本	金融资本	自然资本	物质资本	社会资本	信息资本
人力资本	1	0.077	－0.161*	－0.049	－0.080	－0.343*
		0.648	0.032	0.787	0.627	0.033
金融资本	0.077	1	0.007	0.109	0.196*	－0.226**
	0.648		0.911	0.194	0.013	0.010
自然资本	－0.161*	0.007	1	0.188**	0.038	0.078
	0.032	0.911		0.010	0.582	0.319
物质资本	－0.049	0.109	0.188**	1	0.023	－0.107
	0.787	0.194	0.010		0.786	0.197
社会资本	－0.080	0.196*	0.038	0.023	1	－0.052
	0.627	0.013	0.582	0.786		0.560
信息资本	－0.343*	－0.226**	0.078	－0.107	－0.052	1
	0.033	0.010	0.319	0.197	0.560	

注：* 表示显著性水平为0.05%；** 表示显著性水平为0.01%。

（三）回归分析

多分类 Logistic 回归分析是一种成熟的统计分析方法，在许多学科领域的研究中都有较为广泛的应用。用 Y 表示多分类响应变量，X 表示一个解释变量群，对于有 $j=1, 2, \cdots, J$ 类的非序次反应变量，多分类 Logit 模型可以通过以下 Logit 形式描述：

$$HL = \sum_{g=1}^{G} \frac{(y_g - n_g\hat{p}_g)}{n_g\hat{p}_g(1-\hat{p}_g)}$$

模型估计完成以后，需要评价模型如何有效地描述反应变量及模型配准观测数据的程度。拟合优度的检验指标有皮尔逊 χ^2、偏差 D 和 Hosmer - Lemeshow 指标（HL）等。当自变量数量增加时，尤其是连续自变量纳入模型之后，皮尔逊 χ^2、偏差 D 不再适用于估价拟合优度。在应用包括连续自变量的 Logistic 回归模型时，HL 是广为接受的拟合优度指标。因此，本书用 HL 指标来进行模型拟合优度的检验。当 HL 指标统计显著，表示模型拟合不好；相反，当 HL 指标统计不显著，表示模型拟合好。近似于皮尔逊 χ^2统计量的指标。

因变量 Y：本书以新疆牧区哈萨克族牧民所采用的生计策略为因变量，即资源导向策略、资本导向策略、劳动力导向策略和多样策略。其中由于资本导向型的样本量太小，不符合统计分析的要求，所以把资本导向策略归纳到资源导向策略。即因变量为三值反应变量，并将资本导向策略设为参照类。

自变量 X：新疆牧区哈萨克族牧民所拥有的六大类生计资本存量数，即自然资本、物质资本、金融资本、人力资本（整体劳动力、受教育程度）、社会资本和信息资本，其数值采用生计资本评估的结果，都为连续性变量。

本书利用 SPSS 7.0 统计软件的 Logistic 函数来完成分析。包括回归系数、回归系数估计的标准差、回归系数估计的 Wald χ^2统计量和回归系数估计的显著性水平，正回归系数值表示解释变量每增加一个单位值时发生比会相应增加，反之，当回归系数为负值时说明增加一个单位值时发生比会相应减少。经模型拟合优度检验，HL 指标为 $R=0.729$，$P=0.5143$，统计检验不显著，该模型拟合度良好。对模型中是否所有自变量偏回归系数全为0，进行似然比检验，$F<0.001$，表明至少有一个自变量的偏回归系数不为0，说明自变量提供的信息对反应变量有显著的解释能力，模型有效。

资源导向策略取决于家庭对某一自然资源的大量占有，如畜牧型家庭采用该策略，与他们拥有大量草地资源和较大家庭规模，有较多劳动力有关，因而畜牧型家庭往往是扩大家庭，父子、祖孙一起放牧。该策略在人口增长而草场不增长的牧区对草地造成过大压力，导致草场退化。

由表4-38可知，对于资源导向型家庭，自然资本权重大，达0.746。自然资源作为导向，这些家庭有很多草场，与现实完全符合。从结果可以看出，自然资本的增加能显著提高资源导向策略（$B=0.746$，$Sig=0.046$），即自然资本多的牧户采用资源导向策略的概率较高。

劳动力导向策略是通过投入大量劳动力从事某一特定生产活动的策略。如种植型家庭需要在有限的耕地上投入大量劳动力才能获得足以维持生计的产出；采集活动收入也取决于投入采集物品的劳动力的多少以及这种采集活动是否成功，该活动是一种竞争性生计活动，对于蘑菇、贝母、雪莲等的分布信息，采集从业者是不会与家庭以外的人分享的。

对于劳动力导向策略，物质资本、自然资本、信息资本、金融资本的增加能显著提高劳动力导向策略（$B=0.271$，$Sig=0.043$）（$B=1.318$，$Sig=0.019$）（$B=0.041$，$Sig=0.032$）（$B=0.215$，$Sig=0.044$）的使用概率，即物质资本、自然资本、信息资本、金融资本存量与采用劳动力导向策略的概率成正向反应，金融资本的存量有利于大量劳动力的雇用。整体劳动力（即劳动力数量）的增加能显著提高劳动力导向策略（$B=0$）的使用概率。

多样型家庭的收入来源多元化，不但生产活动的范围扩展了，而且各种收入来源相对均衡，像其他类型家庭一样，他们饲养牲畜、经营种植业、打工、经商、跑运输、在机关事业单位供职，生计风险分散。相对于资源导向策略，自然资本的提高能显著提高多样策略（$B=0.074$，$Sig=0.013$）的使用概率，即自然资本水平高的牧户采用多样策略的概率较高；总地来看，自然资本的增加与资源导向、劳动力导向、多样化导向的策略的概率呈正相关。

物质资本和金融资本在资源导向策略上差异不显著，因为这两个因素的显著性检验值分别为 0.171 和 0.167，均大于 0.05，不能通过显著性检验。资源导向策略需要有大量草地资源和较大家庭规模。根据调查，新疆哈萨克牧户家庭规模较大，但草地资源人均 204.90 亩/人，牲畜拥有量也不高，物质资本存量较低。牧民金融存量不高，物质资本和金融资本都不高，因此在资源导向策略上差异不显著。

社会资本和教育水平在劳动力导向策略上差异不显著，因为这两个因素的显著性检验值分别为 0.057 和 0.053，均大于 0.05，不能通过显著性检验。劳动力导向策略需要大量劳动力，调查显示，新疆牧户有劳动力的成年男性占 25.25%，有高中以上教育水平的牧民只占 23.42%，劳动力导向策略中，物质资本、自然资本、信息资本、金融资本的增加能显著提高劳动力导向策略。而成年男性劳动力占比不高，牧民教育水平普遍不高，使人力资本在劳动力导向策略上差异不显著，据调查，哈萨克牧民的参政意识不强，社会参与意识不高、自发性组织参与程度低，因此社会资本在劳动力导向策略上差异不显著。

信息资本和教育水平在多样策略上差异不显著，因为这两个因素的显著性检验值分别为 0.139 和 0.143，均大于 0.05，不能通过显著性检验。多样策略收入多样化、信息需求多样，教育水平要求高，但调查显示，哈萨克牧民信息资本存量低、人力资本存量低，因此信息资本和教育水平在多样策略上差异不显著。

由上可知，低下的人力资本和匮乏的金融资本状况，成为牧民认可的并期望作为未来生计策略调整方向的资本导向策略和多样策略实现所存在的两大障碍，使得大多数家庭不得不依靠自然资本（如草地）进行牲畜养殖或者从事种植，由此这两种活动在人口数量增加的情况下，会对草原形成很大压力，加剧草场退化，进而使该区域陷入生态退化和生计衰微的双重危机境遇。

表 4-38 参数估计

生计策略①		B	标准误	Wald	df	显著水平	Exp (B)	Exp (B) 的置信区间 (95%) 下限	上限
资源导向型	截距	2.475	0.810	9.334	1	0.002			
	物质资本	0.179	0.994	0.032	1	0.857	1.196	0.171	8.389
	社会资本	-0.050	0.875	0.003	1	0.954	0.951	0.171	5.288
	自然资本	0.746	1.951	0.146	1	0.702	2.109	0.046	96.530
	信息资本	-0.051	0.985	0.003	1	0.959	0.951	0.138	6.553
	金融资本	0.099	0.963	0.011	1	0.918	1.104	0.167	7.293
	教育水平	-0.038	0.898	0.002	1	0.966	0.963	0.166	5.600
	整体劳动力	0②	—	—	0	—	—	—	—
劳动力导向型	截距	-0.933	1.464	0.406	1	0.524			
	物质资本	0.271	1.748	0.024	1	0.877	1.311	0.043	40.300
	社会资本	0.210	1.567	0.018	1	0.893	1.234	0.057	26.590
	自然资本	1.318	2.69	0.240	1	0.624	3.735	0.019	727.800
	信息资本	0.041	1.771	0.001	1	0.981	1.042	0.032	33.530
	金融资本	0.215	1.707	0.016	1	0.900	1.240	0.044	35.200
	教育水平	0.213	1.603	0.018	1	0.894	1.237	0.053	28.610
	整体劳动力	0③	—	—	0	—	—	—	—
多样导向型	截距	0.813	0.935	0.757	1	0.384			
	物质资本	0.181	1.139	0.025	1	0.873	1.199	0.129	11.180
	社会资本	0.071	1.008	0.005	1	0.944	1.074	0.149	7.747
	自然资本	0.074	2.269	0.001	1	0.974	1.077	0.013	92.020
	信息资本	0.231	1.124	0.042	1	0.837	1.260	0.139	11.410
	金融资本	-0.045	1.115	0.002	1	0.968	0.956	0.108	8.504
	教育水平	0.081	1.034	0.006	1	0.938	1.084	0.143	8.227
	整体劳动力	0④	—	—	0	—	—	—	—

注：①参考类别是资本导向型。

②③④因为此参数冗余，所以将其设为零。

—表示缺省处理。

三、本章小结

本章分两部分，第一部分分析了牧民的生计资本。对牧民的人力资本、物质资本、金融资本、社会资本、自然资本、信息资本按照二级指标进行测量；能从事劳动的成年男性占总人口的25.25%，男性在家庭中占主导地位；承包到户30余年，牧民原生家庭基本产生了两代新户，分户分草场，草场面积越分越少，加上气候干旱、过度使用等原因影响，草场退化严重，新疆牧民的自然资本处于低水平状况；从牧民现有房屋、草场、生活用品来看，物质资本也不丰富；绝大多数牧民资金来源为银行和信用社信贷，部分来源于亲戚或朋友、高利贷，有两成牧户收到过捐款、捐物，说明牧民的金融资本存量不高；七成村落没有牧民合作组织，参加这些组织的牧民家庭只占10%，参加的合作组织类型多，新疆牧区整体社会的信任程度较好，说明牧民的社会资本存量高于其他生计资本。借鉴他人的研究成果，结合已有研究成果和新疆牧区实际，本书设计了适合于新疆牧区的测量牧户生计资本的问卷、测量指标、指标量化数值以及指标设定公式；在对六类生计资本的指标进行量化后，根据每类生计资本中各个指标的权重，最终可以计算出家庭各类生计资本的数值并归纳分析，形成指标体系；通过对指标体系的运算，可得出新疆哈萨克族牧区生计资本评价和牧民可持续生计资本统计分析，并通过雷达图的形式直观反映出新疆哈萨克族牧区生计资本的构成情况。新疆各牧区牧民的生计资本构成情况比较一致，除了昌吉州外，没有特别显著的差异，总体表现为社会资本存量较高，其后依次是人力资本、金融资本、信息资本、物质资本、自然资本，而昌吉州自然资本最高，其次是社会资本。新疆哈萨克族牧区牧民的六种生计资本，除了社会资本外，其他生计资本都较低，社会资本高主要因为哈萨克族是一个血缘共同体。

第二部分分析了牧民生计资本与生计策略之间的关系。先定性分析了生计资本与生计策略之间的关系，然后通过相关和回归分析定量分析了生计资本与生计策略之间的关系。自然资本和人力资本是选择资源导向型生产活动的基础，金融资本是选择资本导向型生产活动的基础，以上三种资本结合会形成多样策略，实现了家庭生产活动和收入来源的多样化。缺乏以上三种资本就会选择“劳动力导向型”的种植活动和采集活动。生计资本对生计策略有决定性的影响。通过回归分析可看出自然资本与物质资本之间存在的影响关系，物质资本各要素之间还存在一定的影响关系。

第五章 制约草场流转牧民生计可持续发展的问题及因素

一、制度层面制约草场流转牧民生计可持续发展的问题及因素

（一）维持牧民生计可持续发展的草场流转制衡机制缺失

1. 草场流转中主体行为不规范

草场流转三大行为主体为县政府、乡政府、村级政府。草原所有权证书和使用权证书都是由县级政府登记造册和核发的。虽然《中华人民共和国草原法》和《中华人民共和国农村土地承包法》都明确规定了政府有权在承包期内维护承包方的土地承包经营权[①]，不得解除或非法变更承包合同，集体经济组织无权单方面解除合同或改变承包合同；同时还规定承包地被依法征用、占用的，有权依法获得相应的补偿。但有些村干部依然侵占其他牧民的草原或任意将牧民草原收回转租给他人，损害牧民的利益。学者盖志毅、姚洋曾指出，所谓农村集体所有，在许多地方实际上就是村干部所有，什么土地管理制度，什么政策法律法规，在村干部眼里都是他说了算。[②] 盖志毅指出制度缺失的表现是各利益主体不从社会角度来考虑成本利用的合理性及其效率状况，而是从本利益主体的成本—收益最大化角度进行经济活动，导致

① 《中华人民共和国农村土地承包法》第九条规定：“国家保护集体土地所有者的合法权益，保护承包方的土地承包经营权，任何组织和个人不得侵犯。”

② 盖志毅，姚洋．牧区不同利益主体矛盾与草原生态系统可持续发展［J］．实践（思想理论版），2008（2）．

产生巨大的社会总量成本和代价，进而在获得更多不法收入的源泉前提下的“寻租”，实质是对普通牧民利益的掠夺，不同物质利益主体的博弈会造成对草原生态系统的极大破坏。①

2. 草场流转行为主体越位

《昌吉回族自治州草原承包经营权流转办法（试行）》第十五条规定：“合理利用和保护草原，不得改变草原用途，可以按照有偿和自愿原则依法转让草原承包经营权。任何组织和个人不得强迫或者阻碍当事人依法进行草原流转。”② “未实行确权的草原不得流转。”③ 但在实际操作中，乡镇、村委会的机动草场这些未确权的草场，流转主体部门将其流转出去，流转费用被乡镇、村委会领导以三七、四六、五五开（乡镇、村委会三成、四成、七成，乡镇、村委会对应七成、六成、五成）私分。承包方被鼓励流转的应当属于“因其他原因不能正常使用承包草原的、牲畜较少或者无牲畜的、丧失畜牧业生产劳动能力或者已不从事畜牧业生产的、自己不在当地经常居住的”。④ 但实际上不符合以上五个方面条件的牧户也将草场流转了出去。

《中华人民共和国草原法》第十五条规定：“草原承包经营权转让的受让方必须具有从事畜牧业生产的能力，并应当履行保护、建设和按照承包合同约定的用途合理利用草原的义务。”“承包方与受让方在转让合同中约定的转让期限，不得超过原承包合同剩余的期限。”但实际流转受让方非牧户，“必须具备畜牧业生产的能力”无法考量，无法落到实处，乡镇、村委会也没有进行严格监管，受让方在保护、建设和按照承包合同约定的用途合理利用草原的义务基本落不到实处，只利用而疏于保护建设，也导致

① 杨理，侯向阳．完善北方草原家庭承包制与天然草地可持续管理［J］．科技导报，2007(9)：29－32.

② 昌吉州人民政府．昌吉回族自治州草原承包经营权流转办法（试行）［Z］．［2010－05－01］．www.mlx.gov.cn.

③ 昌吉州人民政府．昌吉回族自治州草原承包经营权流转办法（试行）［Z］．［2010－05－01］．www.mlx.gov.cn.

④ 昌吉州人民政府．昌吉回族自治州草原承包经营权流转办法（试行）［Z］．［2010－05－01］．www.mlx.gov.cn.

草场普遍退化。

（二）维持牧民生计可持续发展的草场流转机制监管体系薄弱

1. 政府对矿产开发企业资源开发破坏草原及周边环境监管不力①

矿产开发是企业征占（使用权长期和临时性转让）牧民的草场进行的开发。目前有的地方在矿产资源开发中不同程度地存在着急功近利、低水平重复、盲目无序、一哄而上等问题，不但严重浪费了宝贵的自然资源，而且引发了一系列生态环境问题，牧民意见多，潜在的风险大。特别是露天煤矿的开发，对生态环境影响尤为明显，使本来十分敏感、脆弱的生态环境形势更加严峻，如伊犁河谷某县。

植被和生态环境受到影响。如矿区及周围草原植被破坏了，草原的固碳（或碳库）功能大大降低；有些矿山剥离的表层土没有分层分区堆放，堆土场没有表层土覆盖，对矿山采掘迹地复垦和植被恢复带来极大困难；有的堆土场土质疏松，有的没做边坡沙障固定处理，有的堆土场没有植被保护等，极易造成水土流失和风力侵蚀，形成新的沙尘源，如塔城地区某县。

区域大气、土壤、水源等质量下降。有的矿区作业路面洒水降尘不到位，矿区上空尘土飞扬，再加上发电产生的大量粉煤灰、二氧化碳、二氧化硫，以及矿区大动力作业设备、车辆排放的尾气，对空气质量造成负面影响；矿产中含有的钙、镁、钾、钠等可溶性盐分溶解于地表、水中，极易形成次生盐碱化，一些酸性、磁性、重金属、放射性物质也对地表水、土壤和大气造成污染。

草原自然景观和地质结构被改变。有的矿山采掘区和堆土区不但占用了大量土地，破坏了大面积的草场和植被，而且不断形成堆积上亿到几亿立方米的土山和上百米深的矿坑，使地貌及地质结构发生了很大变化，有可能诱发泥石流、塌方、滑坡等地质灾害，如伊犁河谷某县工业园区。

部分地区重开发、轻监管，重发展、轻环保。有的地方已经进入煤、油、

---

① 内蒙古生态文明建设和黄河文化经济促进会，牧区矿产资源开发和生态环境保护调研组．关于牧区矿产资源开发和生态环境保护情况的调查报告［EB/OL］．［2010－03－26］．http：//blog.sina.com.cn/s/blog_5f150d030100h5xa.html.

气、有色金属等全面推进、地上地下立体开发的阶段，当地经济社会发展最重要的任务是矿产资源开发。但矿产资源管理与环境保护监管工作的法规、政策、机构队伍及工作条件、手段等与繁重的任务极不对称；部分矿山企业对资源、环境保护缺乏自我约束机制，有的甚至拒绝政府有关部门的监管；地方政府片面追求GDP，少数企业急功近利、追求超额利润等，造成矿山开发中资源利用和环境保护被大打折扣，监督管理很不得力甚至缺失。

牧区矿产资源开发是一柄“双刃剑”。在促进当地经济社会的快速发展的同时，如果违背了自然规律、经济规律，政府没有肩负起对草原生态环境保护、资源永续利用的有效监管，就会对经济社会可持续发展造成严重危害。

《中华人民共和国草原法》第三十八条、第四十条、第四十一条规定长期、临时征占草原，在草原修建工程都需要经过省级以上、县级以上政府草原行政主管部门审核，临时征占的草原完工后还要修复。[①] 按《草原征占用审核审批管理办法》（农业部令第58号）第九条规定，符合国家产业政策，符合草原保护建设利用规划，对牧民生活、畜牧业生产和生态环境保护没有重大不利影响，在征得草原使用者的同意，承包者出具材料齐全真实的草原植被恢复方案后，建设项目才能予以批准[②]，但如伊犁河谷、塔城地区和阿勒泰地区部分县出现的草场征占引发的生态退化问题与政府各级主管部门的监管不力甚至缺失有着密切的关系。

---

① 《中华人民共和国草原法》第三十八条规定：“确需征收、征用或者使用草原的，必须经省级以上人民政府草原行政主管部门审核同意，依照有关土地管理的法律、行政法规办理建设用地审批手续。”第四十条规定：“需要临时占用草原的，应当经县级以上地方人民政府草原行政主管部门审核同意。临时占用草原的期限不得超过二年，并不得在临时占用的草原上修建永久性建筑物、构筑物；占用期满，用地单位必须恢复草原植被并及时退还。”第四十一条规定：“在草原上修建直接为草原保护和畜牧业生产服务的工程设施，需要使用草原的，由县级以上人民政府草原行政主管部门批准；修筑其他工程，需要将草原转为非畜牧业生产用地的，必须依法办理建设用地审批手续。”

② 按《草原征占用审核审批管理办法》（农业部令第58号）第九条规定，符合以下条件的建设项目应予批准：（一）符合国家的产业政策，国家明令禁止的项目不得征占用草原；（二）符合所在地县级草原保护建设利用规划，有明确的使用面积或临时占用期限；（三）对所在地生态环境、畜牧业生产和农牧民生活不会产生重大不利影响；（四）征占用草原应当征得草原所有者或使用者的同意；征占用已承包经营草原的，还应当与草原承包经营者达成协议；（五）临时征占草原的，应当具有恢复草原植被的方案；（六）申请材料齐全、真实；（七）法律、法规规定的其他条件。

一些地方超越审批权限或违反法定程序非法批准征占用草原的事屡有发生。个别地方还随意改变牧民的承包经营权，强迫牧民流转草场，这表现出牧民草场使用权转让过程中政府的越位。

《中华人民共和国草原法》第三十九条规定，国务院草原行政主管部门会同价格主管部门和财政部门一起制定草原植被恢复费的征收、使用和管理办法。① 许多信访案件，包括到北京上访的案件都与草场征占没有得到补偿，或补偿没有按照草场等级而是降等降级进行补偿，或草场植被恢复专项经费被截留、挪用有关。这与政府监管失职有关。

2. 政府对草场非法开垦监管薄弱

一些地方干部对草原保护的重要性和草原破坏的严重性认识不足，为了局部利益和眼前利益，不惜以牺牲草原生态环境为代价，大面积开垦和占用草原。新疆牧区许多地方出现草场开垦种粮或被承包人、受让人非法开垦的现象。在调查中发现，原来的草场一经开垦，土质就会变得十分疏松，进而会造成严重沙化，同时草被涵养水分的功能就没有了，带来的是水土流失无法弥补的后果。举例说明，笔者在伊犁河谷地区出生并生活了 40 年，前 30 年河谷从未出现过扬沙或者沙尘暴等恶劣气候现象，近十年来每年都会有几次非常严重的扬沙或者沙尘暴天气过程。笔者在尼勒克县、巩留县、特克斯县、裕民县、额敏县、乌苏市等地调研时发现靠近公路两旁大片草原被开垦为农田。牧民除自己开垦草场外，还将部分转包给外来人开垦耕种。随着当地开垦草原种地小气候的形成，一些乡镇干部也纷纷加入开垦草场的不法活动中来，在一波又一波草场开垦的浪潮中充当了“推手”。调查时牧民反映，全乡镇机动草场一直在向外转包，但集体收入却不知去向，租包者一夜之间就会把好好的草场开垦为耕地，如果浇不上水，只能靠天吃饭，雨水好的年份收一把，不好的年景只能抛荒任其沙化。乡镇干部参

---

① 《中华人民共和国草原法》第三十九条规定：“因建设征收、征用集体所有的草原的，应当依照《中华人民共和国土地管理法》的规定给予补偿；因建设使用国家所有的草原的，应当依照国务院有关规定对草原承包经营者给予补偿。因建设征收、征用或者使用草原的，应当交纳草原植被恢复费。草原植被恢复费专款专用，由草原行政主管部门按照规定用于恢复草原植被，任何单位和个人不得截留、挪用。草原植被恢复费的征收、使用和管理办法，由国务院价格主管部门和国务院财政部门会同国务院草原行政主管部门制定。”

与开垦草场，甚至允许外地人开垦本地草场，当地牧民开垦草场也就变得理直气壮了。乡镇干部自己理亏，也不敢轻易过问牧民开垦草原的问题。久而久之，这种侵占草场、破坏生态系统的非法活动造成了环境的日益恶化和生态的不可逆化。

尽管《中华人民共和国草原法》第四十六条①、第六十六条②、第三百四十二条以及全国人民代表大会常务委员会关于《中华人民共和国刑法》第三百四十二条的解释③都规定禁止开垦草原，非法开垦草原构成犯罪的要追究刑事责任，不够追究刑事责任的要罚款、赔偿等，但并未有效减少非法开垦草场的违法犯罪事件发生，非法开垦草场仍屡屡发生，愈演愈烈。

2005 年伊犁州直各县（市）草原监理所共受理违法开垦草场案件 13 起，面积 1703 亩，结案 7 起。其中，尼勒克县立案 5 起，开垦草原面积 163 亩；霍城县立案 6 起，开垦草原面积 1030 亩，伊宁市立案 2 起，开垦草原面积 510 亩。“伊犁州草原监理总站受理案件 17 起，其中开垦草原案件 7 起，面积 1593 亩。”④

2006 年 3 月 8 日霍城县三宫乡上三宫村三组农民 40 多人集体到三宫乡倒须沟水库西边围栏草场抢占牧民草场进行非法开垦。截至 3 月 12 日，经霍城县草原监理所工作人员现场勘察、丈量非法开垦草场的面积已达到 561 亩，被开垦的三宫乡倒须沟水库西边围栏草场是三宫乡 10 户牧民的草场，已发放草场使用证。“近年非法开垦草场的事件频繁发生得不到有效的治理，霍城县草场被开垦的数量已经达到了 7 万多亩，而且其他县开垦草原的现象时有

---

① 《中华人民共和国草原法》第四十六条规定：“禁止开垦草原。对水土流失严重、有沙化趋势、需要改善生态环境的已垦草原，应当有计划、有步骤地退耕还草；已造成沙化、盐碱化、石漠化的，应当限期治理。”

② 《中华人民共和国草原法》第六十六条规定：“非法开垦草原，构成犯罪的，依法追究刑事责任；尚不够刑事处罚的，由县级以上人民政府草原行政主管部门依据职权责令停止违法行为，限期恢复植被，没收非法财物和违法所得，并处违法所得一倍以上五倍以下的罚款；没有违法所得的，并处五万元以下的罚款；给草原所有者或者使用者造成损失的，依法承担赔偿责任。”

③ 《全国人民代表大会常务委员会关于〈中华人民共和国刑法〉第二百二十八条、第三百四十二条、第四百一十条解释》规定：“刑法第二百二十八条、第三百四十二条、第四百一十条规定的‘违反土地管理法规’，是指违反土地管理法、森林法、草原法等法律以及有关行政法规中关于土地管理的规定。”

④ 费杰，范守民．伊犁州严格受理违法开垦草场案［EB/OL］．［2005 - 11 - 02］．新华网．

发生。”①

“察布查尔锡伯自治县亚森江·买买提和库尔班江·买买提于2008年至2011年未经相关部门批准非法开垦草场达3154.7亩，为了规避县国有土地清查工作组的检查，2011年9月30日亚森江·买买提买通该地使用权者，伪造1600亩地的承包合同。”② 亚森江·买买提和库尔班江·买买提非法占用、开垦草场达3154亩，犯罪情节严重，却仅处以有期徒刑1年6个月，缓刑2年执行。③ 这种处罚力度难以有效阻止草场被垦的恶性事件再度发生。

2012年9月，马某与赵某共同承包位于霍城县果子沟牧场的300亩旱田。二人在未办理任何审批手续的情况下，私自将所承包的300亩旱田向四周扩大，新增开垦草场面积约93亩。④ “2013年3月底，在未取得开垦草场的合法手续下，二人在承包的300亩地和新开垦的93亩地上种植红花，以此牟利。”⑤

霍城县可利用草场的总面积为458万亩，2012年被开垦草场达5万余亩。⑥ 昭苏县2015年察汗乌苏乡查出非法开垦草场面积1.016万亩，全年恢复非法开垦草场8639亩。⑦ “乌鲁木齐市畜牧水产草原站站长说，乌鲁木齐市的草原非法征占及人为破坏严重，截至2015年5月，乌鲁木齐市草原违法案件69起，其中37起是非法征占”⑧；昭苏78团、76团、77团，裕民县境内161团、165团、167团、168团，尼勒克、巩留、霍城、裕民、额敏、乌苏等县市境内非法开垦草原的案例都不同程度地存在，尤其兵团征占开垦相

① 马耀林．霍城：非法开垦草场　4人被刑事拘留案［EB/OL］．［2006-03-23］．新华网．

② 韩江涛．非法开垦草原俩案犯入狱［N］．伊犁晚报，2012-09-10．

③ 韩江涛．非法开垦草原俩案犯入狱［N］．伊犁晚报，2012-09-10．

④ 缪彦彬，任斐．新疆霍城公安破获一起非法开垦草场占用农地案［EB/OL］．［2013-05-30］．天山网．

⑤ 缪彦彬，任斐．新疆霍城公安破获一起非法开垦草场占用农地案［EB/OL］．［2013-05-30］．天山网．

⑥ 文化体育广播影视局．霍城县召开严厉打击非法开垦草场专项整治会［EB/OL］．［2012-05-17］．伊犁党建网．

⑦ 任鑫．强化法制宣传　扎实推进非法开垦草场清查［EB/OL］．［2015-12-17］．http：//www.xinjiangnet.com.cn/2015/1217/1503442.shtml．

⑧ 宋建华．过度放牧、非法征占、盗挖植物　乌市9成草原不同程度退化［EB/OL］．［2015-05-24］．新疆网，http：//www.xinjiangnet.com.cn/2015/0524/1403455.ahtml．

邻乡镇、村队牧民草场的纠纷较多。新疆牧区草甸草地占23.61%，沼泽草地占0.46%，草原草地占29%，荒漠半荒漠草地占46.93%。[①] 从这个数据中我们知道新疆优质草原面积原本就不多，各地蚕食侵吞的大多是优质草场而非荒漠化草场，新疆的优质草场面积逐年减少，大大压缩了牧民的生存空间。

政府制定的草畜平衡社会工程初衷是保护草原生态环境，但给牧民增收带来直接影响，尤其是给牧区中低收入家庭增收带来了更大的困难。实行草畜平衡，牧民养畜数量严格地受所承包草场面积限制，政府要求禁牧舍饲，这期间需要建棚圈、种饲草料、搞畜种改良，投入较大，无形中加大了牧民负担。通过草畜平衡社会工程，目前牧区突出表现为“两高两低”的社会现象，即生产成本高、生活成本高，经济收入低、生活质量低。在新疆草原牧区，政府在推动草畜平衡社会工程的同时，国家惠农力量不断加大，种地变得更加有利可图，将部分草场变成耕地成了多数牧民和同在这一区域其他农耕民族的关注点，这就是政策增加收入的现实选择。开垦草场在新疆牧区成了最有利可图的营生。开垦草原使地表植被、草原生态系统和原有土壤结构遭到破坏，使区域内生态环境日益恶化。不顾草原生态安全，以种种方式开垦草原，换来的只是眼前的局部利益，付出的却是无法弥补的生态恶化的昂贵代价。

为贯彻宽严相济的刑事政策，国家加大了屡犯不改占用草原行为的惩治力度，规定了非法占用草原受过行政处罚、3年内又非法占用草原，数量在10亩以上的，即可定罪。对国家机关“情节严重”“致使国家或者集体利益遭受特别重大损失”批征草原的公务人员非法批准征收、征用、占用草原的行为进行严惩。但在调研时，牧民及当地草原主管部门的工作人员反映，非法开垦草场上千亩的大户较少受到刑事处罚，非法批征的公务人员较少受到严惩。

草场开垦是一场生存与生态的较量，从长远来说，如果不从根本上加快制定既有利于草原生态保护又有利于草原地区牧民增收、得实惠的长效政策，草原地区可持续发展和生态环境就无从谈起。在搞土地开发投资活动中，一

---

① 新疆草原生态发展现状与牧民民生问题浅析［EB/OL］.［2012－10－17］. http：//www.docin.com/p－500413161.html.

定要了解和掌握相关法律规定，特别是禁止性规定，要在法律允许的范围内合法经营。如果有法不依、有令不行，或者监管力度不够，各地非法开垦草场的行为还会继续发生，这种牧区生态破坏将严重影响牧民生计。

3. 草场流转法制建设滞后

随着第二产业、第三产业的快速发展和城镇化步伐的加快，离开家乡进入城镇的牧民增多，草场流转增多。在前文分析中，表 2 –22 显示牧民草场流转时，样本中 80.2% 的牧民签订过合同，但只有 10.3% 的牧民填写过流转草场申请表，3.2% 的牧民签订过草畜平衡责任书，3.2% 的牧民到乡镇、村政府盖过章，3.2% 的牧民到草场监理所盖过章。可见草场流转尚处于自发阶段，缺乏有效引导和推动，缺乏市场机制。除了巩留、新源、福海、吉木乃、额敏、裕民等县部分乡镇草原主管部门对草场已经发生流转的户数、原因、类型、亩数、价格、程序能清楚地掌握外，多数都未认真监管，听之任之，任由发展，及至草场纠纷发生才介入，可见基层政府的草场流转管理多数被动消极，简单粗疏，人浮于事。这与新疆至今没有出台“新疆维吾尔自治区草场流转管理办法”有关，对草场流转的权利义务、流转原则、流转形式、流转程序、监督管理、法律责任无法做到依法监管。如合同是否按期报备，未承包草场违规流转、未经批准或者发包方同意擅自流转，违规再次转包、不履行保护建设义务导致草原等级下降、非法开垦等违规违法行为都难以监管。

因为无法可依，新疆牧区各县及县级以上畜牧行政主管部门对草场承包经营活动没有完整的管理体系，工作也处于非正规化，不能定期组织对发生流转草原的等级和载畜量的测定，督促当事人进行草原保护和建设等工作①，原因是草原监督管理经费严重不足，交通、通信等基础设施建设未能顺利进行。个别地方政府组织监管活动也见诸报端，但长效机制并未形成。

（三）维持牧民生计可持续发展的草场流转权益保护机制缺乏

1. 牧民草场承包经营权保护机制缺失

草场纠纷的根源就在于草原产权不清。草原承包政策在具体执行过程中

① 参见《中华人民共和国草原法》第三十条、第三十三条。

存在草原界限不明晰、地域边界不明晰、草原属性不明晰等问题，都与草场承包到户不彻底有关。“产权既是个法律概念，也是一个经济概念。在用法律保护产权的同时，也需要考虑成本问题，需要考虑如何使用最低成本保护自己的产权。如果保护产权的成本过大，即使拥有法律上的产权也没有了经济利益上的意义。草原不能被依法承包到牧户，牧民保护自己的经营权的成本加大，加上牧民群体在文化知识技能等多方面处于市场竞争中的弱势地位，一旦失去赖以生存的生产生活资料——草场，牧民的生存安全就会直接受到威胁。”①

草场使用权和收益权得不到保障，导致一些个人和单位无视国家有关法律法规，无视他人对草场的使用权，不经过任何手续，也不到草场监理机构和畜牧行政主管部门办理合法手续，就擅自签订非法合同，强迫牧民流转草牧场，损害国家和牧民利益，在草场兴建工厂或者旅游点，随意改变农牧民的承包经营权，在草场上新建建筑物甚至使牧民流离失所，生活难以维持。②法律效力不足，导致草场纠纷增多，草场保护建设责任不明，租用草场的短期行为严重；导致租用他人草场进行农业开发或旅游开发，改变草场用途的案例增多；导致未经过草场管理机关审查，违法协议、无效协议、严重损害牧民利益的协议增多；草场使用权转移后，草场监管、保护工作无法及时跟进导致未经过草场管理机关办理手续的案例增多。

牧民对于自己承包经营的草场处分权得不到很好的保障会导致草场被侵害，草场流转中的侵权行为时有发生。草场流转过程中的不规范行为，包括随意改变草场承包关系，县、乡、村政府借草场流转之名寻租，强行将牧民的承包草场长时间、大面积转租给企业经营，随意改变草场用途，等等。虽然《中华人民共和国农村土地承包法》第十六条规定，承包地被依法征占用的有权依法获得补偿，但在实际生活中，牧民承包权被非法变更且得不到土地转让补偿的多有发生，除了制度因素外，与牧民法律意识不强、维护自身合法权利的外部条件缺失有关。一方面，政府不主动作为；另一方面，牧民

① 张引弟. 牧区草场承包经营权流转问题研究［D］. 呼和浩特：内蒙古大学，2009：30.
② 张引弟. 牧区草场承包经营权流转问题研究［D］. 呼和浩特：内蒙古大学，2009：30.

的产权保护意识薄弱，导致在草场纠纷中，利益受损了的牧民却往往处于解决方案的劣势地位。

2. 牧民草场纠纷解决与协调机制缺乏

随着畜牧业发展和因资源开发、过度放牧所造成的草场资源的退化，草畜平衡被打破，牧民生计发展和草场承载能力的相对弱化，使牧民在发展牧业和将草场租赁出去获得直接经济收入之间陷入两难困境。在这样的环境下，草场资源成为牧区牧民争夺资源的焦点，以前那种谁的草场都能放牧的情况已不复存在。草场纠纷主要有三种。一是承包费纠纷。承包费原则上由当事人自行商议，但是因为合同不规范、不全面，发生承包费纠纷的情况屡见不鲜。二是承包期限纠纷。承包方将自己与受让方合同约定超过了剩余期限。这种做法必然遭遇合同纠纷。有的承包方与受让方之间签订的合同没有约定承包期限，若受让方一次性给付承包方全部草场承包费，后期未再支付费用，双方就会发生纠纷；草场休牧禁牧后，国家给予的补助款受益方是谁没有明确规定，导致双方发生纠纷。三是确权纠纷。新疆牧区草场产权确权工作正在进行，在确权过程中发现牧民与牧民之间存在最多的是界限纠纷，草场四至因为自然情况的原因和当时划分草场时的技术问题，很难界定。

承包费纠纷、承包期限纠纷、村与村间界限不明造成的纠纷、因草场资源划分不合理导致的村领导与牧民之间的纠纷、部分投资单位与牧民的纠纷、家庭内部因草场分配不公造成的纠纷，引发上访、诉讼、斗殴、恶性事件，许多纠纷历时数十载，悬而未解。这说明新疆牧区基层尚缺乏有效的牧民草场纠纷解决与协调机制，故而牧民之间由于利益和草场边界划分引发的冲突、落户时间不长的牧户与坐地户的冲突、草场出租方与租借方的冲突长时间不能妥善解决。这些纠纷和冲突影响到牧民的信贷、影响到基础建设的改造升级、影响到牧民收入，如何合理调剂流转主体草场的余缺，扶持草场较少牧户的发展，如何建立草场纠纷解决与协调机制对维护牧区社会稳定、增加牧户间的团结具有重要意义。

3. 集体草场流向决策缺乏牧民参与

牧民尚未形成组织化的意识，还没有形成规模化、集约化、科学化的现代畜牧业的思想理念。《中华人民共和国草原法》第十三条规定，集体所有草场流转要经过村（牧）民会议讨论，2/3 的代表同意才能生效。① 但调查中我们发现，一些地方的露天煤矿扩大生产，扩大牧民草场征占面积时并未经过牧民会议的同意，没有征得牧民的同意，乡镇政府机构为了寻租，越组代庖违规操作，在审批手续上签字盖章。开垦草场的一些租赁合同往往是在牧民不知情的情况下进行的“反租倒包”②，某些地方主管部门未经群众同意，将本地的草原出租给外来的人“开发”，实际上是以本地牧民的权利进行钱权交易。

将草原管理权变成一种额外收入来源，由“寻租”发展为“设租”，是对草原资源掠夺式开发的重要原因，无序开发虽可获得近利，但开发过程就可能遭到难以逆转的破坏损失；这种名为出租，实为出卖公共资源以谋求小集团利益的寻租行为的顺畅实现与牧民的低度参与密切相关。

二、政策层面制约草场流转牧民生计可持续发展的问题及因素

（一）国家惠牧政策覆盖面狭窄

1. 国家惠牧政策在牧区覆盖面相对狭窄

中华人民共和国成立以来，国家关于惠农、支农政策很多，特别是进入 21 世纪以来，连续 8 年中央一号文件都是关于农业问题的大政方针，然而从中央到地方至今尚未出台针对广大牧区、牧业和牧民建设人工草场和草料地的相关政策。好在国家已在生态环境政策的引导下开始重视大江大河水源涵养地的保护，针对改善牧民生产生活条件方面的补助政策也相应地开始增多。③

---

① 《中华人民共和国草原法》第十三条规定：“集体所有的草原或者依法确定给集体经济组织使用的国家所有的草原由本集体经济组织以外的单位或者个人承包经营的，必须经本集体经济组织成员的村（牧）民会议三分之二以上成员或者三分之二以上村（牧）民代表的同意，并报乡（镇）人民政府批准。”

② 所谓“反租倒包”，是指乡（镇）集体经济组织根据需要，以其名义租赁牧民承包的草原，将草原重新发包给养畜大户或企业组织。

③ 新疆“三牧”问题调研组．新疆“三牧”问题调查及扶持政策建议［J］．农村财政与财务，2011（9）．

2. 草原畜牧业生产补助资金相对缺位

游牧民族的生产生活习惯使得国家统一安排的各项目补贴、补助、资助等政策在地广人稀的广大牧区很难贯彻落实，广大牧民很难享受到各种良种补贴、补助政策和国家目前实施的标准化养殖小区建设等优惠政策。①

3. 定居兴牧社会工程缺乏系统性

牧民定居兴牧是国家在近几十年来重视牧区、牧业和牧民的具体表现。当前“定得下来、富得起来”是定居兴牧工程的总目标。牧区大型控制性水利枢纽工程建设使得牧民定居成为可能。但在具体操作环节仍有配套工程比较缺乏，如除住房外，还必须配套水电路、学校医院和信息网络建设，但据调查，目前牧民定居点大多配套不全、功能作用发挥不好，牧民定不下来，致富困难，成为制约牧民定居工程富有成效的主要瓶颈。②

4. 游牧社区公共服务体系构建相对滞后

牧区远离城市密集人口区，人类流行性疾病较少，但结核病、布鲁菌病、包虫病等人畜共患动物性疫病疫情较为严重，风湿、类风湿性心脏病、关节炎等疾病较为普遍。由于游牧社会的特殊性，疫病防治困难重重，很多牧民仍然延续传统的生活方式，对疫病预防不重视，政府的引导也很不到位，造成了游牧社区老百姓医疗卫生状况水平较差。在草原畜牧业发展中，大部分建设于20世纪80年代的基础设施如牲畜剪毛棚、药浴池、配种站等长期缺乏维修维护，有的已无法正常使用，有的已废弃不用，有的急需修复新建。随着现代畜牧业发展和草原畜产品需求量的不断扩大，支撑畜牧业发展的防灾减灾体系和社区管理工作还存在县、乡、村三级管理不协调、不配套、不到位的地方，如县、乡救灾物资中转储备站等配套工程建设不完善、草料更新差额补助及管护费落实不到位等问题。

5. 草场征占补偿标准较低

通过比较表2－4、表2－6和表2－7可知，农地征占补偿和草场征占补

① 新疆“三牧”问题调研组．新疆“三牧”问题调查及扶持政策建议［J］．农村财政与财务，2011（9）．

② 新疆“三牧”问题调研组．新疆“三牧”问题调查及扶持政策建议［J］．农村财政与财务，2011（9）．

偿差异很大。牧草地一等一类补偿 327.6 元/亩，一等二类补偿 262.08 元/亩，一等三类补偿 136 元/亩，一等四类补偿 80 元/亩；二等一类补偿 262.08 元/亩，二等二类补偿 148 元/亩，二等三类补偿 90 元/亩，二等四类补偿 69 元/亩；三等一类补偿 120 元/亩，三等二类补偿 88 元/亩，三等三类补偿 63 元/亩，三等四类补偿 50 元/亩。① 2010 年 10 月调整草原补偿费和安置补助费收费标准。草原补偿费标准为该草原被征用前三年平均年产值的 6～10 倍；安置补助费标准为该草场被征用前三年平均年产值的 4～6 倍，每公顷最高不超过被征用前三年平均年产值的 15 倍。② 总体而言，草场征占补偿不高。有人说牧民草场类型有四种，征占不会几种类型草场都被征占，还有其他类型的草场可供放牧，可草场类型本就是根据放牧的季节性需要划分的，春秋草场供春秋两季放牧，夏草场夏季放牧，冬草场冬季放牧。某一类型草场面积减少需要牧民减少牲畜养殖数量，牲畜是牧民的生产资料，减畜定减少收入；如果按原草场面积核定的载畜量饲养，不减少牲畜养殖数量势必导致超载过牧，草原退化。目前春秋草场被征占的比例最高，草场退化程度最高的也是春秋草场。随着草原牧区草场多元化的开发利用，哈萨克族牧民家庭结构也随着生产方式的改变而发生急剧变化，表现最为明显的就是从原来的牧业生产职能向城市的消费职能转向。如果要保护余下的草场，减轻退化趋势，就要减少牲畜数量，牧民的收入主要来源于牲畜数量，减少牲畜数量，牧民的收入会减少，草场征占补偿标准过低，获得的收入无法满足牧民家庭长时段的开销，草场保护和牧民增收就会出现两难困境。政府强调的禁牧休牧政策和草场被征占后的补贴都不能从根本上解决牧民的生存困境，如何从思想观念上引导牧民走现代化发展之路，除了提高畜牧业生产技能外，更多的是引导牧民加入现代化发展行列，增加就业能力，从根本上解决草原载畜量过大和过度放牧问题。

---

① 1999 年 1 月 1 日，自治区物价局、财政厅印发了《新疆维吾尔自治区关于草原监理费收费标准的通知》（新价非字〔1999〕3 号）。

② 自治区发改委、财政厅. 关于调整草原补偿费和安置补助费收费标准的通知（新发改收费〔2010〕2679 号）[Z]. 2010－10－21.

（二）流转政策与其他国家生态建设政策冲突

1. 限制性草场流转规定与草原生态建设产生冲突

在牧区，畜牧业产业化在要求最佳经济效益的同时也要求良好的生态效益。环境生产和物质生产相互依存，互为条件，相互作用，具体表现在物质资料生产首先必须具备物质资料再生产的前提条件和环境再生产的基础。草场流转、开垦草场和草场退化，会导致整个哈萨克族牧区社会结构和功能的失衡，对传统畜牧业造成很大影响，社会对畜产品需求的无限扩大所带来的第一影响就是对草原生产资料——草场的破坏，这个道理显而易见：草场还是那片草场，畜群成倍增加，植被无法得到休养生息，有的植物迅速灭绝，有的植物濒危，同时外来物种如狼毒草、食草花等草原有害物种的侵入都对草原生态环境造成了无可修复的破坏。产业化发展，如果不充分考虑到牧区、牧业和牧民的特殊性，用与农业区同样的模式来套用，最后的结果可想而知，一定会威胁到牧民的生存和发展。生态建设工程是国家可持续发展的基础，国家给牧区、牧业和牧民落实各项生态建设优惠政策及发放各类补贴资金，如在退牧还草工程中，由于禁牧和草畜平衡政策而发放补助等表面上看是帮助牧区、牧业和牧民摆脱困境的政府关怀，但从生态建设方面来看，只有尊重和适应环境需求才是最大的保护。

草场流转后，生态工程的补贴受益人变为承包人和受让方两种。如何受益生态补贴，有的地区对此作了规定，有的地方尚没有规定。在没有明确规定谁为受益人的地区，承包人和受让方也未明确协商，纠纷产生在所难免。

《中华人民共和国草原法》规定，如果在牧区不具备相应经济社会条件的情况下，草原投资主体的多样性和草原生态建设投资需要与限制性草场流转规定会产生冲突，这与草场流转受让方地域和身份的限制是矛盾的。[①] 牧民坚持内主外辅的草场流转原则，如果草场不能在本村实现流传，

---

① 《中华人民共和国草原法》第十三条规定："集体所有的草原或者依法确定给集体经济组织使用的国家所有的草原由本集体经济组织以外的单位或者个人承包经营的，必须经本集体经济组织成员的村（牧）民会议三分之二以上成员或者三分之二以上村（牧）民代表的同意，并报乡（镇）人民政府批准。"

可以在本乡镇范围内流转，基层政府和相关部门对草原管理不到位，不加限制地允许工商企业长时间、大面积占用草场从事种养业，以大资本排挤小牧户，致使草原退化、沙化和荒漠化的问题逐年严重，影响牧民的就业和增收。草原退化、沙化和荒漠化的问题逐年严重，建设与保护草场也刻不容缓，但草原生态建设投资数额大、时间不容延缓、投资效益见效慢、投资者直接经济效益低，既要满足生态效益又要满足社会效益，还要保证建设保护集中连片统一规划，那么如果限制草场流转受让方的地域和身份仅靠当地牧民承包草场修复生态，就会导致草场生态修复相当缓慢。因此，草原生态建设的投资需要多样性的投资主体，这与草场流转受让方地域和身份的限制是矛盾的。

2. 草原生态补偿机制亟待完善

草原在我国生态文明建设和经济社会发展大局中具有重要战略地位。我国草原生态补偿机制有两个方面的内容。① 2003 年国家启动退牧还草试点工程，采用国家、地方和牧民相结合的方式，以中央带动地方和个人。建设内容包括在项目区内实行禁牧，主要是围栏建设。国家给予退牧还草必要的草原围栏建设资金补助和饲料粮补助（见表 5－1)。② 轮牧不享受饲料粮补助。围栏建设和饲料粮补助标准根据草原类型与区域范围来确定。实行草畜平衡，影响了牧民收入的增加。虽然国家实施草原补奖政策，但补奖标准过低，没能确保牧民因减少牲畜饲养数量而减少收入，超载过牧现象依然很严重，也没有能真正落实草畜平衡，草畜矛盾依然很突出。

---

① 一是从 2003 年开始实施的退牧还草工程；二是从 2011 年开始实施的草原生态保护补助奖励机制。草原生态保护补助奖励机制是目前中国最重要的草原生态补偿机制，是中国继森林生态效益补偿机制建立之后，第二个基于生态要素的生态补偿机制，是中华人民共和国成立以来在我国草原牧区实施的投入规模最大、覆盖面最广、牧民受益最多的一项政策。草原生态保护的政策目标主要是遏制超载，具体的政策措施是禁牧和草畜平衡。国家限制超载的政策目标是希望通过实施草原生态补偿，达到草原生态保护和促进牧民增收相结合。参见：草原生态补偿政策待完善 避免“错误瞄准”[EB/OL]. [2015－12－04]. http://finance.sina.com.cn/roll/20151204/105923933074.shtml.

② 农业部草原监理中心．草原执法理论与实践 [M]．北京：中国农业出版社，2010：53.

表 5－1　2003—2010 年新疆退牧还草奖补情况

补助内容	补助形式	中央	地方	牧民
围栏建设	16.5 元/亩	70%（11.55 元/亩）	30%（4.95 元/亩）	
禁牧（全年）	饲料粮	11 斤[1]/亩	饲料粮补助资金实行挂账停息，中央按每斤 0.45 元对省级政府包干，运费由地方政府承担，纳入地方财政预算。在国家补助范围内，允许省级政府根据实际情况调整	
休牧（3 个月）	饲料粮	2.75 斤/亩		
轮牧	—	—	—	—

2007 年学界开始提出草原生态补偿机制。“十二五”期间新疆等 13 个省（自治区）及中央驻疆单位启动草原生态保护补助奖励机制的主要财政政策措施有四个方面：在草场严重退化、生态环境恶劣、竖立标志牌实行禁牧封育，不适合放牧的草原划定区域要设立护管站，对实施退牧还草、开展禁牧休牧的牧民加强技能培训和劳动力转移，同时给予必要的经济补偿。具体措施如下。

一是给予禁牧补助的措施。根据国家对退牧还草、开展禁牧休牧的牧民的补助标准：中央财政按照平均 6 元/（亩・年）的标准，对草场严重退化、生存环境非常恶劣、位于重要水源涵养区的草原，不宜放牧以及实行禁牧封育对禁牧休牧牧民给予相应补助。

二是根据国家规定实施草畜平衡工作奖励。国家对实施草畜平衡的牧民的补助标准：平均 1.5 元/（亩・年）确定草畜平衡范围，依照草原牲畜承载能力核定科学的载畜量，对未超载的牧民给予草畜平衡奖励。对禁牧区域以外的可利用草原实施草畜平衡。

三是开展牧草改良补贴。国家对实施草畜平衡的牧民的补助标准：实施人工种植牧草良种补贴，平均 10 元/（亩・年）的标准，这项举措主要是引导牧民科学养殖和充分利用草原生物供给能力，为鼓励牧区有条件的地方开展人工种草，增强饲草补充供应能力。

---

① 1 斤＝0.5 千克。

四是开展综合补贴牧民生产资料。中央财政按照平均每户补贴500元的标准对退牧还草、开展禁牧休牧的牧民进行补助，同时对牧民补贴生产生活资料。同时，中央财政每年对牧区进行绩效考核评价，并对开展禁牧休牧工作突出、退牧还草成效显著的地区给予绩效评价奖励。①

2011年6月16日，新疆启动草原生态环境保护补助奖励机制。在草原生态环境保护补助奖励机制中，实施休牧轮牧的牧民将获500元/年的生产资料综合补贴，实施草畜平衡的牧民将获1.5元/亩的奖励补助资金，实施禁牧的牧民将获得5.5元/亩的奖励补助资金，另外还有牧草良种补贴和牲畜良种补贴。国内科研院所和大学课题组在对牧区、牧业和牧民开展相关课题研究中发现：大牧户聘用牧工帮其放牧是草场租入的主体，草场面积是影响牧户是否超载和超载程度的重要因素，中小牧户是草原超载的主体；草场承包和围栏建设可能会带来草场的破碎化经营，但破碎化的程度需要综合考虑地区的草地资源禀赋和具体的草地分配政策，草地资源禀赋较差的地区更可能产生草场的破碎化经营。② 调查发现，国家在草畜平衡奖励、实施禁牧休牧轮牧方面存在严重损害群众利益和破坏生态环境的问题：比如，减畜和补偿的不对等问题（见表5-2）。

表5-2　减畜和补偿对比表

（单位:%）

减畜需要和减畜意愿	资金占比	减畜占比	备注
不需要减畜户	47.9	0	
需要减畜也愿意减畜户	5.5	1.2	预期能够实现的减畜比例仅为8.3%
需要减畜但只愿意部分减畜户	46.6	98.8	
合计	100.0	100.0	

资料来源：草原生态补偿政策待完善　避免“错误瞄准”［EB/OL］．［2015-12-04］．http：//finance.sina.com.cn/roll/20151204/105923933074.shtml.

① 草原生态补偿政策待完善　避免“错误瞄准”［EB/OL］．［2015-12-04］．http：//finance.sina.com.cn/roll/20151204/105923933074.shtml.

② 草原生态补偿政策待完善　避免“错误瞄准”［EB/OL］．［2015-12-04］．http：//finance.sina.com.cn/roll/20151204/105923933074.shtml.

草畜平衡奖励标准所存在的问题，是标准偏低和标准差别化的问题。为了超载主体能够实现有效减畜所做出的合理补偿，草畜平衡奖励标准需要用差别化的办法，但是现行无差别化的草畜平衡奖励标准产生了“错误瞄准”的问题，将超载程度纳入考虑因素，但其核心在于瞄准草原超载的主体。此外，考虑草场的生态属性和牧户的自愿性来选择禁牧草场的综合使用。在草原生态补偿实践中，要以草原生态保护为政策目标，以草原生态补偿为政策主体，完善配套政策措施。草原生态补偿标准需要在原有基础上提高约35%。禁牧补助的国家标准应由6元/亩提高到8元/亩，草畜平衡奖励的国家标准应由1.5元/亩提高到2元/亩。① 草场承包需要综合考虑草地生产力、每羊单位的畜牧业纯收入和超载程度等因素才能达到遏制超载的目的。②

3. 流转草场保护建设责任落实困局

《中华人民共和国草原法》规定草场承包者、草场流转受让方都有责任建设和保护草场。草场的建设和保护体现在遵循《中华人民共和国草原法》的要求③：流转草场实现围栏化经营，严禁超载放牧，草场承包方、流转受让方不改变草场用途和性质、严格执行草畜平衡的有关规定。

国家在草原承包后提出自我预设能很好地恢复草地生态的“草场围封”，可是生活实际中学者和政府都没有去认真考虑围封后会给牧民带来什么样的负面影响，包括围封后牲畜如何饲养，牧民怎样过活。④ 牧民贫富差距大小由其所拥有的牲畜量决定。以前草场是公共的，大家共用，牲畜与草原原本就是一个生态链，是一个相互依存的整体。现围封使完整的草原破碎化，牲

---

① 草原生态补偿政策待完善　避免“错误瞄准”［EB/OL］.［2015-12-04］. http://finance.sina.com.cn/roll/20151204/105923933074.shtml.

② 草原生态补偿政策待完善　避免“错误瞄准”［EB/OL］.［2015-12-04］. http://finance.sina.com.cn/roll/20151204/105923933074.shtml.

③ 对流转后草场建设和利用，《中华人民共和国草原法》规定“坚持草场用途不变的原则”“坚持有利于草原保护和建设的原则”“流转草场必须当年实现围栏化经营”“草场承包经营权流转以后，第三方不得再次流转，同时必须严格执行草畜平衡的有关规定，严禁超载放牧”等。

④ 宋小飞. 畜牧生计的可持续之道——那日苏牧民的空间理念［D］. 北京：中央民族大学，2006：39.

畜被限制在牧民自家承包后圈起的草场这个有限的空间中活动，循环往复踩踏草场导致了退化。应当说草场退化并非牲畜采食造成的，而是因牲畜反复践踏所致。

有些牧民把自已的草场围封起来，新疆对围栏建设补助 16.5 元/亩，补助远抵不上牲畜饲料涨价，因此牧民经常夜里“偷牧”，让牲畜去吃没有围栏的牧场的草，牧民经常看见夜里拆围栏白天护围栏的怪事。没有围栏的牧场的牲畜却吃不到围栏内的草，有围栏的挤压没有围栏的牧场的牧民的生存空间，出现富的越富，穷的越穷的现象。

要做好流转草场保护和建设，如对擅自进行草原流转的、违反规定再次转包、不履行草原保护和建设义务导致流转草原等级下降的监管①，草原管理部门需要做大量工作。虽然政府规定合同期满后牧民所使用的草场必须达到一定的质量要求，但是因为对草场的评价和监督成本太高，在实际工作中很难实现。根据表 5-2，我们可以看到 47.9% 的奖补资金发给了不需要减畜户，没有实现减畜，只有 5.5% 的资金发给了需要减也愿意减的牧户，仅实现减畜 1.2%，总体预期能够实现的减畜比例仅为 8.3%。② 这样看来，草畜平衡奖补资金发放没能精准定位，并没有达到有效减畜缓解草场退化的效果。

据资料反映，新疆 2010 年以来一些围栏禁牧区草原生态虽然呈现出恢复趋势，但总的趋势却是整体恶化，乌鲁木齐市 1480 万亩草原 90% 出现不同程度退化，其中 37% 严重退化。“2015 年 5 月，在乌鲁木齐县小渠子草原上，禁牧区的草原内分布着大群牛羊。畜牧部门工作人员说，他们经常执法，但效果甚微。牧民反映，好的草场越来越少，他们只能到禁牧区，或提前将牲

① 《内蒙古自治区草原承包经营权流转办法》（内蒙古自治区人民政府令第 99 号）第二十六条规定：“违反本办法，有下列情形之一的，由旗县以上畜牧行政主管部门责令改正，可以对有关当事人处以流转草原面积每公顷 500 元以下罚款，但是罚款最高数额不得超过 15000 元：（一）流转未实行承包经营的全民所有草原和集体所有机动草原的；（二）未经批准或者发包方同意擅自进行草原承包经营权流转的；（三）违反规定再次转包草原承包经营权的；（四）不履行草原保护和建设义务，导致发生流转草原等级下降的。”

② 草原生态补偿政策待完善 避免“错误瞄准” [EB/OL]. [2015-12-04]. http://finance.sina.com.cn/roll/20151204/105923933074.shtml.

畜从冬春牧场转到夏秋牧场。”①

三、牧区社会建设影响牧民生计的问题及因素

（一）草原牧区经济基础薄弱

1. 草原牧区基础设施建设投入严重不足

2000年以前，受自然条件和发展阶段的制约，国家对草原投入累计75亿元，2000年后加大了投入，牧区的基础设施、抵御自然灾害能力、物质装备水平发生明显改变，但到2009年也就累计203亿元，平均每年也只有5元/公顷。2005—2009年，国家对林业的投入为2538亿元，而同期投入草原的只有120亿元，仅为林业投入的4.73%。② 在水电道路通信环境保护等基础设施建设方面，农业区明显优于草原地区而且差距很大。新疆草原牧区财政大多十分困难③，比如阿勒泰地区、塔城地区和伊犁河谷的昭苏县等地，国家严禁工业发展，国民经济投资拉动能力十分有限，仅靠畜产品的初级加工无法支撑地区经济发展，同时地方政府还要拿出一大笔资金进行生态建设，投入草原保护建设的财力就相对少得可怜。薄弱的草原基础远远不能满足草原发展、牧民增收和全面建设小康社会的需要。④ 社会发展是个相对过程，当全国各地竞相发展的同时，草原牧区的社会发展、经济进步处在一个相对滞后的局面。就拿简单的畜牧业良种推广和疫病防控体系建设来说，由于资金、人才、技术等因素的制约，造成草原监测保护防火防灾体系很不完善。比如，国家对森林防火投入是草原防火投入的22.8倍，草原监理管理工作十分薄弱，平均5万公顷才有1名监理人员，远远低于林业监管执法人员数量。⑤

---

① 宋建华. 过度放牧、非法征占、盗挖植物　乌市9成草原不同程度退化［EB/OL］.［2015-05-24］. 新疆网，http://www.xinjiangnet.com.cn/2015/0524/1403455.shtml；韩乐悟. 中国草原退化面积逾九成　专家称须尊重生态规律［EB/OL］.［2011-04-22］. http://www.chinanews.com/gn/2011/04-22/2990729.shtml；宋小飞. 畜牧生计的可持续之道——那日苏牧民的空间理念［D］. 北京：中央民族大学，2006：39.

② 农业部草原监理中心. 草原执法理论与实践［M］. 北京：中国农业出版社，2010：59.

③ 农业部草原监理中心. 草原执法理论与实践［M］. 北京：中国农业出版社，2010：59.

④ 农业部草原监理中心. 草原执法理论与实践［M］. 北京：中国农业出版社，2010：59.

⑤ 农业部草原监理中心. 草原执法理论与实践［M］. 北京：中国农业出版社，2010：60.

2. 日益沉重的草原负荷影响牧民增收

在人增草场不增的背景下，人口增加对草原资源的占有和索取必然增加，家畜不断增加，草场的承载压力必然增加。新疆2007年年均牛羊饲养量是1978年的2.5倍①。在新疆现有经济发展格局下，牧民增收主要靠牲畜数量增长的现实短期不会根本改变，草原畜牧业在将来很长时间内仍是牧区牧民收入的主要来源。目前，我国草原地区的牧民距离小康目标要求还有很大差距，增加牲畜饲养量仍是牧民实现增收的理性选择。由于草原征占补偿价格偏低，伴随牧区经济的发展，草原征占面积还在增大。

3. 草场流转价格低廉影响牧民生计

根据调查结果，无水草场、有水草场、打草场、放牧场等不同类型草场都有不同程度的流转，59.1%的牧民认为"放牧场"流转最多，其次为有水草场、无水草场和打草场。四种类型草场中"有水草场"价格最高，均价865.77元/亩，"无水草场"374.26元/亩，"打草场"314.32元/亩，"放牧场"254.52元/亩，草场流转价格平均为376.47元/亩，不同性质的草场价格差异较大。目前草场流转的价格没有体现草场动态的价值增加，未能体现出草场收益的公平性。流转价格低廉在生活成本大幅攀升、现代消费结构变迁的今天，不利于改善牧民的生活状况。

4. 经济增长的资源环境约束强化

国家对农民实行了减免农业税、粮食直补、农资综合补贴、农机购置补贴、最低收购价政策、产粮大县奖励等一系列政策，这些政策对发展农业、保障粮食安全、农民增收发挥了作用。但需要关注的是这些政策主要针对农区、针对发展水稻、玉米等粮食作物生产，而针对牧区维护生态安全、促进草原畜牧业发展、使牧区牧业牧民受惠的政策缺乏。重农区轻牧区、重农民轻牧民、重粮轻草的现象使得农区种粮农民收入增长很快，而牧区牧民收入增长缓慢。政策的缺失和不平衡还导致草原保护建设形势日益严峻。由于种粮效益显著提高，使得一些地方开垦草原种粮的现象增多，一些本来要退耕还草的停止了退耕，一些地方原本种植牧草或饲料作物的土地被用来种植粮

① 农业部草原监理中心．草原执法理论与实践［M］．北京：中国农业出版社，2010：59.

食作物。耕地占补平衡政策的实施导致一些地方又提出了增加粮食生产能力的新目标，大量垦草造田。目前土地整理、土地复垦的土地主要是草原，如果不坚决防止开垦草原的行为，草原可能面临一场浩劫。

（二）牧场产业化运作方面影响牧民生计的问题及原因

1. 资金短缺是牧场产业化运作水平偏低的重要原因

通过图3-7，我们知道42.8%的牧民面临的生活压力是“没钱”。通过图3-8，我们知道牧民最需要的帮助是“贷款/融资”；在表3-16“政府需要做哪些工作”的调查中，32.9%的牧民需要的是“资金支持”。通过表4-29，我们知道新疆牧民金融资本评价结果均值为0.21，金融资本偏低，生计策略调整时需要加强金融资本的开发利用。资金短缺一直是制约牧民发展的瓶颈。

通过访谈我们也了解到牧民信贷融资困难，虽然也有农业银行、城市信用社（农商银行）给牧民贷款。问题在于：一是牧民没有能够获得贷款的抵质押物。传统的牧民手中最值钱的生产生活资料就是草场承包经营权，宅基地房屋，畜牧业产品如马、牛、羊等，这些实物无法充当抵质押物。牧区草原承包经营权一定程度上是最具有财产性收入的资产，不能顺利实现“变现”功能，势必影响到牧业生产资本的充裕程度。首先草原产权在具体运作中界限和范围比较模糊，在法律上不明晰；其次现行《中华人民共和国物权法》《中华人民共和国土地管理法》《中华人民共和国担保法》中对房屋宅基地抵押的规定在实践中既缺乏可操作性，也具有较大社会风险，因此没有法律的认可和支持，草场抵押只是无根之萍，只有明确草场的抵押权才能从根本上摆脱困境，不同形式的探索和创新只能是暂时性的治标之策，难以获得长久生命力。草场不能做抵押，牧民可用作抵押的固定资本很少，因此贷款也呈现出马太效应，金融资本存量越高的牧户越容易贷到款，金融资本越少的越不容易贷到款，没有金融资本而需要金融资本的牧民占比又比较高，没有钱而且因为抵押问题贷不到款成为牧民畜牧业发展的关键问题；在现有牧区社会保障制度缺失的背景下，其立法违背了“兼顾公平、效率优先”的市场经济原则。实际上，草场作为一项财产，与继承法上规定的其他财产实质上没有区别。①

二是贷款额度小，周期短。一般牧民贷款额度在1万~3万元，贷款期限为一年，贷款时间与畜牧业周期有冲突，需要购买畜种时贷款尚未办理成功，秋天牲畜还没有长大就要想办法出售还款，还不上款会被贷款银行拉入黑名单，第二年5~10户连保的牧户想贷款也贷不到款了。为了还款没有等到行情好的时候就把牲畜卖了，若逢牛羊肉价格下跌的年头，牧户会惜价出售，没有钱还贷，为了不影响其他牧户就借高利贷还款，高利贷利息高达18%~20%，本金和利息年年滚动，越滚越大，负担越来越重，只好卖地、卖房子，然后轮流借住亲戚家。贷款额度小、周期短影响了牧民养殖规模的日益扩大。

三是资金短缺，表现在草场征地补偿没有按照国家标准执行。如我们从表2-35中发现，18.0%的牧民认为补偿金额低于草场等级标准和面积的乘积，还有11.1%的牧民没有给予任何补偿。有关牧民草场被征收后的补偿问题已成为牧区重大社会问题，历年各地上访群众反映的问题最多的是草场征收的补偿不到位或者严重侵害牧民利益，危及牧民生存，成为各级党政关心、社会关注的焦点问题。另外，我们从表2-39中不难发现，在退牧还草奖励方面，还有近三成的牧民没有或部分拿到禁牧补助款和草畜平衡补助款，这些资金的不到位阻碍了牧民参与保护草原生态和畜牧业产业化的发展。

四是信贷环境不完善。农牧业是个风险高（市场风险高、病疫风险高、气候风险高、投入风险高）、利润低的弱质产业，迫切需要农牧业保险，这对农牧业的可持续发展非常重要。由于管理和信用制度建设不到位，可抵押的资产组合不到位，担保组织建设也不到位。

2. 市场风险的打击是造成收入偏低的直接原因

在畜产品市场无差异竞争的格局里，以牧业为主的畜牧型家庭只经营牧业又受制于生态、社会历史、语言文化、组织等多方面制约，生产结构单一，多处于生存经济状态。因此，在畜产品市场无差异的竞争中，牧区牧民与半

① 张引弟．牧区草场承包经营权流转问题研究［D］．呼和浩特：内蒙古大学，2009：32.

农半牧民①、农民②、有较强市场谈判和营销能力还能得到政府扶持的产业化养殖场、规模化养殖相比，表现出“绝对劣势”。劣势一，牧民的畜产品既受到国内市场半农半牧民、农民、养殖企业同类产品的强势挤压和国际市场的巨大冲击，又受商贩长期价格控制，没有组织合作化的牧民单靠个体力量对抗自然、社会和市场各种风险力量薄弱；劣势二，各项制度安排促使牧民自身生产和消费结构发生了变迁③，牧民牧业经营从原来的“依从自然”，到现在不得不更加依从市场、依附产业链及其变现能力。

由此，市场化的竞争性牧业和制度变迁带给处于“绝对劣势”牧民的，一是在畜产品生产和贸易市场上，牧民无力对抗农区和国外畜产品的“无差异竞争”；二是生产生活成本大幅攀升，现代消费结构的变迁致使生活成本大增，各种风险大大增加；得不到公平贸易的地位和合理的利润分配，收益日渐下滑。这一过程还伴随着制度性贫困和牧民分化，仅从经济收入角度，就可以看到牧民生计面临着不可持续的危机。④

3. 牧民意识与经济增长不平衡

牧民专业合作社和牧区经纪人组织发展缓慢，牧区市场组织化程度偏低。⑤ 各地牧业产业化经营的推进速度缓慢，牧户分散经营仍占主导地位。牧业产业化起步晚，特色畜副产品加工业没有形成规模，加工转化率低，产品附加值不高，龙头企业数量少、规模小、融资难，辐射带动能力不强，抵御市场风险和自然风险能力不强，带动牧民增收的潜力没有充分发挥出来，牧产品标准化体系建设、牧产品品牌认证建设工作滞后，与牧业发展需要不相适应；无论是对牧民收入增长还是对相关产业的带动影响了特色牧副产品的加工和进入市场参与竞争的能力都远远不够。

---

① 用农业作物秸秆补充牧业草料，亦农亦牧。

② 农民，以农业为主兼营养殖业，同时还可以打工、经商，亦农亦牧亦工；产业化养殖场，规模化养殖，有较强的市场谈判和营销能力，往往还能得到政府的扶持。

③ 现代化生产投入和教育医疗等生活支出快速攀升。

④ 周立，姜智强．竞争性牧业、草原生态与牧民生计维系［J］．中国农业大学学报（社会科学版），2011（2）．

⑤ 新疆“三牧”问题调研组．新疆“三牧”问题调查及扶持政策建议［J］．农村财政与财务，2011（9）．

畜牧业发展过程中需要通过牧业合作社把牧民再集中和再组织起来，牧业合作社能够帮助牧民这一弱势群体应对庞大市场，在技术咨询、销售等方面起到积极的作用。政府对合作社的支持推动合作社的发展，合作社的发展为现代畜牧业的发展增添了动力，对促进畜牧增效、牧民增收，繁荣农村发展起到了重要作用。但是牧业合作社也存在较多问题，有待改进。

一是牧民的组织化程度不高。牧区与农村地区显著区别在于牧民居住分散，而农村集中居住生活。同一个乡镇牧民的四种草场相隔甚远，户与户之间相隔遥远，驱车要行几十公里的路。“许多牧民居住偏远，甚至没有电力、水利和广播等公共基础设施。牧民居住分散，造成牧民的生产活动不容易形成社区利益关系。即便形成牧民的利益团体，由于居住分散的特点协调成本也会很高。”①

二是牧业合作社发展不平衡。通过调研发现，2009 年以来各级行政组织里都产生了一定数量的专业合作社、各类专业协会、农村经纪人组织，如养殖合作社、奶牛合作社、孕马尿合作社、草场流转合作社、刺绣合作社、骆驼养殖合作社等，有的县登记在册的各种经济经营主体多达 300 余个。24% 的牧村有合作社，少则几个，多达数十个，76.7% 的村又没有合作组织。

三是合作社规模小、人才匮乏。牧民参与合作社比例不高，只有 15.6% 的牧民以草场为股份加入合作社，在一个牧村里只有 10% 的牧户参加了合作组织，其余 90% 都没有参加。许多合作社有名无实，也没有起到实际的致富带动效果，规模大、效益好的合作组织很少。合作社的规模小，资产薄弱，抵御风险的能力不足。牧民专业合作社内部运作不规范、市场竞争力不强、产品加工能力弱，规模小、服务层次低、牧民合作社参与度低都说明牧民与现代畜牧业相适应、与经济增长相适应的现代意识薄弱甚至缺乏，牧民的资源整合能力、抗风险能力、市场应对能力都弱。

（三）牧区社会事业发展滞后制约牧民生计可持续发展

1. 牧区医疗教育等社会资源分配不平衡影响牧民生计

由于历史、自然、经济、社会、文化等原因，新疆牧区均落后于中国其

---

① 张引弟．牧区草场承包经营权流转问题研究［D］．呼和浩特：内蒙古大学，2009.

他地区。[①] 据研究数据表明，新疆人口近70%的农牧民被排斥在现代社会保障体系之外。[②] 从表2－42可以看出，43.5%的牧民认为应当“出台进城落户、子女就业、创业培训、低保、合作医疗等方面的保障政策”，26.5%的牧民认为应当“建立健全牧民转移进城的组织领导、政策保障、就业培训、社会服务的机制”，20.5%的牧民认为应当“加大对转移牧民的培训力度，开展引导性培训、技能培训、岗位培训等措施，提高牧民的专业技能”，9.5%的牧民认为应当“提供可替代牧户对草场所依赖的生活保障功能的各种产品或相应服务”。从图3－9中可知，17.9%的牧民需要政府提供“生活保障”。从表2－41中可知，41.3%的牧民需要“实行牧户联合规模经营”，12.9%的牧民需要“政府租赁草场”，34.8%的牧民需要“创办生态家庭牧场”等。由此可见，牧区社会保障体系的不健全，影响了那些生计资本存量不高牧民的生计选择。通过研究人们发现，长期以来我国采取的城乡二元结构传统办法难以解决“三农、三牧”问题。

2. 牧民社会教育内容与牧民自我发展能力提高相脱节

减少牧区人口，将牧区富余劳动力转移到城市去，给剩余的人口留下较大生存空间，可以减轻生态灾害，进而减小损失。[③] 只有当大部分牧业劳动力稳定地转入第二产业、第三产业后，才具备草场流转与规模经营的前提条件。实践中通过加大生态建设和保护草场力度，促进转移牧区人口、草场流转、划区轮牧、牲畜结构调整，是改善草原生态和提高牧民收入“双赢”的路子，但牧民自身的综合素质和社会教育的实质效果不理想制约着牧民的转移就业。在调查中了解到，今天的牧民大多都已认识到文化知识提高、就业技能培训、汉语水平提高的重要性。国家也通过“科技下乡”“科技之冬”“科技之夏”等活动对牧民开展社会教育和培训。但这些教育存在一些问题：一是有些培训活动重在完成上级下达的指标，并不真正负责任地思考牧民需

① 农业部草原监理中心．草原执法理论与实践［M］．北京：中国农业出版社，2010：62.

② 新疆城乡经济社会发展和居民收入差距现状原因分析［EB/OL］．［2013－11－07］．http：//www.mzb.com.cn/html/Home/report/131165308－1.htm.

③ 马倩．青海省草原使用权流转现状及对策［J］．中国牧业通讯，2004（21）：31－40.

要什么样的培训，通过培训使牧民在技能上获得怎样的提高；二是牧民的汉语水平低、教育程度水平以小学居多，培训效果不显著；三是开展的课程有些脱离了当地社会经济发展状况、劳动市场岗位需求、牧民的兴趣爱好特长；四是牧民的汉语水平、文化基础不一，汉语基础好、文化功底好的牧民，在养殖、修车、刺绣、厨艺等技艺培训中容易学会并找到工作，而汉语水平低、文化基础差的牧民虽然多次参加培训也没能掌握技能，自我发展能力无从提高。实践证明，切合牧民实际、满足就业需求的课程，牧民非常愿意参加，但脱离牧民实际、重理论少实践、“形式主义走过场”的课程，花费人力、物力、财力和时间，收效却不理想。

四、牧民生计资本方面影响牧民生计可持续发展的问题及原因

（一）教育水平和技能水平偏低影响牧民生计

根据表4－23和表4－24人力资本数值为0.3694，家庭整体劳动能力指标值为0.0797，很低，成年男性劳动力指标值为0.97，成年男性劳动力占25.25%，牧业地区家庭拥有成年男性劳动力的多寡将在很大程度上影响其脆弱性。成年劳动力受教育程度指标值为0.3510，成年劳动力中高中以上教育水平的牧民占23.42%，76.58%的牧民是初中以下文化水平。不同年龄层次和健康状况良好的劳动力数量不多，男性成年劳动力的数量也不多，文化教育水平处于较低水平，新疆哈萨克族牧民人力资本的这种现状，制约着其牧民生计途径的选择。

从图3－7中可知，23.2%的牧民生活压力来自“没文化/技术”。从表3－16中可知，在需要政府做的工作中，37.1%的牧民需要“技术支持”，12.1%的牧民需要“创业指引”；从表2－42中可知，43.5%的牧民需要政府提供“创业培训”，26.5%的牧民需要政府提供“就业培训”，20.5%的牧民需要政府“加大对转移牧民的培训力度，开展引导性培训、技能培训、岗位培训等措施，提高牧民的专业技能”。图3－8中9.2%的牧民需要培训。从调查结果来看，牧民的教育水平和技能水平偏低影响了牧民生计途径的选择，在表3－14中牧民选择的提高生活水平的途径发展养殖、打工、经商、种好

庄稼等，而这些都需要培训才能做好。培训出现问题的一个关键原因是牧民的教育水平都较低，基础薄弱，对培训内容的理解度、接受度较差，没能掌握培训内容的要领，虽然经过培训，依然找不到工作；另一个关键原因是牧民的汉语水平较低，相当多 40 岁以上的牧民一句汉语都不会说，“80 后”“90 后”情况好些，汉语水平状况成为牧民培训效果是否显著的关键，是制约牧民培训技能增长的瓶颈问题。

（二）金融资本匮乏影响牧民生计

一是牧民的现金收入和储蓄相当低。根据表 4 – 29 和表 4 – 23 金融资本数值为 0.21，获得信贷能力的指标值为 0.460854，获得现金援助机会的指标值为 0.257329，家庭现金收入与储蓄指标值为 0.052105，可见新疆哈萨克族牧民获得信贷的能力较强，获得现金援助的机会比较好，但拥有现金收入和储蓄却相当低。哈萨克族牧民没有很多的现金收入和储蓄，所以当牧民获得草场流转的租金、草场征占补偿金、奖贷助补金、银行贷款后，大多先还贷款、盖房、看病、支付生活开支，还有日益繁重的礼节性开支，结果能用于割草、剪毛、采购畜禽、购买禽畜饲料、药品、放牧等的钱很有限，生产性开支的投入小影响了牧民的畜牧养殖规模，也影响了牧民的收入。

二是信贷周期短，与畜牧业发展周期不相适应。秋季，牲畜还未长大又到还贷款的期限了，为了来年自己和连保的牧民都能贷到款，牧民会以较低的时价出售牲畜还贷。碰到家里有病患、灾患、婚娶之事的年份，牧民的生活还会更加拮据。这样年复一年，牧民手上现金和储蓄一直都很匮乏，用于教育、学习、创业、扩大养殖规模的钱就很少了，即使有机会也因为穷困而无力参与。

三是牧民的理财能力弱。牧民现金收入少、储蓄少，没财可理，即使有也不善于理，比如有的牧民将草场一次性转包 30 余年，有的牧民草场征占补偿费拿到较大一笔钱，先买车、盖房、吃喝玩乐，很快把钱挥霍尽了。钱消耗完了，作为生产资料、生活保障的草场也没了，没有其他后续经济来源，很快成为政府的扶贫对象。为更好地管理好牧民的资金，进而提高牧民的理财能力，需要结合实用技能培训工作，对牧民开展家庭记账培训。

（三）自然资本、物质资本的存量较低影响牧民生计

根据调查，如表4－23、表4－27和表4－28所示，牧民的自然资本数值为0.273298，草场面积指标值为0.287359，林地面积指标值为0.007441，耕地面积指标值为0.000928，可以得出新疆哈萨克族牧民草场拥有量在牧民生计资本构成中占有较大比例，人均拥有204.5亩草原。林地和耕地都极少，林地主要是因为草场承包时所划分草场上分布林地的面积，而非牧民所造之林；饲草料用地大多是牧民定居点居住的牧民才划分有，有的耕地面积少、自然条件较差的牧民定居点也没有饲草料用地，如乌苏市的巴音沟定居点。物质资本数值为0.185618，家庭住房指标数值为0.152185，牲畜指标值为0.100500，固定资本指标值为0.389285，可见新疆牧区哈萨克族牧民的住房不算宽敞，各类住房平均1.15间/人。牲畜是牧民的主要生产资料，拥有量较低，主要为羊，牛、马、骆驼都较少，生产资料较少，牧民的收入自然会较低。固定资本较高，但主要是生产性工具和耐用生活品，是牧民基本的生产生活用品，不代表牧民的物质丰富状况。

自然资本和物质资本存量低，其黏性不强，说明牧民愿意放弃其原有的牧业生计活动。从统计结果来看，对于当前的生计策略，样本中51.35%的牧户想调整，48.65%的牧户不想调整，想调整的家庭多于不想调整的家庭。从表3－17和图3－10可知，牧户不想调整的原因，21.28%是因为“年老”，78.3%是因为“缺乏劳动力”，只有0.43%因为“感觉维持现状稳当”。从表3－18和图3－11可知，72.4%的牧民想增加收入而调整当前的生计策略，21.8%的牧民因为“传统畜牧不赚钱”而调整当前生计策略，4.6%的牧民认为“养殖业赚钱”而调整当前生计策略，1.1%的牧民想通过“经商/打工赚钱”来调整当前生计策略。自然资本和物质资本存量低，影响了牧民在当前生计活动的收益，所以超过半数的牧民希望通过生计策略的调整增加收入。

（四）信息资本存量不高影响牧民生计

根据表4－23，信息资本数值为0.165071，将牧民家庭年开支中通信费用（有线电视/座机电话/手机/网络）所占比值，并将其标准化后作为信息资本指标，其指标值为0.165071，信息资本存量不高。牧民定居只占牧民总

人口的7.56%，大多数牧民居住相隔较远，没有通信设备而靠口口相传，联系费时费力；当前牧民的手机使用量较高，但作为必备的生活用品并未实现全普及；即使普及了，由于基站信号不稳定，接收信息能力较弱，很多地方仍是盲区，无法接收到通信信号。牧区分散居住的牧户有电视机的不多，即使有电视机，因为语言障碍可供选择的电视频道也很少，即使有频道但面向牧民的电视节目也是很少的。因此生活在信息时代的牧民并没有充分分享信息增长给生产生活带来的较大收益，牧民获取有效信息的来源、总量还是很有限的。也因此牧民法律知识普及程度低、因民族语言的限制许多现行的法律文本得不到及时的翻译、普及和宣传。虽然近年来各种绿色环保组织和网站针对草场流转中牧民权益的保护在做各种努力，但还是没有改变牧民的“信息贫困”。这与权利者维护牧民信息获取权利的努力和全体社会成员基于公正态度对权利者的合法权利尊重的缺失有关。

（五）社会资本存量影响牧民生计

根据表4－23和表4－30，社会资本数值为0.470237，领导潜力指标值为0.251512，参与社区组织状况指标值为0.891144，信任度指标值为0.605738，亲戚数量指标值为0.132557。说明牧民家庭在政府部门工作的人不多，参与牧民合作组织的绝对数量不多，但参加合作组织种类分散不集中。牧民参政议政的意识不强，牧村里92.8%的牧民对村里牧民不同程度地信任，81.7%的牧民村里有1～10户亲戚，有10户以上亲戚的牧户不同程度地存在。这说明哈萨克族牧区社会是一个血缘共同体，牧民之间是一种亲缘社交，他们的社会支持网络比较强大，遇到困难能获得较多帮助并非孤立无援，他们之间相互信任、互惠，能增进相互合作、减少交易成本。这些数据表明新疆牧民的社会资本存量较高。

五、本章小结

本章分为四个部分。

第一部分，在制度层面，制衡机制缺失、监管体系薄弱、权益保护机制缺乏是牧民生计可持续发展的制约因素。草场流转机制监管体系薄弱，政府对矿产开发企业在资源开发过程中破坏草场及周边环境监管不力，导致植被和生态环境受到破坏，区域大气、土壤、水源等质量下降、草原自然景观和地质结构被改变。政府对草场非法开垦监管薄弱，非法开垦草场仍屡屡发生，致使新疆的优质草场面积逐年减少，大大压缩了牧民的生存空间。草场流转法制建设滞后，导致违法违规行为难以监管。牧民草场承包权保护机制缺失、牧民草场纠纷解决与协调机制缺乏、集体草场流向决策缺乏牧民参与，导致寻租设租行为发生。

第二部分，在政策层面，惠牧政策覆盖面狭窄、流转政策与国家生态建设政策冲突是牧民生计可持续发展的制约因素。国家惠牧政策少而窄，草原畜牧业生产补助缺位，定居兴牧社会工程不系统，游牧社区公共服务体系构建滞后，草场征占补偿标准较低，草场流转规定与草原生态建设产生冲突，草原生态补偿机制不完善，流转草场保护建设责任落实困难等，都对牧民生计可持续发展产生不利影响。

第三部分，在牧区社会层面，社会事业发展滞后、社会服务功能欠缺、社会组织发展落后是牧民生计可持续发展的制约因素。草原牧区基础设施建设投入严重不足、日益沉重的草原负荷、草场流转价格低廉、经济增长的资源环境约束强化等因素都影响牧民生计；资金短缺、市场风险的打击是牧场产业化运作水平偏低的重要原因；牧区医疗、教育等社会资源分配不平衡、牧民社会教育内容与牧民自我发展能力提高相脱节影响牧民生计。

第四部分，牧民教育水平和技能水平偏低、金融资本匮乏、物质资本的存量较低、信息资本存量不高影响牧民生计。

第六章 问题之思：路径与措施

牧民经济生活水平的提高受到草原环境不断恶化、牧民相对生活水平不断下降的阻碍，牧民社会分化加剧，不仅对畜牧业造成重大影响，甚至将对新疆两个总目标的顺利实现产生深远影响。

如何解决这些问题，需要在尊重哈萨克族牧民文化传统和社会系统的基础上，尊重基本自然规律，纠正第二产业、第三产业的竞争性思维和单一市场逻辑向草原的灌输。更为重要的是扎实深入地开展田野调查，探寻牧业、牧区和牧民三者之间的关系，找到适合草原生态与牧民生计的出路①，提出提高牧民生计资本存量、塑建可持续生计方式的政策建议。

构建草场流转中哈萨克族牧民可持续生计体系，应当成为新疆妥善解决牧民问题的出发点和落脚点。围绕草场流转进程中牧民的生存和发展的需求，建立一种适合当地实际的制度框架，运用可持续生计理论，研究草场流转进程中牧民生活与其他族群生活水平的比较，找到增强牧民自我造血、自我发展、抵御风险和自我修复的办法②，使得牧民在面对外部的自然灾害和社会经济动荡的情况下生计可恢复，实现牧民长远生计有保障、未来发展有希望。

作为构建牧民可持续生计体系的四大关键参与主体，政府组织、族群、家庭和个人都应当有其正确的职能定位，如政府组织需要在制度安排上以牧民利益为第一位，提供可持续生计的实现环境；族群应当成为牧民利益代言

---

① 周立，姜智强．竞争性牧业、草原生态与牧民生计维系［J］．中国农业大学学报（社会科学版），2011（2）．

② 杨培涛．牧民生计资本与生计策略的关系研究［D］．兰州：西北师范大学，2009.

人，积极争取可持续生计效应最大化；家庭对牧民可持续生计体系最大的贡献则是对子女实施教育投资使得收益代际转移，最终实现牧民子女和整个家庭的可持续生计；牧民自身则应转换角色，主动学习，尽快具备实现可持续生计的各种能力并融入城市体系。①

一、政府层面：建立完善的制度体系

（一）政策性引导

1. 扩大政策的覆盖面，确保“三农”政策对“三牧”的适用性②

（1）扩大国家对牧区牧民的补贴标准和范围。

①家电、机械、畜牧业生产全部纳入国家补贴政策范围。

②对牧区草原生产母畜实施规模化集中饲养，参照国家现有农区饲养补贴政策给予补贴。

③制定出台对牧区牧民口粮补助的长期扶持政策，解决牧民缺少基本口粮的实际问题，对边境牧区居民进行永久性补助。

④牲畜良种补贴扩大现有范围。

⑤对牧区集中饲养和规模化牧场进行高标准建设进行补助。

⑥将全部牧民纳入国家牧区基本养老统筹和最低生活保障范围。

⑦建立草原生态修复补贴制度，重点以种草补贴、种质资源补贴、草原机械补贴和草原生态恢复先进县奖励等政策。

⑧加快草原畜牧业生产方式转变和牧区畜牧业生产服务体系建设。发挥财政资金的保障作用，引导牧民实施定期轮牧，科学合理安排草场的使用率。③

（2）加快牧区基础设施条件建设。

---

① 祁媛媛．被征地农民可持续生计体系构建研究［D］．上海：上海交通大学，2011：24.

② 新疆“三牧”问题调研组．新疆“三牧”问题调查及扶持政策建议［J］．农村财政与财务，2011（9）．

③ 新疆“三牧”问题调研组．新疆“三牧”问题调查及扶持政策建议［J］．农村财政与财务，2011（9）．

构建和谐社会，促进社会公平是社会事业发展的重要着力点。如何达到共同富裕、实现全面小康，需要我们从加强基础设施建设，努力增加社会事业投入，解决人民群众最直接、最关心、最现实的利益问题出发，提高公共服务和社会管理水平，推进体制改革和机制转变，推动经济社会协调发展迈出新步伐。

（3）加强牧区畜牧业防灾减灾体系建设。①

建立畜牧业防灾减灾体系，就是通过提高牧区及牧民的防灾减灾能力，从而减少灾害造成的损失，避免牧民因灾致贫、因灾返贫现象，从根本上扭转“扶贫—脱贫—受灾—返贫—再扶贫”的恶性循环，使牧民群众的生产环境、生活条件得到进一步改善，确保畜牧业增产、农牧民增收；通过提高牧区抵御自然灾害的能力来实现牧区的安全生产。不仅要建立区、地、县、乡四级饲草料储备，更要抓好牧民的越冬度春饲草料储备工作，只有这样才能真正实现由传统的四季放牧向暖季放牧、冷季舍饲圈养的现代畜牧业生产方式转变；通过改变传统生产方式将草原生态保护补助奖励机制的禁牧休牧、草畜平衡管理以及牧民定居工程等优惠政策落到实处，惠及百姓。

通过狠抓牧区优质高产饲草饲料地、牧民定居、牲畜暖圈、人畜饮水点、防灾饲草料库、技术服务站等配套服务设施建设，提高了牧区牲畜安全越冬水平，逐步降低了牲畜越冬死亡率，做好牧区畜牧业防灾减灾体系建设需要。一是要落实饲草料储备库配套饲草料基地建设，按照每个自治区级防灾饲草料储备库建设5000亩人工饲草料基地、每个地（州）级防灾饲草料储备库建设3000亩饲草料基地的标准进行配套。二是加强饲草料储备库管理运行，将防灾应急饲草料储备库配套建设费、储备库的运行管护费、人员经费等纳入地方财政预算，从资金上保证饲草料储备库正常运转。加强饲草料储备库的启用管理，自治区级、地（州）级饲草料储备库建设的初衷是抵御中等强度及以上的自然灾害，确保有充足的饲草料储备量应对大中型自然灾害。三是完善救灾物资分发配送队伍、草畜平衡系统、牲畜保暖等其他配套工程建设。

---

① 新疆“三牧”问题调研组．新疆“三牧”问题调查及扶持政策建议［J］．农村财政与财务，2011（9）．

在做好饲草料储备工作的同时，要结合草原生态保护补助奖励机制、牧民定居工程建设实际，建立防灾长效机制。一是落实县（市）长是畜牧业防灾减灾工作第一责任人的意识，对工作组织不力给畜牧业造成灾害损失的，要坚决追究相应责任人的责任。二是要充分调动牧民防灾主动性和建设积极性。普及先进适用技术，引导牧民尽快改变靠天养畜、粗放经营的传统落后生产方式，积极备草备料，切实增强主动防灾意识。三是要完善畜牧业防灾预案。制定科学、合理、可行的防灾预案，加强部门之间的沟通衔接，密切配合、相互支持，引导社会各界力量和广大牧民积极参与。四是要将饲草料储备库建设同草原虫鼠害防治、牲畜疫病防治以及草原生态奖励补助机制落实等工作紧密结合起来，建立起防灾应急饲草料、防疫物资以及救灾生活物资等的储备机制，真正发挥有灾防灾、无灾储备、主动防灾的作用。五是要继续做好牲畜机械化转场工作，积极探索和推广适宜的转场模式，因地制宜开展机械化转场基础设施建设，通过社会教育转变牧民传统观念，不断提高牲畜机械化转场比例，尽量减少转场损失。六是要充分发挥社会各界的力量参与畜牧业防灾体系建设，鼓励大型草料加工企业建立储备，积极开展饲草料加工代储，扶持建设饲草料交易市场等不断充实体系建设力量。“畜牧业政策性保险作为畜牧业防灾体系的补充，通过畜牧业政策性保险试点将肉羊纳入国家畜牧业政策性保险补贴的范围。”①

2. 理顺草场流转与国家生态建设的冲突关系

（1）建立生态文明评价考核党政同责的有效机制。②

党政同责是落实生态文明建设的重要手段。实践证明，在评价考核中实行党政同责，对于公共性事项的有效开展具有积极作用。党的十八大报告提出加强环境监管，健全生态环境保护责任追究制度和环境损害赔偿制度。为实现这一战略规划必须制定融生态文明评价考核的党内法规和国家行政性文件于一体的“联合法规”。对地方政府和党委及其有关部门的环境保护履责情况，落实环境保护党政同责，将环境保护监管履责情况纳入评价和使用干

① 艾克拜尔·吾甫尔在自治区畜牧业防灾体系建设经验交流现场会议上的讲话［EB/OL］.［2012－12－24］. http://www.xjxnw.com.

② 常纪文. 生态文明评价考核要落实党政同责［N］. 中国环境报，2016－04－05（3）.

部的重要依据。建立健全评价考核相关制度：建立责任追究相关制度；加强国家对重点地区、上级地方政府对下级地方政府生态保护工作的生态评价和生态补偿力度，建立流域上下游、不同区域之间的横向生态补偿机制；建立健全环境损害的国家赔偿制度和社会公益诉讼制度；将环境保护与生态文明建设纳入各级党政领导班子和领导干部的考核体系。对领导任内出现重大生态环境损害需要承担责任的，终生追责。

（2）提高草场征占补偿标准，完善草原生态补偿瞄准机制。

为了深入贯彻“创新、协调、绿色、开放、共享”理念，促进城乡区域协调发展，加快草原保护，建设生态文明，中央统筹我国经济社会发展全局做出的重大决策，“十三五”期间启动实施新一轮草原补奖政策。通过实施草原补奖政策，全面推行草原禁牧休牧轮牧和草畜平衡制度，划定和保护基本草原，促进草原生态环境稳步恢复；加快推动草牧业发展方式转变，提升特色畜产品生产供给水平，不断拓宽牧民增收渠道；稳步提高牧民收入水平，促进牧区经济可持续发展，为加快建设生态文明、维护民族团结和边疆稳定，全面建成小康社会做出积极贡献。

①禁牧补助。中央财政将禁牧补助标准由5.5元/（年·亩）提高到7.5元/（年·亩），还应当根据物价的上涨情况予以适应上调；给予草场退化严重、生存环境恶劣、不宜过度放牧，位于重要江河水源涵养区的草原实行补助周期为5年的禁牧封育。根据草原生态功能恢复情况，禁牧期满后，继续实施草畜平衡管理的禁牧或者转入。①

②草畜平衡奖励。中央财政将草畜平衡奖励标准从1.5元/（年·亩）提高到2.5元/（年·亩），对禁牧区域以外的草原根据承载能力核定合理载畜量。实施季节性休牧和划区轮牧，鼓励引导牧民在实现草畜平衡的基础上对草原进行合理化利用的长效机制。

③绩效考核奖励。中央财政对工作突出、成效显著的省区以奖代补的形式由地方政府统筹用于草牧业发展和草原生态保护建设，每年安排绩效评价

① 参见农业部办公厅、财政部办公厅关于印发《新一轮草原生态保护补助奖励政策实施指导意见（2016—2020年）》的通知。

奖励资金。[①] 在草原生态补偿实践中，要明白草原生态补偿政策的目标是协调和处理好草原生态保护与牧民生计之间的冲突，需定位好牧民生计在草原生态补偿政策目标中的位置。因此，草原生态补偿标准需要在原有基础上提高约35%，目前草原生态补偿标准已有提高，但离解决牧民增收距离还较远。除了标准偏低外还有标准差别化的问题。草畜平衡奖励标准需要差别化，核心在于瞄准草原超载的主体，将超载程度纳入考虑因素。为了超载主体能够实现有效减畜所做出的合理补偿，禁牧草场的选择需要综合考虑草场的生态属性和牧户的自愿性。针对当前禁牧地区不同程度存在的违禁放牧需要谨慎处理，放缓禁牧速度。进一步明确和强化政策目标即草原生态保护，以草原生态补偿政策为主体，完善配套政策措施。

（3）树立大农业、大生态发展思路和理念。

在生态建设中，要统筹兼顾、共同发展，正确处理好草原与林地之间的关系。在制定农业政策、推进农业发展改革、实施农业项目时，要将牧区、牧业、牧民问题真正纳入国家解决农村、农业、农民问题的政策和财政体系中，防止农区和牧区的牧民收入继续拉大的趋势、统筹兼顾农区和牧区的协调发展；把牧区、牧业、牧民和农区、农业和农民同等看待，甚至于更加重视，要将草原发展纳入农业改革发展和国家生态建设总体布局，在政策和投入上，像重视林业生态建设一样重视草原生态建设。防止一些地方破坏草原、垦草种粮的倾向。[②]

（二）制度性保障

1. 建立和完善草场流转制衡机制

推进草场流转的主要目的是通过加快地方特色优势产业发展，畜牧业规模经营，建设现代畜牧业，提高牧民增收。草场流转主体为县、乡镇、村三级政府，流转主体较好地规范自身行为须建立县、乡镇、村三级联动机制。

一是建立健全机构草场流转管理机构。县应当成立土地（草场）流转服务中心、农村土地承包经营纠纷调解仲裁委员会；乡镇应成立草场流转服务

① 参见农业部办公厅、财政部办公厅关于印发《新一轮草原生态保护补助奖励政策实施指导意见（2016－2020年）》的通知。

② 农业部草原监理中心．草原执法理论与实践［M］．北京：中国农业出版社，2010：60.

站，归口于农经站办公；草场流转必须由乡、村两级审批，县畜牧兽医局监督。县畜牧兽医局转变职能，为草场流转提供政策咨询、信息等服务。

二是制定和完善各项规章制度，建立明确的工作责任制度和经常化、制度化、规范化的工作机制。将草原承包确权经费纳入地方财政预算专项经费方式，实行专款专用，规范资金的管理力度；经常性地深入牧区监测草场承包经营权流转情况，掌握草场承包经营权流转动态，做好牧区草场承包经营权流转管理和服务，及时收集发布草场流转供求信息，提供政策法规咨询，开展资质考察，指导合同签订和备案登记管理，规范草场流转行为；引导牧民将草场经营权向规模经营主体流转。

三是建立健全草场流转登记备案、流转合同等档案资料的管理制度，成立草场流转信息库，负责草场承包经营权流转及权属变更等工作，及时收集并发布草场流转信息。引导牧民依法流转草场承包经营权，使承包经营权流转工作日趋规范和合理。

四是制定优惠政策，扶持和鼓励发展畜牧业。在技术培训、各项惠农惠牧政策和科技服务方面对转让、出租草场的牧民给予重点扶持和优先照顾；规范操作程序，坚持草场流转基本原则，指导和管理草场流转，建立健全草场流转纠纷调解机制①，完善流转合同档案的管理，使规模经营、草场流转规范有序。

因地制宜地制定与草场流转机制相关的政策措施，建立健全规范有序的草场流转市场；调动草场承包经营权流转供需双方的主动性和积极性，在草场承包经营权流转过程中要注意培育和健全权利平等、共同参与的草场供需市场主体。尊重牧民的草场产权，根据国家法律法规，草场承包给牧民使用，牧民就对草场的使用权有充分的处置权；尊重牧民的草场流转权，以公平、公正、公开的原则进行流转，不随意干涉；按照有偿、自愿、依法原则，引导牧民草场流转，发展适度规模经营的多种形式，对流转草场进行监测监管以防草场退化和破坏。探索其他既能保证牧民增收，牧业增效，生产要素与

① 刘丽英. 特克斯县采取措施抓好草原承包及经营权流转［EB/OL］.［2014－07－11］. http：//www.zgtks.gov.cn/nlsm/nmzx/28210.html.

草场流转合理配置的途径，又能促进草场科学、适度合理流转，规模化经营的目的。

2. 建立和完善草场流转机制监管体系建设

（1）加快草场流转法制建设，使草场依法规范流转。

随着牧区参与流转的牧户增多，经济社会的发展，经营主体的多元化，流转利益关系的复杂化，迫切需要建立健全草场流转市场体系，培育流转主体，做好管理和服务。2010 年新疆昌吉州制定并开始实施《昌吉回族自治州草原承包经营权流转办法（试行）》。2014 年 2 月，新疆畜牧厅法规处、草原处和自治区草原监理站也深入巴音郭楞蒙古自治州轮台县、和静县、昌吉回族自治州玛纳斯县、呼图壁县和乌鲁木齐市，就草场流转情况进行专题调研，为制定和出台“新疆维吾尔自治区草原流转管理办法（草案）”做准备。为了使新疆草原依法规范流转，草原确权承包工作顺利开展，切实保护广大农牧民的根本利益，要加快“新疆维吾尔自治区草原流转管理办法（草案）”的出台进程。

（2）依法严格管理矿产资源企业和项目。

不断退化的牧业生态环境是新疆牧业发展以及牧民生活改善最主要的制约因素之一。2003 年以来，新疆通过国家实施退耕还林、退牧还草、禁牧休牧轮牧、草畜平衡等生态工程建设，以及各级政府的努力，在草原生态环境的恢复与保护方面取得了骄人的成就。然而，受自然因素与人为因素的双重影响，新疆牧业生态环境离全面恢复和有效保护还很远，牧业生产对自然环境具有很强依赖性这一基本事实在相当长时段无法改变的情况下，生态环境还不能满足牧业稳产、牧民增收的要求，如果不改善牧区民生提供持续的物质基础，自然达不到建立生态文明的要求。因此，生态恢复与保护工作仍然是新疆建立生态文明、改善牧区民生问题的关键所在。一是“在项目引进中一定要注意，国家给的项目并非一定适合某一地区的牧业生产，要适当选择和讨价还价，唯独适合本地自然、生产、生活、文化背景的项目才能产生项目设计最初的效应；二是总结和借鉴前期项目建设的成功与不足之处，避免重蹈覆辙，规避无为的重复建设，完善建设工程实施机制；三是评价体系必须从生态、经济、社会三者的统一效益考虑，在产生积极生态效益的前提下，不损害牧民经济利益和社会利益，选择评价与其他投资模式相比投资效益最优、次优的投资方案。"①

矿产资源开发促进了牧区经济结构的调整优化和快速发展，开发增强了地方经济实力，拉动了基础设施建设和城镇建设，促进了教育、医疗、文化等社会事业的发展，为生态保护与建设提供有力支持，推动了牧区经济社会的深刻变革。在充分肯定矿产资源开发对促进牧区经济社会发展巨大作用和历史功绩的同时，我们还要认识到，牧区生态环境破坏以及社会可持续发展与矿产资源的开发有直接关系，资源开发总体上与草原生态环境成负相关关系，有的开发建设甚至到了无法修复的程度。为了实现地区经济社会全面发展和矿产资源开发利用的"双赢"，促进矿产资源有序开发与保护草原生态环境一致，必须严格依据生态主体功能区的划分，合理布局、科学规划新疆牧区矿产资源开发。根据现有资源环境的承载能力、发展潜力、开发密度、环境保护监管能力、基础设施条件和永续利用等因素，在认真调查研究的基础上，确定和划分优化开发、科学合理地重点开发、限制开发和禁止开发等四类主体功能区。② 对禁止开发的地区坚决"刹车"；对限制开发的地区要严格限制；对优化和重点开发的地区要突出重点、合理有序，不搞遍地开花，不笼统地有水快流。从法规、财税政策等宏观调控的层面对不同地区实行区别对待。③

培育和提高全社会的法制理念与环境意识，使企业和牧民以保护生态环境与合理开发资源为己任。要通过严格执法来使全社会特别是企业遵纪守法、严格按照建设项目环评要求和"三同时"原则，建立自我约束的内部体制和机制，认真开展矿山环境保护，自觉接受当地有关部门的监督检查；监管机

---

① 文明．内蒙古农村牧区改善民生状况分析［EB/OL］．［2010－04－16］．http：//blog. sina. com. cn/s/blog_ 672aee2e0100hzye. html.

② 内蒙古生态文明建设和黄河文化经济促进会．关于牧区矿产资源开发和生态环境保护情况的调查报告［EB/OL］．［2009－12－15］．http：//hhwhjj. com/huangyanhui/nmg/dongtai/2010/0607/1001. html.

③ 内蒙古生态文明建设和黄河文化经济促进会．关于牧区矿产资源开发和生态环境保护情况的调查报告［EB/OL］．［2009－12－15］．http：//hhwhjj. com/huangyanhui/nmg/dongtai/2010/0607/1001. html.

构要建立环保信息网络，定期公布生态环境质量测评情况，对不达标企业降低信用等级直至停产整顿。

（3）依法监管企业和个人非法开垦草场行为，依法处罚非法开垦企业和个人。

开展非法开垦草场清查，对非法发包的机动草原、未经批准开垦的草原依法严肃查处，构成犯罪的，移交司法机关，追究其刑事责任。对开垦的土地、草原限期完成植被恢复工作。并责令相关农牧民对非法开垦草原采取补种牧草、弃耕还草等措施，全力落实恢复原植被相关措施。制定管理制度，对流转草场的草原保护建设与利用严格监管，依法处罚各种开垦草原的行为，纠正以牺牲草原生态环境为代价换取短期经济利益的行为，促进社会经济发展与生态保护建设和人与自然的和谐发展。

（4）通过完善牧民草场产权制度保障牧民的合法权益。

为了有效保护草原生态安全，稳定现有草原承包关系，维护牧民切身利益，实现草原资源的合理配置和可持续利用，新疆牧区各地州县都在进行草场确权，有的进程快有的进程慢。草场确权的目的在于查清承包草场的面积和空间位置，对草场承包经营权登记造册，妥善解决承包草场四至不清、面积不准、登记不全、空间位置不准确等问题，把承包权属证书、面积、地理方位、合同全面落实到户，依法赋予牧民更加充分而有保障的草场承包经营权。草场确权的方法是通过 GPS 定位，在草原的几个拐点确定坐标形成非常精确的界限图即完成草原确权或草原划定。确权后对牧民草原确权所颁发的草原使用证也与以往不同，核发前要审核牧户基本情况、承包草场界限、面积等内容，并印有防伪标识。在原颁发的草原使用证和承包合同书的基础上，经公示无异议的农牧户签证确认后换发新草原使用证和承包合同书。牧民领取新证书后，可以流转、入股、抵押、租赁，确权后管理草原就像管理庄稼一样，对草场保护与建设的监管有效性提高了。

草场承包经营权确权登记颁证，能有效保护牧民草场权益、促进草场流转和规模经营、完善牧区基本经营制度、化解草场矛盾纠纷和维护牧区稳定，关系到新一轮牧区改革顺利推进和牧业现代化、新型城镇化进程，事关牧区长远发展和广大牧民切身利益。各级政府需从战略全局出发，深刻认识草场确权登记、颁证工作的重要性和紧迫性，扎扎实实地做好草场确权工作。

确权登记颁证涉及千万牧民的切身利益，为了保持现有土地承包关系稳定，原则上不做大的调整，积极稳妥地处理土地确权中可能产生的矛盾和问题；通过摸清情况、梳理问题、制定措施，完善流程，选择合适的技术手段，解决草场承包时草场地理边界不清、面积不准、登记造册缺漏、空间位置模糊等问题，把牧民承包草场的信息准确落实到户；发挥牧民的主体作用，尊重历史，将依法依规和尊重牧民意愿相结合，体现公平。草场清查、实测、登记等各个环节要敦促牧民参与，让牧民认可；根据牧民需求的迫切程度合理安排工作进度；将草场确权成果应用到牧业补贴政策、草场流转、抵押担保等方面的完善上。

（5）建立草场流转纠纷解决与协调机制。

要妥善解决基层政策执行偏差引发的纠纷、草场承包经营权权属不清引发的纠纷、草场流转合同权责不清引发的纠纷、家庭亲属之间因草场分割引发的纠纷，需要建立草场流转纠纷解决与协调机制。首先，健全完善草场纠纷的法律、政策。一是出台草牧场纠纷的司法解释。最高人民法院应根据草牧场纠纷的实际情况，制定下发《中华人民共和国草原法》的司法解释。对于在审理草牧场纠纷的案件中的案件受理、合同效力等做出明确、具体的解释，统一草牧场纠纷案件法律适用的尺度。二是“要对政策文件进行清理，对于与法律相违背的政策文件等进行废止或修改，维护法律权威”①。

其次，建立多方联动、相互配合的草场纠纷解决机制。牧区草场纠纷政策性较强，涉及的部门也多。除了法院以外，乡、村、组以及草场承包流转的职能部门，在处理此类纠纷中利用各自优势，特别是最了解草场现状及纠纷成因的乡镇要因势利导地调解矛盾，化解纠纷，稳定草场承包关系。在法院主导下，充分发挥乡镇、村组以及各职能部门的优势，形成合力，促进纠纷的解决。在具体操作过程中，可以尝试探索立案前解决纠纷机制，即在法院立案之前积极协调县、乡镇政府共同解决纠纷。充分发挥法院、乡镇、村

① 陈兰．关于牧区草牧场经营权纠纷的调查与研究［EB/OL］．［2014－06－16］．http：//xlglmzy.chinacourt.org/article/detail/2014/06/id/1316360.shtml.

组以及草原监理站等职能部门的优势，多方联动，形成合力，解决纠纷。

再次，完善流转合同管理制度，普及法律知识。政府、草场监管部门在草场流转方面应加强管理，规范流转合同；监督和指导村委会维护村民承包经营权的实现；普及草场管理法律政策，形成基层干部和农牧民依法办事的规则，从源头上避免纠纷发生；草场权属不清的村，在既成事实的基础上重新明确权属，使牧区草场纠纷从矛头上解决，防患于未然。

最后，探索草场纠纷的多种解决方式。根据《中华人民共和国农村土地承包法》第五十一条规定，土地纠纷解决方式有三种：调解、仲裁、诉讼。应该将调解作为解决牧区草场纠纷最有力的手段。法院在处理案件过程中要在既成事实的基础上灵活运用政策，不机械办案，既维护被侵权者的合法权益，又使调解协议得到村里大多数群众的认可，通过各种行之有效的手段防止矛盾升级；健全完善仲裁机构，成立草场纠纷仲裁委员会，健全专门的仲裁机构，以发挥其在解决纠纷中专业、经济、快捷的优势。

（6）适当提高草场流转价格。

以法律手段和行政措施监督为基础，以市场定价为中心，对草场流转及其价格进行监督和管理，在此过程中需要规范草场流转的短期转包行为，以利于牧区劳动力转移和草原畜牧业规模经营为目标，并逐步向草场使用权的中长期转移；可利用法律措施，使牧民在得到一定价格补偿的情况下，使非牧业收入大大超过牧业收入，从而使牧民愿意放弃草场经营权和使用权。①

科学合理地确定草场流转价格。既要防止牧民因为参与草场流转的大户多了就随意抬高流转费，也要防止养殖大户压级压价，损害牧民的承包利益。只有确定合理的草场流转价格，才能实现双赢。确定草场流转价格，既能保证承包草场农牧民的利益，又能保证养殖户通过规模养殖实现增收，使双方都能从草场流转中受益。②

① 张引弟．牧区草场承包经营权流转问题研究［D］．呼和浩特：内蒙古大学，2009：42.

② 关于加快草场流转促进农牧民增收的思考［EB/OL］．［2012－07－08］http：/www.doc88.com/p－1798037020942.html.

二、社会层面：建立互动多元的运行机制

（一）发展牧区社会事业，提高牧民的人力资本、社会资本、信息资本

社会事业是关系牧区牧民基本生活质量和共同利益的公共事业。社会事业主要包括教育事业、医疗卫生、劳动就业、社会保障、科技事业、文化事业、体育事业、社区建设、旅游事业、人口与计划生育等方面。社会事业由于资金投入规模大、周期长、回报率低，是个体所不愿做、不能做、做不了的事务，因此主要由国家负责和承担。

牧区过去在发展社会事业方面欠账很多，社会事业总体功能效率非常低，供求结构不合理。上学难、看病难、住房难、饮水难、行路难、养老难等问题非常突出和严峻。各级政府应充分发挥主导作用，解决人民群众最关心、最直接、最现实的利益问题，通过生计改善使牧民能够分享社会进步的成果，对教育、就业、收入分配制度改革、牧民社会保障、医疗卫生制度、牧民健康水平、社会管理都要加强建设，切实维护社会安定团结。

1. 促进县域经济社会发展

县域经济是城市和农村经济的接合部，工业经济和农业经济的交汇点，县域社会在新疆来说是新疆草原文明和现代城市工业融合的载体。作为一个多民族生活的多元文化交融的地区，使县域经济多元并存，是传统与现代的结合，既保留其原生态，又承载着现代化功能，才能使牧民在城市里有多项选择得以生存下去。

2. 加强牧区医疗、教育等社会资源分配

草原地区是我国农村改革发展的重点和难点。在今后的发展中，解决“三农、三牧”问题，必须依靠统筹城乡发展，以工补农、以城带乡，加快改善牧区生产生活条件，实现城乡互补共促、协调发展。[①] 针对教育资源过度集中引起的交通、住宿、日常成本的增加，重复建设引起的资源浪费，寄宿制引起的感情疏远，传统文化失传等牧区教育隐性成本普遍增加的问题，

① 苏青．在全市农村牧区工作会议上的讲话 [EB/OL]．[2006 - 03 - 01]. www. nmg. xinhuanet. com.

要对农村牧区中小学布局调整给农村牧区基础教育带来的利与弊进行实事求是的评价，在条件允许的前提下重新调整或恢复部分中小学；扩大牧区合作医疗试点；全面实施牧区最低生活保障制度和大病医疗救助制度；积极探索牧区社会养老保险制度；在年度预算中将每年新增的教育、卫生、文化等事业经费主要用于农村牧区，促进农村牧区的义务教育和基本医疗服务水平提高，让最困难的农牧民上得起学，看得起病。

3. 牧民社会教育内容应当与提高牧民自我发展能力紧密衔接

通过发展教育，开发人力资源，使他们转化为城市、工业以及其他行业可用的人才或者资源。新疆 800 万农牧民，大部分缺乏汉语言的沟通能力，他们很难走出农村。在全国人口普查中发现，新疆的农村中文盲、半文盲及小学文化程度的比重高达 49.38%，比全国高 12.7 个百分点。在新疆的各个部门，特别是基础设施建设部门，他们所雇用的农民工大部分达不到企业的用人标准。我们必须通过教育促进农牧民素质的提高，让他们进入城市。

提高牧民的自我发展能力是牧民生计策略选择的核心内容。自我发展能力使牧民有了很强的适应能力，无论他们在牧区还是在城市，都有能力去改变自己的生活境遇，这样就实现了牧民在牧区和城市生活的双向交流。城市化、工业化、市场化和全球化时代要求牧民具有风险承担能力、观察能力、学习能力、竞争能力、组织能力和创新能力。改革和创新牧民的社会教育，提高牧民时代所要求具有的各种能力。

应当说牧民不是天生缺乏发展能力，而是因为缺少受教育的条件和发展的机会。我们知道，能力和素质不是与生俱来的，是需要通过后天不断培养出来的。许多重要的发展条件和发展机会也不是牧民自己所能提供与创造的，需要国家、外部社会创造条件。因此，培训机构可以由政府埋单、社会招标，政府要通过调查了解，根据当地经济社会发展趋向、当地用工单位需求结合牧民的文化基础、汉语水平、特长爱好设计课程，进行有计划、分阶段的开展，使牧民通过培训获得一定的技能，真正受益，能更好地参与到市场竞争中去。

农村的劳动力素质低，哈萨克族由于各种条件的限制就业能力较低，大型的工业、高度的资本技术密集型工业，对劳动力要求更高，导致牧民不愿意进城。由于农牧民不能融入工业化，进城以后也没办法生存下来。无法融入工业化城镇化进程势必影响今后新疆工业化过程，必须通过社会教育来完成自我发展能力提升，使牧民向有技能的产业工人转变。

（二）优化社会结构，提高牧民的社会资本

社会结构是国家最重要的基本结构，由经济结构决定。它包括人口结构、家庭结构、就业结构、社会阶层结构、城乡结构、区域结构、社会组织结构等方面。其中社会阶层结构、城乡结构、区域结构影响社会和谐发展。在牧民阶层分化趋势加大、城乡结构布局不合理的情况下，必须优化社会结构。要实现社会结构优化，首先要优化经济结构，新疆要对工业二元经济结构进行战略调整，从经济增长优先转向就业优先、从轻重失衡的重视工业为主导的资金技术密集型产业，转向轻重平衡的劳动资本和技术资源有效结合的产业，把新疆的优势矿产资源和农业资源转化为经济优势，使牧民的富余劳动力有了转移出口。

1. 调整牧区和城市结构，缩小差距

调整城乡结构，缩小城乡在收入、机会、条件、资源分配方面的差别，使得牧民和牧区获得与城市同等的机会和条件。所以，在提高牧民生计策略上，国家要提供机会和资源分配政策与制度，使牧民与城市居民一样获得同等的公民待遇。改革不同的城乡政策和体制，使牧民提高发展能力，获得外部条件。在就业体制上，国家应该确保牧民与城市居民有同等的就业权利，获得同等的就业保障。要改善牧民的生存环境，使他们能够获得与城市居民“同工同时”“同工同酬”“同工同权”的待遇，享受社会保障；在城市住房市场上，牧民享受廉租房政策、住房抵押贷款等待遇；改变歧视性的政策和制度，使进城牧民在城市就业、生活等方面可以获得更好的发展能力和前景。

2. 提高牧区产业化运作水平

（1）加大牧区金融信贷保险支持。

牧民信贷融资困难，虽然农业银行、城市信用社（农商银行）给牧民贷款。为了让牧民的生计得到改善，国家需要调整牧民的信贷政策：允许以草场作抵押进行融资。草场（包括草场承包经营权、宅基地和牧居）是牧民最基本的生产资料和重要财产，以草场作抵押进行融资，让静态的土地“流”起来，使沉睡的资源“活”起来，是拓宽牧区金融供给渠道、破解牧民资金短缺难题的有效途径。改革二十多年来，牧区主要靠民间信贷发展畜牧业的局面，加强对牧区信贷的支持。提高牧民的贷款额度，降低养殖贷款利息或增加无息贷款，延长贷款时限。

（2）降低畜牧业生产成本。

提高经济效益必须降低生产成本，但降低生产成本除了在投入上减少外，更多的是通过增加投入而增加产出产生的效益。所以，真正的降低成本是需要在单位成本上降低成本。多年来，我国畜牧业发展过程中不太注意研究投入产出的辩证关系，不考虑饲料种类和品质、数量，一味地从少投入上考虑，畜舍建造也不考虑畜禽生活生长的需要。因此，投入少，产出不理想，发展水平低。另外，有些地方虽不惜成本地增加投入量，但并不考虑单位成本的降低，经济效益也不大，同样也是亏损。所以，降低生产成本必须选取最优生产方案，从实际出发实现投入产出的最佳配比。①

（三）加强社会服务功能建设，提升牧民的社会资本

加强社会服务功能建设，也就是说，地方政府作为国家为人民服务的授权主体，要在规则制定、规则实施、资源配置过程中履责负责，政府职能“归位”，而不能“缺位”“越位”和“错位”。草原流转法规出台迟滞、草场纠纷协调机制缺乏、流转草场品质下降、矿产开发企业监管不力、牧民生计危机等都说明了牧区社会服务功能落后，导致行政运行效率低下、经济社会发展落后、牧民权益受损、牧民人均收入低微。政府要通过不断健全民主权利保障制度、公共财政制度、收入分配制度、社会保障制度，从制度上保障牧民在政治、经济、文化、社会等方面的权利公平、机会公平、规则公平和分配公平；通过建立和完善政府的社会支持、社会帮助、社会救援的公共服务体制，有效提供公共产品，直接为人民群众服务。

根据研究，对于多种资本贫乏的牧民，他们大都愿意维持现状而不愿进行生计策略的改变来改善自己的生计，主要因为年老体弱、文化程度低下等，

① 袁希震．降低畜牧业生产成本提高垦区畜牧业经济效益［J］．黑龙江畜牧兽医，1987（1）．

或者因为缺乏改善生计的能力，或者不愿冒改变生计策略的风险。[①] 合理调整收入分配关系，努力提高牧民收入在国民收入分配中的比重、劳动报酬在初次分配中的比重；推动牧民收入普遍较快增长，深化财政税收、就业、工资增长、财产性收入、社会保障、城乡救助等制度改革，推动牧业规模化、专业化、产业化发展，推动牧民收入普遍较快增长。通过社会资本提升，改善金融资本获取的外部与内部的条件和环境。牧业现代化一定是建基于牧民的六种资本极大丰富的基础上的，只有牧民的六种资本都提升了，才可能切实实现牧业规模化、专业化、产业化。

（四）促进牧业合作组织发展，提高牧民的组织化程度

从国际上的成功实践案例来看，要较好地解决公共产品和公共服务的投入与人民多层次、多样化的物质文化需求的出路，在于扩大社会和公众的参与，促进社会组织的发展，从而填补政府不到位和市场“失灵”的空白。

一个成熟的社会组织体系，对于社会的健康发展意义重大。社会组织是沟通政府和民众的重要桥梁，它担负着两方面作用：一是把社会成员对政府的要求、愿望、建议、批评集中起来，转达给政府；二是把政府的政策意图反馈给社会成员，实现政府与民众的良性互动。促进社会组织发展，能够正确处理好政府、市场和社会的关系，使社会健康发展，加强政府与社会组织之间的分工协作、不同社会组织之间的相互配合，发挥其提供服务、反映诉求和规范行为的作用，这是配置社会资源、加强社会协调、化解社会矛盾的有效途径。

缺少必要监督与制衡的草原政策，容易成为相关部门实现私利的工具。单纯地由政府主导，推行自上而下的单向治理模式，把牧民排斥在政策制定和反馈渠道之外，很难克服牧区信息不对称的问题；同时，政府为了政策便于执行而进行的“一刀切”和普遍的简单化，更无法适应牧区社会的非平衡性及其多样性。[②]

通过对公共事务的研究，我们可以采用埃莉诺·奥斯特罗姆的“多中

---

① 杨培涛．牧民生计资本与生计策略的关系研究［D］．兰州：西北师范大学，2009：49.

② 周立，姜智强．竞争性牧业、草原生态与牧民生计维系［J］．中国农业大学学报（社会科学版），2011（2）.

心”和“自主治理”理论，让牧民与政府实现上下互动、牧区与市场内外互补的协同治理关系，重新启动牧民的“再组织化”，并建立起以牧民自主治理为主体，草原牧业各利益相关者参与其中的“博弈框架”，为我们尝试走出平衡理论指导下的“草原退化—生态恶化—牧民生计不可持续”恶性循环圈①，扭转草原退化、生态恶化和牧民生计不可持续趋势提供了选择路径。

改革开放以来，实行的家庭联产承包责任制使牧民以家庭为单位分散经营。在市场化过程中，分散的牧民缺乏组织化和规模化生产的基础，很难应对市场的风险冲击，更没有竞争力。最近十年来的研究表明，牧区合作经济组织如畜牧业合作社，是有效解决牧业流通和市场之间矛盾，把分散的牧民进行分类组织起来进入市场的有效途径。合作社组织有以下一些特点或优势：一是可以促进牧民组织化程度的提高；二是可以调整畜牧业生产结构；三是可以促进牧区生产要素的优化配置；四是可以促进畜产品市场的开拓以及技术推广和标准化生产；五是可以促进牧区社会管理体制创新。②

在提高牧民组织化水平上，很重要的一点是让牧民自己组织起来。为了实现这一目标，应该努力从以下几方面下功夫。

第一，完善服务体系，创造良好外部环境。首先，政府需要积极倡导和指引。国家应该为牧民自组织化提供法律和政策支持。扶持资金主要用于专业合作社畜产品质量标准与认证、牧民技能培训、开展信息交流、加大畜牧业生产基础设施建设、扩大市场营销和技术推广范围等；各金融机构应加大金融服务支持，采取多种形式为专业合作社提供多渠道的资金支持和金融服务，专业合作社信贷实行信用评级制度。其次，政府动员社会力量为牧民提供相应的组织技能和智力支持。专业合作社可独立申报、承担畜牧业建设项目。依法保护专业合作社的商标、建设专业合作社地方名牌、商号等知识产权。破解养殖专业合作社发展用地的难题。政府统筹安排养殖用地满足用地

① 周立，姜智强．竞争性牧业、草原生态与牧民生计维系［J］．中国农业大学学报（社会科学版），2011（2）．

② 崔小舟．培育和发展农牧民经济合作组织的思考［EB/OL］．［2012－08－22］．百度文库，https：//wenku. baidu. com/view/1dde186ea45177232f60a2f9. html.

需求。[①] 探索发展产业化经营畜牧模式。完善“公司 + 合作社 + 农户”经营模式，让牧民从产业化经营中得实惠，培育和发展龙头企业起示范带动效应，使牧民获得更多加工流通环节的利益。最后，搞好相关配套设施建设。[②] 各级政府、各有关部门制定优惠政策，为专业合作社的生产基地建设提供用地、供水、供电及道路等基础设施建设便利。

第二，发挥指导作用，规范政府的行为。政府应不断强化牧民在合作组织中的主体地位，合作组织的工作应以指导和引导为主，不能随意干涉甚至包办代替。[③]

第三，规范合作组织，规范管理、规范建设、规范利益分配。

第四，发挥典型示范作用。[④] 表彰和奖励管理规范、带动能力强、对牧民增收贡献突出的专业合作社；减免专业合作社在农牧产品购销环节的税收。推进专业合作社规范发展，通过典型示范，辐射带动养殖专业合作社规范发展；提高专业合作社的经济效益，提高专业合作社组织化程度，降低饲养成本，增加二次返利额度，增强社员的凝聚力。加强不同类型专业合作社增强抵御市场风险的能力，完善专业合作社之间的协调与协商机制，实现上下游产业链对接，增强综合能力，提高自律意识和维权意识。[⑤]

第五，加强对农牧民的教育、培训、引导。加强农业局、供销社、科协、妇联等与专业合作社有关的机构的协作创新。

---

① 崔小舟. 培育和发展农牧民经济合作组织的思考 [EB/OL]. [2012 - 08 - 22]. 百度文库, https: //wenku. baidu. com/view/1dde186ea45177232f60a2f9. html.

② 以政府投入为主，市场化运作为辅，加快牧区基础设施建设，使主导产业覆盖地区交通便利，信息畅通，从而为牧业产业化和牧民经济合作组织的发展提供良好的硬件环境。同时推行普惠性的税收、金融等方面的扶持政策。

③ 崔小舟. 培育和发展农牧民经济合作组织的思考 [EB/OL]. [2012 - 08 - 22]. 百度文库, https: //wenku. baidu. com/view/1dde186ea45177232f60a2f9. html.

④ 立足已经形成的产业优势，培育和发展一批专业型、产业型、规模型、实体型的合作经济组织，把有限的资源向优势主导产业和产品上配置，把优势产业和产品做大做强，建立起点高的典型农村牧区经济合作组织。

⑤ 崔小舟. 培育和发展农牧民经济合作组织的思考 [EB/OL]. [2012 - 08 - 22]. 百度文库, https: //wenku. baidu. com/view/1dde186ea45177232f60a2f9. html.

第六，明确村两委与合作组织的关系。[①]

三、个体层面：转变与措施

（一）提高生计资本存量以利于生计改善

生计资本理论表明，改善生计的重要途径在于提高生计资本存量。可持续生计资本的形成不仅仅拥有大量而单一的资本，核心要素在于要有针对性地提高人力资本和社会资本，充分利用好金融资本、保护好自然资本，发挥物质资本的作用。

（1）通过教育提高牧民文化水平和劳动技能来开发牧民维持生计的人力资本。

在图 3－9 中，37.1% 的牧民需要“技术支持”，12.1% 的牧民需要“创业指引”。在表 2－42 中，43.5% 的牧民需求为“创业培训”，26.5% 的牧民需求为“就业培训”，20.5% 的牧民需求为“加大对转移牧民的培训力度，开展引导性培训、技能培训、岗位培训等措施，提高牧民的专业技能”。在图 3－8 中，9.2% 的牧民需要“提供培训”。从调查结果来看，牧民的确非常需要培训，在提高牧民生活水平的途径中，牧民选择的“发展养殖”“打工”“经商”“种好庄稼”等都需要培训才能做好。

一是鼓励牧民利用国家、社会组织提供的培训机会完善提高自己的从业能力和从业水平；牧民要结合每年基层单位联合开展的“科技之冬”“科技之夏”“科技下乡”活动，根据自己的兴趣爱好、知识水平、理解能力参加养殖、刺绣、装修、厨艺、修理等技能培训，通过培训学到技能可以提高找到工作的机会。二是鼓励和支持牧区牧民劳动力转移，设立牧区劳动力转移创业基金，对转移就业的牧民给予资金扶持，加强牧民畜牧业实用技术和劳

① 农牧民经济合作组织是在农村家庭承包经营基础上，同类农产品的生产经营者或同类农业生产经营服务的提供者、利用者，自愿联合、民主治理的互助性经济组织，也是现阶段农牧民经济组织的主要形式。农牧民经济合作组织以其成员为主要服务对象，提供农牧业生产的联合或生产资料的采购，农产品的销售、加工、运输、储藏，以及与农业生产经营有关的技术、信息等服务。合作组织可以采用企业的形式，也可以与其他农产品加工企业或农畜产品批发市场挂钩，把产加销连为一体，形成“龙头企业＋合作社＋农户”的经营体制。

动技能培训。[①] 三是提高牧民汉语水平、文化基础、理财水平。在今后的“科技之冬”“科技之夏”“科技下乡”活动中要有针对性地设计培训方案，先对参加培训的牧民进行汉语水平、技能基础、兴趣爱好等测评，根据测评结果准备分流培训方案。汉语水平较低、有提高汉语水平要求的牧民先进行汉语提高的课程学习，汉语水平提高后再进入技能技术课程学习；教育水平低、文化基础薄弱的牧民先学习基础知识，掌握基础知识后再学习下一阶段的课程；汉语水平良好、文化基础较好的牧民可以根据自己的兴趣、爱好参加技能技术培训。牧民的技能技术培训要与职业资格证书、技能技术上岗证书考核相结合，牧民通过培训考核合格取得各种职业资格，为他们的转产转业奠定基础。因此，牧民基层培训需要了解牧民的各种实际，有的放矢地、有针对性地、有计划有步骤地、先后具有接续性地开展。只重形式不注重内容，只重完成任务不注重培训效果，供给与需求相脱节的、不注重牧民教育水平实际的培训导致的结果是耗费了人力、物力、财力及时间，却没有使牧民的自我发展能力得到较大的提高。要提高牧民的自我发展能力，就必须有成效地开展牧民的社会教育，自我发展能力通过教育培训得到切实提高，才能真正增加生计策略的多样化选择路径，增加可持续生计的能力。

（2）通过调整农牧业结构，加强牧业水利设施建设，保护草场质量，提高牧民的自然资本。

新疆要对工业二元经济结构进行战略调整，加大第二产业、第三产业的发展，让畜牧业富余劳动力有机会转移就业，以减轻草原的人口压力，减轻牧民的生存压力。要加强欠账极其严重的牧区水利建设，通过水利灌溉、人工种草改善草场生态；不遗余力地保护草原，草原除了有对空气、水源、水土、气候的生态功效外，还是牧民的安身立命之本，是牧民生生不息的生计之本，畜牧业现代化也是建立在优质草场基础上，没有了草原，牧业现代化无异于无水之源、无本之木。

（3）通过改良牲畜品质，进行特色和规模化养殖，增加生产性物资投

① 新疆“三牧”问题调研组．新疆“三牧”问题调查及扶持政策建议［J］．农村财政与财务，2011（9）．

入，提高劳动生产率，提高物质资本。

草场对于牧民的重要性比土地对于农民的重要性更强。由于历史、地理、文化、语言等诸多方面的限制因素，牧民富余劳动力转移难度相当大。为解决牧民可持续生计问题，政府想了很多办法，但收效都不理想。在调研访谈中了解到，牧民若非迫不得已是不愿意离开草原进入城市的，通过牲畜产业谋求生计在相当长时间内依然是牧民的理性选择，因此，地方政府要通过各种鼓励政策支持牧民改良畜牧品种，结合当地物产实际，开展独具特色的牲畜养殖和畜产品加工。牧民也要克服各种困难，利用好养殖、牲畜改良等优惠政策改良牲畜，提升牲畜出栏率，实现增收。对牧民实现灾险牲畜补助，避免牧民因自然灾害陷于赤贫。

（4）通过扩大农机购买补贴、引导和规范民间信贷，扩大畜牧业规模，提高牧民的金融资本。

国家要根本性改变改革开放几十年来农村牧区以承受更高利息的方式通过民间借贷融资，而不能从正规金融机构（国家银行和信用社）获得贷款的现实，促进农业牧区牧业的发展。民间借贷的高额利息增加了牧民的经济负担，国家要在牧业融资政策方面进行切合实际的改革，允许牧民以草场作为抵押融资，给牧民发放无息贷款，延长贷款时间，增加贷款额度，解决制约牧民畜牧业发展的最大的困难。在购买割草机、剪毛机、捆草机等方面给予农机补助。

（5）通过加强牧民组织化，建立国家、市场与个人之间的交流平台，健全牧区信息服务网络来提高牧民的社会资本。

营造诚信有益于牧民自身发展的人文环境，提高牧民的政治社会参与意识。村民信任度调查结果显示，哈萨克族群传统上是以血缘关系为纽带的部落社会，牧民的信任基础较好。调查中了解到借贷的当事人如果意外亡故，按照哈萨克族的传统，他的亲戚会想办法帮他把债务还清，绝不抵赖。基层金融机构对牧民的信贷实行 5 ~ 10 户联保，如果这其中有一户诚信出现问题，就会影响到联保的其他牧户的信贷获得。诚信对于金融资本的获得是有帮助的，信任基础良好对于建设良好的社会诚信环境是有益的，在牧民原本有着良好诚信传统的基础上，进一步培育以增强提高诚信意识，从而使牧民更好地获得外部支援和金融机构的支持。

牧民的公众参与意识调查结果显示，牧民的政治、社会参与意识非常薄弱。哈萨克族群现代化进程中最首要的任务是使哈萨克族个体现代化。英国社会学家英克尔斯认为，人的现代化是现代化的核心内容，人的现代化是实现社会转型的关键因素。[①]“人的现代化表现为创新精神、参与意识、开放意识、进取意识、独立性和自主性，一个国家现代化历史进程的演化就是人的价值观、心理素质、行为特征的转变和培育过程。”[②] 参与意识是个体现代化的表现，因而要培育哈萨克族牧民的政治、社会参与意识，通过营造让牧民能够表达、愿意表达、客观理性科学地表达具有效力的社会氛围，形成切实有效的牧民个体民主参与活动的机制，来提高牧民的参与意识，通过牧民积极的意见表达，才能够真正监督当地政府各项建设，规避各种风险，以防止和减少用意良好的社会工程因为没有牧民意见参与其中而导致失败的案例频繁发生。决策失误导致的社会危害可能祸及千秋万代。因此，需要通过加强牧民议事，引导培育牧民参政议政，形成良好的牧民民主参与氛围；建立顺畅的牧民意见表达机制，是提高牧民公民意识，让哈萨克族社会从传统向现代转型的重要路径。

（6）通过加强信息平台建设、信息收集服务，提高牧民的信息资本。

由“政府需要做的工作”的调查结果（见图3－8）可知，23.7%的牧民需要“提供致富/就业信息”，说明在信息化时代，致富、就业信息对牧民生计的选择非常重要。由“牧民家庭生活物品拥有情况”的调查结果（见表4－4）可知，拥有家庭座机电话及手机牧民家庭是比较多的，占牧民家庭总数的81.6%，手机话费在家庭总开支中达1350.81元，最多达35000元；拥有电视机的牧民家庭占76.5%。虽然牧民拥有座机、手机、电视机的数量不

① 英克尔斯，史密斯．从传统人到现代人——六个发展中国家中的个人变化［M］．顾昕，译．北京：中国人民大学出版社，1992；转引自：彭华民．社会学概论［M］．北京：高等教育出版社，2006：352.

② 英克尔斯，史密斯．从传统人到现代人——六个发展中国家中的个人变化［M］．顾昕，译．北京：中国人民大学出版社，1992；转引自：彭华民．社会学概论［M］．北京：高等教育出版社，2006：352.

少，但它们提供给牧民的致富、就业节目，发布的有效信息却是极其有限的，手机上也少有针对哈萨克族牧民的致富就业信息平台。在增加牧民可持续生计的途径建设上，要加强牧民致富、就业信息平台的建设，加强信息收集发布，以利于牧民的生计策略组合选择。

（二）引导牧民进行生计模式及职业选择

根据影响新疆哈萨克族牧民生计策略选择的多分类 Logistic 回归分析结果，牧民的六类生计资本与生计策略之间显著性影响不很明显，根据生计资本评价指标表分析，可以得出以下结论。

（1）通过对新疆牧区牧民所拥有的一系列生计资本指标进行评估，可以得出新疆牧区牧民拥有的六类生计资本中，社会资本和人力资本存量最高，自然资本和金融资本存量较高，物质资本和信息资本存量较低。

（2）根据牧户的收入构成和劳动力投入特点，本研究把牧户划分为种植型、畜牧型、非牧型和多样型，并分析了各类型家庭的特点。非牧型家庭拥有稳定的现金收入和较高的受教育程度；畜牧型家庭一般自然资本丰富且家庭规模较大；多样型家庭的生计活动领域广泛，生计风险得到较好的分散。

（3）新疆牧区牧民所采用的生计策略在本书中归纳为资源导向策略、劳动力导向策略、多样策略，后一种策略能提高收入、分散风险，前两种策略在人口增加的情况下，造成草场退化。一些制约因素的存在，使得研究区广泛使用的策略依然是依赖大量自然资源和简单劳动力投入的农牧活动，广大牧民有生计策略非牧化和多样化的意愿与想法，而且这也是牧民普遍看好和作为未来生计策略调整的方向。

（4）新疆牧区各地州牧户的生计资本没有显著性差异，牧户的生计资本影响着生计活动的选择，自然资本缺乏迫使牧户寻求其他谋生方式，人力资本、物质资本与金融资本缺乏以及封闭而狭窄的亲缘与地缘关系限制了牧户生计多样化。

（三）转变牧民的生计观念

1. 牧民生计活动的非牧多样化转向

在牧业活动中增加非牧生计比重，因为来自非牧活动的收入能支持牧业生产和牲畜养殖，能够实现家庭内部经济的良性循环。牧民生计活动的非牧多样化转向能确保牧民收入增长和生活水平的提高，减轻对草场的依赖，有利于生态恢复和重建，同时也降低了单一生计活动的脆弱性和风险。该策略的实现要以人力资本提升和金融资本投入为条件，但是，牧区社会经济发展滞后、社会分工不发达阻碍着牧区以非牧为主的生计多样化。在这样的背景下，就业、户籍、社保等城乡分割的二元管理体制尚未根本改变，如能吸纳大量富余劳动力的第三产业向非牧转移或迁移的可能性更大，但新疆牧区有较高文化水平和技能的劳动力很缺乏，城乡一体的劳动力市场尚未建立。受过更高教育的牧民往往更容易捕捉到非牧就业机会和把握劳动力市场的信息。①

2. 牧民生计活动的生态性转向

新疆的荒漠半荒漠草原占46%以上，而且85%的草原呈不同程度退化状态，严重退化的草原达37.5%，基于新疆这样极端非平衡的草原状况，处于生计危机状态的牧民为保持草原生态的可持续发展，在生计策略选择上要进行生态性转向。新疆牧区的牧业半牧业县中，牧业县伊吾县、阿勒泰市、新源县，半牧业县巴里坤县、哈密市、额敏县、乌鲁木齐县、塔城市发展方向都为生态旅游典型县。木垒县、阿勒泰市、布尔津县、昭苏县和巴里坤县在2015年被国务院批准为全域旅游示范建设县，实行全域旅游，全民兴旅。昭苏县2015年还被农业部和国家旅游局授予“全国休闲农业与乡村旅游示范县”。应当说，草原和牧业除了具有畜产品产值和旅游收益外，还能提供远大于畜产品产值和旅游收益本身的草原非产业价值，承载着教育、观光、休闲、医疗等功能的草原牧业产业开发，为牧民生计提供了生态性转向的选择机会。全域旅游的信息化建设、生态环境保护、水资源利用、城镇建设、土地利用、节庆活动、旅游纪念品开发、会展服务、场馆建设、度假区服务、有机农畜产品生产加工基地、民生就业基地建设中所增加的各类岗位，能够满足拥有不同资本的牧民的生计需求与选择。

① 杨培涛．牧民生计资本与生计策略的关系研究［D］．兰州：西北师范大学，2009：49.

3. 立足牧民技能实际的生计岗位设置

畜牧良种推广、疾病防控、草原保护、草原监测、防火防灾人员配备远远不能满足实际工作需要，而这些恰恰是牧民的工作长项，因此，政府可以通过政府购买服务的方式，利用牧民的地方性知识，设置围栏管护、毒草治理、减畜监督、草原防火、鼠虫害测报等草原管护社会公益岗位；利用族群文化、草原风光吸纳牧民为旅游产业的从业者；等等。各类征占用牧民草场的企业应当给牧民提供适合他们就业的岗位，解决他们对于草场流转产生的生计困顿的恐惧。

四、不足与展望

（1）受到经费和语言交流障碍等限制，本研究虽然对新疆牧区 29 个县市、112 个乡镇、256 个村组，尤其是重点对其中 12 个县、35 个乡镇、35 个村组进行了调查，但因为时间紧迫、经费紧张，没能进行更为深入细致的访谈、长时段追踪，研究内容挖掘不够深入。

（2）调查范围涉及新疆六个地州，各地州的牧区离中心县城都很远，深入牧区做入户访问极其不易；牧民的文化程度低、汉语水平低，对于问卷的每个问题，调研人员都需要在翻译人员逐字逐句的翻译下才能填写，每份问卷平均用时 2.5 个小时，工作量极大；翻译人员有时由各地会双语的工作人员担任，翻译者双语水平影响着问卷的填写质量，某些翻译人员理解偏差会影响统计结果、研究结果。

（3）在调查研究中发现草场征占与社会冲突、草场确权、流转与新型经营主体培育、牧民草场流转意愿及政策创新、牧民社会教育与自我发展能力提升等问题都非常具有研究价值，本研究只是打开了新疆牧区、牧业和牧民研究的一个窗口，今后将进一步深入研究这些问题，继续关注“三牧”，关注草原地区少数民族社会群体的生产生活。

五、本章小结

在对制约牧民生计可持续发展存在问题及因素进行分析的基础上，从政府层面、社会层面、个体层面提出通过建立完善的制度体系来提高牧民的物质资本和社会资本；通过促进牧区经济建设、社会建设等方面来提高牧民的人力资本、金融资本、信息资本、社会资本；通过加强教育水平和技术水平、引导和规范牧民进行生计模式与职业选择、转变牧民生计观念等方面来提高牧民的人力资本，通过牧民的生计资本建设来提升牧民的自我发展能力，以实现生计的可持续性。

（1）政府层面：建立完善的制度体系，扩大提高国家支农惠农政策对牧区牧民的补贴范围和标准，加强牧区畜牧业防灾减灾体系建设；理顺草场流转与国家生态建设的冲突关系。建立生态文明评价考核党政同责的有效机制；提高草场征占补偿标准，完善草原生态补偿瞄准机制；树立大农业、大生态理念的发展思路；制度性保障，一是建立和完善草场流转制衡机制；二是建立和完善草场流转机制监管体系建设。加快草场流转法制建设，使草场依法规范流转，依法严格管理矿产资源企业和项目，依法监管企业和个人非法开垦草场行为，依法处罚非法开垦企业和个人；通过完善牧民草场产权制度保障牧民的合法权益；建立草场流转纠纷解决与协调机制。

（2）社会层面：建立互动多元的运行机制。通过促进县域经济社会发展、牧区医疗教育等社会资源合理分配、牧民社会教育内容等牧区社会事业发展，来提高牧民的人力资本、社会资本、信息资本；通过调整牧区和城市结构，缩小差距，提高牧区产业化运作水平来优化社会结构，提高牧民的社会资本；通过促进牧业合作组织发展来提高牧民社会资本。

（3）个体层面：通过教育提高牧民文化水平和劳动技能来开发牧民的人力资本；通过调整农牧业结构，加强牧业水利设施建设，保护草场质量，来提高牧民的自然资本；通过改良牲畜品质，进行特色和规模化养殖来提高牧民的物质资本；通过扩大农机购买补贴、提高牧民信贷来提高牧民的金融资本；通过加强牧民组织化，建立网络信息交流平台来提高牧民的社会资本；通过加强信息平台建设、信息收集服务，来提高牧民的信息资本。引导牧民进行生计模式及职业选择；引导牧民生计活动非牧多样化转向、牧民生计活动的生态性转向，设置立足牧民技能实际的生计岗位。

参考文献

［1］农业部草原监理中心．草原执法理论与实践［M］．北京：中国农业出版社，2010.

［2］常艳红．农村土地流转中农民权益保障研究［D］．秦皇岛：燕山大学，2011.

［3］田帅．西南丘陵地区土地流转对农户生计的影响因素分析［D］．重庆：西南大学，2008.

［4］李作舟．山西省土地流转对农民收入的影响研究［D］．杨凌：西北农林科技大学，2010.

［5］张引弟．牧区草场承包经营权流转问题研究［D］．呼和浩特：内蒙古大学，2009.

［6］马合帕·吾拉拦汗．哈萨克族民俗对牧区经济发展影响研究［D］．乌鲁木齐：新疆师范大学，2014.

［7］杨培涛．牧民生计资本与生计策略的关系研究［D］．兰州：西北师范大学，2009.

［8］包乌兰格日乐．我区牧民草场权利保护现状的实证研究［D］．呼和浩特：内蒙古大学，2011.

［9］梁玮．城市化进程中城郊失地农民的可持续生计分析——以河北省A市D镇城郊失地农民为例［D］．南昌：南昌大学，2012.

［10］张引弟，孟慧君，塔娜．牧区草场承包经营权流转及其对牧民生计的影响［C］//农业部草原监理中心，中国草学会．2009中国草原发展论坛论文集，2009.

[11] 杨思远．从草场承包到草场整合——巴音图嘎嘎查草场使用权流转调查报告 [C] //第一届中国政治经济学年会应征论文集，2007.

[12] 新疆“三牧”问题调研组．新疆“三牧”问题调查及扶持政策建议 [J]．农村财政与财务，2011 (9)．

[13] 苏芳，徐中民，尚海洋．可持续生计分析研究综述 [J]．地球科学进展，2009 (1)．

[14] 何仁伟，刘邵权，陈国阶，等．中国农户可持续生计研究进展及趋向 [J]．地理科学进展，2013 (4)．

[15] 赖玉珮，李文军．草场流转对干旱半干旱地区草原生态和牧民生计影响研究——以呼伦贝尔市新巴尔虎右旗嘎查为例 [J]．资源科学，2012 (6)．

[16] 栗林．内蒙古鄂尔多斯市农村牧区土地（草场）承包经营权流转问题探究 [J]．畜牧与饲料科学，2009，30 (3)．

[17] 张引弟，孟慧君，塔娜．牧区草地承包经营权流转及其对牧民生计的影响——以内蒙古草原牧区为例 [J]．草业科学，2010 (5)．

[18] 宋荣奎，吴艳，冯斌．牧区草场流转亟需金融支持——以青海省海南藏族自治州为例 [J]．青海金融，2015 (6)．

[19] 于立，于左，徐斌．“三牧”问题的成因与出路——兼论中国草场的资源整合 [J]．农业经济问题，2009 (5)．

[20] 苏里坦别克，许平．阿勒泰地区草场长期有偿分户承包工作的经验与体会 [J]．新疆畜牧业，1997 (2)．

[21] 中国人民银行果洛州中心支行课题组，刘建辉，周肖杰．“草场承包经营权”抵押担保模式初探 [J]．青海金融，2012 (5)．

[22] 鹏川．牧民要求重新支付草原补偿费，我们该怎么办？[J]．今日新疆，2007 (5)．

[23] 史俊宏，赵立娟．生计转型背景下生态移民生计脆弱性及其可持续生计途径 [J]．中国管理信息化，2012 (15)．

[24] 蒙吉军，艾木入拉，刘洋，等．农牧户可持续生计资产与生计策略的关系研究——以鄂尔多斯市乌审旗为例 [J]．北京大学学报（自然科学版），2013 (2)．

[25] 于俊平，王成海，杨柳．草原承包经营权流转引发新纠纷的处理［J］．中国牧业通讯，2003（21）．

[26] 吕伟伟．甘肃省山区农户生计资本脆弱性分析［J］．现代妇女（下旬），2014（2）．

[27] 苏树军，阿不都维力·吾术尔．浅析新疆农牧民收入过低的相关问题与对策建议［J］．新疆畜牧业，2005（4）．

[28] 徐珍源，孔祥智．转出土地流转期限影响因素实证分析——基于转出农户收益与风险视角［J］．农业技术经济，2010（7）．

[29] 社论：遏制沙尘暴需改革草场产权制［N］．新京报，2004-04-01.

附录A 牧户调查问卷

问卷编码：

新疆草场流转中哈萨克族牧民可持续生计调查
（牧户调查问卷）

市（地区）/县：
乡/镇：
村：
被访谈人姓名：
调　查　人：　　　　　　（工作人员填写）
时　　　间：　　　　　　（工作人员填写）

说明：

1. 本调查问卷仅用于科学研究，不对外公开，请填写者认真如实填写。

2. 本调查问卷问题设置以选择题为主，请选择最符合实际情况的选项或在其前面的“□”内画“√”。

尊敬的牧民朋友：

您好！我们是“新疆牧区土地流转中哈萨克族牧民可持续生计研究”课题组的成员，今天来拜访您，是想了解哈萨克族牧区的草场承包经营权流转情况，牧民家庭在土地流转前后维持生活的手段和方式是什么，草场流转对牧民维持生活的手段和方式产生了怎样的影响，牧民谋生所需要的能力有哪些，有哪些储备物、资源、要求和权益，草场流转对牧民生产生活的影响有哪些。本研究力求真实反映社会现状，以期对牧民维持生计的方式和手段的可持续性与生活水平的提高提供政策咨询参考。本调查采取无记名形式，保护您的隐私权，希望能得到您的支持与配合。我们的调查分析希望对您的生活、生产有所帮助。谢谢您的支持与合作！

第一部分　哈萨克族牧民基本情况

1. 家庭成员基本情况

成员编码	户主及家庭成员	年龄	文化程度	婚否（已婚画“√”，未婚画“×”）	手艺或谋生技能	居住地	是否为村干部（是画“√”，否画“×”）
1						□牧区　□外地 □农区	
2						□牧区　□外地 □农区	
3						□牧区　□外地 □农区	
4						□牧区　□外地 □农区	
5						□牧区　□外地 □农区	
6						□牧区　□外地 □农区	
7						□牧区　□外地 □农区	
8						□牧区　□外地 □农区	

注：文化程度代码：0——未受正式教育，1——小学，2——初中，3——高中、中专，4——大专、高职，5——大学本科及以上；手艺代码：1——放牧，2——厨师，3——木器制作，4——铁匠，5——刺绣，6——畜产品加工销售，7——乳产品加工销售，8——司机，9——种地。

2. 家庭成员（16 岁以上）工作情况

成员编码	土地流转之前			土地流转之后		
	工作	工作收入（牧业收入除外）	工作是否稳定	工作	工作收入（牧业收入除外）	工作是否稳定
1			□稳定 □不稳定			□稳定 □不稳定
2			□稳定 □不稳定			□稳定 □不稳定
3			□稳定 □不稳定			□稳定 □不稳定
4			□稳定 □不稳定			□稳定 □不稳定
5			□稳定 □不稳定			□稳定 □不稳定
6			□稳定 □不稳定			□稳定 □不稳定

注：工种代码：1——务农，2——打工，3——做生意，4——教师，5——跑运输，6——企业主，7——职员或公务员，8——其他；对于一人可能从事多种工作的情况，按此填写：如工种代码“1、3”；工作收入“1000 元、2000 元”。

第二部分　哈萨克族牧民草场流转情况

1. 你们村牧民有没有参与草场流转？（　　）

A. 有→

> **2. 你们村牧民草场流转人家占全村总户数的多少？（　　）**
>
> A. 80% ~100%　　B. 60% ~80%　　C. 40% ~60%
>
> D. 20% ~40%　　E. 0% ~20%

B. 没有

3. **你们村牧民草场主要是转出还是转入(　　)?**

A. 转出→

4. 您认为你们村“草场转出”主要是出于什么原因（可多选)?(　　)。

A. 来自流转草场的收入高　B. 缺少劳动力
C. 服从乡村统一规划　D. 工业园区建设
E. 旅游开发　F. 矿产开发
G. 林地围封
H. 修建公路、铁路，修建电站、水库等
I. 家里有急重病人医治　J. 孩子上大学需要钱
K. 进城居住和务工　L. 其他：________

B. 转入→

5. 您认为你们村“草场转入”主要是出于什么原因？（可多选）(　　)

A. 充分利用剩余劳动力　B. 扩大养殖规模
C. 亲朋好友委托放牧　D. 旅游经营需要
E. 其他：________　F. 建养殖小区

C. 既有转出也有转入

6. **你们当地草场流转租金的主要形式是什么？(可多选)(　　)**

A. 收取现金　B. 粮食折算　C. 无偿　D. 其他：________

7. **你们村草场流转的价格是多少？（有哪一类就填写哪一项，都有就都填写）(　　)**

A. 无水草场（元/亩）	B. 有水草场（元/亩）	C. 打草场（元/亩）	D. 放牧场（元/亩）

8. **你们村草场流转方式主要是什么？(　　)**

A. 集体征地→ 主要是指：________________

B. 小规模征地→ 主要是指：________________

C. 农牧户之间小规模草场流转→

9. 你们当地草场流转的对象是什么？（　　）
A. 本村内进行
B. 与外村、外乡甚至外县进行

10. 你们村牧民流转草场的性质主要是什么？（可多选）（　　）

A. 夏草场　　B. 春秋草场　　C. 冬草场

D. 打草场　　E. 饲草料用地

11. 你们村草场流转的期限一般有多久？（可多选）（　　）。

A. 几个月　　B. 10 年以内　　C. 几十年

D. 具体问题具体对待　　E. 1 ~3 年　　F. 3 ~5 年

12. 现在国家政策好了，有人要收回原有的承包草场自已放牧，双方当事人主要靠什么途径解决？（　　）

A. 有合同，按合同处理　　B. 有合同，但起纠纷

C. 无合同，起纠纷打官司　　D. 无合同，但顺利收回

13. 你们村草场流转户的去向有哪些？（可多选）（　　）

A. 进城打工或居住　　B. 仍留在牧区为其他牧户做牧工

C. 仍然经营牧业生产　　D. 其他动向

14. 您对草场流转的态度：

（1）草场对您家生活的重要性如何？（　　）

A. 完全依赖　　B. 比较重要　　C. 一般重要　　D. 次要

（2）您是否愿意转出或转入草场？（　　）

A. 转出→

15. 若愿意转出草场，主要原因是什么？（　　）
A. 畜牧业收入太低　B. 去城镇定居（或移民哈萨克斯坦）
C. 身体病弱，无劳动能力
D. 外出打工　　E. 离牧场太远了
F. 工业园区、国家项目启动、旅游开发、矿产开发
G. 无畜或少畜　　H. 其他：________

B. 转入→

主要是指：______________________________

C. 既愿意转出又愿意转入

D. 既不愿转出又不愿转入→

16. 如果不愿意转出草场，是出于什么原因？（　　）

A. 草场是生计生活需要　　B. 收入减少了

C. 恋土情结　　D. 要照顾老人和孩子

E. 草场会被破坏　　F. 其他：________

（3）您家转出草场（或转入草场）后，经济收入有何变化？（　　）

A. 比以前增加了　　B. 与以前差不多　　C. 比以前减少了

（4）您家转出草场（或转入草场）后，经济收入和邻居相比如何？（　　）

A. 比邻居家差　　B. 比邻居家好　　C. 和邻居家差不多

（5）您对草场流转持什么态度？（　　）

A. 非常赞成　　B. 基本赞成　　C. 不赞成　　D. 反对

17. 您家的草场参与流转了吗？（　　）

A. 参与了→

18. 您家草场流转的形式是什么？（　　）

A. 转包　B. 互换　C. 转让　D. 出租　E. 股份合作

19. 您家草场参与流转的部分有多少？（　　）

A. 全部　　B. 1/2　　C. 1/3

D. 1/4　　E. 1/5　　F. 其他：________

20. 您认为自家草场流转出去之后可作哪些用途？（　　）

A. 种植业　　B. 林业　　C. 畜牧业　　D. 渔业

E. 营业用地　　F. 企业用地　　G. 其他

21. 您在参与草场流转时，是否参阅了相关法律？（　　）

A. 参阅法律资料　　B. 询问专业人士

C. 参考其他农户的转让经验　　D. 不参考

22. 您在参与草场流转的时候，是否签订过合同？（　　）

A. 是　　B. 否，无合同　　C. 只有口头协商

23. 如果签订了合同，您的合同是如何起草的？（　　）

A. 双方共同起草的　B. 使用县乡政府的统一合同

C. 使用包地方提供的合同

24. 若参与过草场流转，流转方式是如何组织的？（　　）

A. 农户自发　B. 政府组织　C. 中介机构组织

25. 草场流转，需要办理哪些手续？（　　）

A. 签订合同　B. 签订草畜平衡责任书

C. 填写流转草场申请表　D. 到乡镇、村政府盖章

E. 草场监理所盖章

B. 没有参与（请直接从第 26 题开始作答）

26. 你们村牧民草场流转形式为股份合作的具体途径有哪些（可多选）？（　　）

A. 养殖合作社　B. 奶牛合作社　C. 孕马尿合作社　D. 其他：________

27. 您家草场参与股份合作了吗？（　　）

A. 参与了→

28. 您家参与的是什么合作社？（　　）

A. 养殖合作社　B. 奶牛合作社

C. 孕马尿合作社　D. 其他：________

B. 没有参与

29. 你们村牧民的草场有被征用的吗？（　　）

A. 有→

30. 你们村牧民被征用草场的用途是什么？（　　）

A. 修建铁路、公路　B. 建工业园区

C. 开矿、修砖窑、建水泥厂　D. 旅游开发

E. 修建电站、水库等　F. 建养殖小区

31. 你们村被征用的草场主要是什么类型的？（　　）

A. 夏草场　B. 春秋草场　C. 冬草场

D. 打草场　E. 饲草料用地

> **32. 你们村牧民被征用草场的补助情况如何？（ ）**
> A. 按草场等级的补偿标准和面积给予了补偿
> B. 补偿金额低于草场等级标准和面积的乘积
> C. 没有给予任何补偿（哪一类用途的没有补偿？请标出）________

B. 没有（请直接从第37题开始作答）

33. 你们村牧民草场被征用后是否搬迁了？（ ）

A. 搬迁了→

> **34. 你们村牧民的搬迁是哪种搬迁？（ ）**
> A. 整体搬迁　B. 部分搬迁　C. 个别搬迁
> **35. 你们村搬迁后是怎样安置的？（ ）**
> A. 新建牧民定居点安置　B. 插花式安置
> C. 企业安置　D. 搬到自己的其他牧场
> E. 搬到亲戚朋友的草场
> **36. 这些搬迁出去的牧民的谋生手段是什么？（ ）**
> A. 种植业　B. 进城打工　C. 代牧　D. 刺绣
> E. 运输　F. 季节性短工　G. 其他

B. 没有搬迁

37. 你们村牧民草场有没有列入退牧还草工程的？（ ）

A. 有→

> **38. 你们村草场被列入退牧还草工程的牧民的禁牧补助和草畜平衡奖励给付情况是怎样的？（ ）**
> A. 全额给付　B. 部分给付　C. 拖欠　D. 没有给付

B. 没有（请直接从第42题开始作答）

39. 你们村草场禁牧区牧民是否搬迁了？（ ）

A. 搬迁了→

> **40. 你们村禁牧区牧民是如何安置的？（ ）**
> A. 转移到城镇　B. 转移到牧民定居点
> C. 整村推进项目点　D. 劳务输出
> E 其他：________

41. **禁牧休牧后退牧户面临的生计困难有哪些?(可多选)( )**

A. 人工饲草地未纳入补助范围

B. 舍饲棚圈未纳入补助范围

C. 缺乏饲料来源和舍饲圈养条件

D. 国家禁牧补助低，未达妥善安置标准

B. 没有搬迁

42. **你们村草场围栏建设主要是什么?( )**

A. 划区轮牧围栏建设 B. 季节性休牧围栏建设 C. 没有围栏建设

43. **你们村牧民草场集体征用、小规模征用后当地政府是否提供了帮扶政策?( )**

A. 提供了→ 当地政府提供了哪些帮扶政策? ____________________

____

B. 没有提供→ 需要提供哪些帮扶政策? ____________________

____

44. **您认为要维持流转牧户的生计，政府需要做哪些工作?( )**

A. 实行牧户联合规模经营 B. 政府租赁草场

C. 创办生态家庭牧场 D. 其他: ____________

45. **您认为牧区社会保障体系缺少哪些服务?(可多选)( )**

A. 出台进城落户、子女就业、创业培训、低保、合作医疗等方面的保障政策

B. 建立健全牧民转移进城的组织领导、政策保障、就业培训、社会服务的机制

C. 加大对转移牧民的培训力度，开展引导性培训、技能培训、岗位培训等措施，提高牧民的专业技能

D. 提供可替代牧户对草场所依赖的生活保障功能的各种产品或相应服务

第三部分　哈萨克族牧民生计资本情况

A 部分　人力资本调查

1. **您家里有：**

10 岁及以下的孩子（年纪太小而不能劳动）______人；

11 ~ 14 岁的孩子（可做简单的家务或农活）______人，其中寄宿制学生有______人；

15 ~ 17 岁的孩子（可以是成人的助手）______人，其中寄宿制学生有______人；

成年人（18 ~ 60 岁，能够从事全部的成人劳动）______人，其中男性______人；

老年人（60 岁以上，只能从事部分劳动）______人；

残疾人（不能劳动）______人，他们的年龄分别是______岁；

长期患病者（在过去的半年及半年以上不能劳动）______人，他们的年龄分别是______岁；

45 岁（含 45 岁）以下______人。

2. **您家的成员中成年劳动力（18 ~ 60 岁）的受教育程度：**

文盲______（人）；小学______（人）；初中______（人）；高中或中专______（人）；大学及大学以上______（人）。

B 部分　物质、自然资本调查

3. **您家所有的牲畜情况：**

羊______只，牛______头，马______匹，骆驼/骡/驴______头，鸡/鸭/鹅______只。

4. **您家是否有以下物品，若有请在□中画“√”（注：下列物品若是由政府援助，请在物品名称下加下划线标识）。**

□水泵	□生物能（沼气）灶	□太阳能灶
□自来水	□煤气/液化气灶	□电视机

□座机电话/手机　　□摩托车　　□拖拉机

□小型货车/面包车　　□卡车　　□小轿车

□暖棚　　□剪毛机　　□药浴池

5. 您家的房屋情况：

混凝土房______间，砖瓦/砖木房______间，土木房______间，毡房______个。

6. 您家的草场情况：

草场总共______亩，其中春秋草场______亩，夏草场______亩，冬草场______亩，打草场______亩，其中铁丝网围栏草场______亩，没有围栏的草场______亩，人均草场______亩。

7. 您家承包经营权流转的草场有______亩。

8. 您家草场流转的价格是多少？（是哪一类就在哪一类前□中画“√”，并标明每亩价格。）

□无水草场（元/亩）	□有水草场（元/亩）	□打草场（元/亩）	□放牧场（元/亩）

9. 饲草料用地面积______亩，林地面积______亩。

10. 您认为草场流转中最令您头疼的事是什么？

____

____

C部分　金融资本调查

11. 您家一年的总收入（包括政府各种补贴/补助）是______元。

12. 您家能获取的信贷资金来源有哪些？（　　）

A. 银行或信用社　　B. 高利贷

C. 亲戚或朋友　　D. 其他（请注明）：______________

13. 您家在过去的12个月内是否收到过任何形式的捐款/捐物（不包括各种政府补贴，如草畜平衡奖励/禁牧休牧补助等）？（　　）

A. 是　　B. 否

14. 牧民金融资本情况：

形式	金额	有无利息（有，是多少）	用途
向私人借款			
向私人贷出			

如果欠债，找谁借的？准备怎么还？

____

D部分　社会资本调查

15. 您家有村委会成员、村民代表或乡级以上政府组织的公职人员吗？（　　）

A. 有（具体名称是__________）　　B. 没有

16. 如果您不同意村委会或社区会议的决定，您会不会提出反对意见？（　　）

A. 从来不提　B. 极少提　C. 有时提　D. 通常提　E. 总是提

17. 您村里有自发性组织吗（如经济合作组织/奶牛合作社/刺绣合作社等。注：各种宗教活动除外）？（　　）

A. 有（组织的名称是________）

B. 没有（请直接答第19题）

18. 您或您的家庭成员参加过这些组织吗？（　　）

A. 参加了（参加过的组织共有________个）

B. 没有参加

19. 在您所在的行政村里您可信任的人有多少？（　　）

A. 几乎没有　B. 个别几个　C. 一半　D. 大多数　E. 几乎全部

20. 在您的行政村里，您家的亲戚有________户。

E部分 生计活动/策略调查

21. 请选择您家收入的主要来源（请在□中画“√”），并在横线上填写年收入总数。

□工资（教师/企事业单位/政府部门等收入）______元

□畜牧业（有关马/牛/羊/骆驼/鸡/奶制品等收入）______元

□野生小产品采集（中药/蘑菇等山野珍品等收入）______元

□副业（运输/经商/打工/手工业/临时工等收入）______元

□种植业（小麦/玉米/蔬菜/水果/油菜/牧草等收入）______元

□其他（请注明）：____________________。

22. 您家主要从事的生计活动有哪些？（请在□中画“√”）

□畜牧/养殖业　□种植业　□采集　□手工业　□外出打工

□本地做零工　□个体运输　□经商　□工资性工作

其他（请注明）：____________________

23. 您家的劳动力分工情况：

总人口______人，从事牧业______人，种植业______人，打工______人，经商______人，运输______人，工资性工作______人，学生______人，没有劳动能力的______人。

24. 您家的生计活动开支情况（以2013年为计算单位）：

支出		总数（元）
生产开支	割草、剪毛等	
	采购畜禽	
	禽畜饲料/药品	
	放牧开销	
生活开支	粮食/肉类/蔬菜/非主食食品	
	服装和床上用品	
	新建/维修房屋	
	医疗	

续表

支出		总数（元）
生活开支	学费/书籍等教育开支	
	能源（电/太阳能/水/煤/柴）	
	通信（有线电视/座机电话/手机）	
	交通运输	
其他形式的开支	礼仪/宗教节日开支	
	宴请/送礼	
	罚款和罚金（因违反社区规则等）	
其他（请注明）		
总计		

25. 牧户收入变化情况：

草场流转前		草场流转后	
□ 出售肉羊	畜牧收入共计____元	□ 出售肉羊	畜牧收入共计____元
□ 出售羊皮		□ 出售羊皮	
□ 出售羊毛		□ 出售羊毛	
□ 为其他牧户做牧工		□ 代牧	
□ 打草		□ 打草	
□ 饲料种植与销售		□ 饲料种植与销售	
□ 出售肉牛		□ 出售肉牛	
□ 出售牛皮		□ 出售牛皮	
□ 出售牛奶		□ 出售牛奶	
□ 出售奶油奶疙瘩		□ 出售奶油奶疙瘩	
□ 出售肉马		□ 出售肉马	
□ 出售马奶		□ 出售马奶	
□ 出售马肉、马肠		□ 出售马肉、马肠	

续表

草场流转前		草场流转后	
□ 出售马皮 □ 工资性工作 □ 打工 □ 做生意 □ 家庭小副业 □ 跑运输 □ 旅游服务业	非牧收入共计____元	□ 出售马皮 □ 工资性工作 □ 打工 □ 做生意 □ 家庭小副业 □ 跑运输 □ 旅游服务业	非牧收入共计____元
□ 子女赡养 □ 转包草场 □ 礼金红包 □ 其他:	其他收入共计____元	□ 子女赡养 □ 转包草场 □ 礼金红包 □ 其他:	其他收入共计____元

26. **流转牧户2011—2013年的收入:**

年　份	2011	2012	2013
是否参与流转			
转入支出或转出收入/元			
当年收入/元			
出售羊羔/只			
出售羊绒/公斤			
出售羊皮/张			
出售羊毛/公斤			
出售牛/头			
出售马匹/匹			
出售骆驼/峰			

27. 您认为您家里比较大的花销有哪些?

(1) ______________________________

(2) ______________________________

(3) ______________________________

(4) ______________________________

回答提示：对于以下问题，请您尽量具体、详细、有重点地说出您的想法!

28. 您对自己目前的生活是否满意？对政府有什么要求?

□满意　　　□不满意

满意的原因：______________________________

不满意的原因：______________________________

要求：______________________________

29. 您面临的生活压力或困难有哪些（如没钱、没文化/技术、学费、就业、医疗、草场不够等)?

____

30. 您认为哪些途径能提高您的生活水平（如外出打工、经商、发展养殖、种好庄稼、采药材等)?

____

31. 您需要哪些帮助（如提供贷款/融资、提供致富/就业信息、提供技术指导/培训、学费等)?

____

32. 为了改善生计，您想不想调整您当前的生计策略?

□不想　原因（如年老、缺乏劳力、感觉维持现状稳当、目前的策略很好不愿冒风险等)：______________________________

□想　原因（如为了增加收入、传统畜牧业不赚钱、经商/打工赚钱、养殖业赚钱等)：______________________________

如何调整（如改良牲畜、草场出租、外出打工、经商、搬迁、学习技术、搞养殖、从事旅游服务工作等)？______________________________

（1）今后是否考虑改良牲畜？

□是　　□否　　□如果有条件还是想改良

（2）是否考虑开商店、饭馆、小企业或其他？

□是　　□否

（3）是否考虑出去长期打工或打零工？

□是　原因：________________________________

□否　原因：________________________________

（4）是否考虑移居城市？哪些原因影响您移居城市？

□　是　原因：________________________________

□　否　原因：________________________________

33. **您认为维持流转牧户的生计，政府需要做哪些工作？**

____

再次感谢您对我们工作的支持和帮助，希望我们的工作能为您及广大牧民朋友提高生产效率和生活水平起到积极作用，祝您全家身体健康、生活幸福！

“新疆牧区土地流转中哈萨克族牧民可持续生计研究”课题组

2014 年 1 月

附录B 2014年1月调研样本户所涉及县、乡镇、村组统计表

地州	县市	乡镇/个	村组/个	入户户数/户
伊犁州直（150）	新源县	10	18	78
	特克斯县	1	1	1
	昭苏县	0	0	0
	尼勒克县	0	0	0
	巩留县	1	1	11
	察布查尔县	4	3	10
	伊宁县	1	1	10
	霍城县	2	4	40
阿勒泰地区（204）	阿勒泰市	3	6	34
	福海县	3	4	17
	吉木乃县	1	2	31
	青河县	4	11	71
	哈巴河县	2	5	31
	布尔津县	3	5	20

续表

地州	县市	乡镇/个	村组/个	入户户数/户
塔城地区（103）	托里县	1	2	7
	额敏县	2	2	20
	裕民县	3	6	20
	乌苏市	1	1	10
	沙湾县	3	7	46
昌吉州（69）	木垒县	4	8	20
	吉木萨尔县	1	1	4
	奇台县	2	6	25
	阜康市	1	1	10
	昌吉市	1	1	10
乌鲁木齐市（28）	乌鲁木齐县	5	8	28
哈密地区（62）	巴里坤县	7	14	41
	伊吾县	1	4	21
合计		67	122	616

附录 C 2013 年 7 月至 2015 年 6 月调研样本户所涉及县、乡镇、村组统计表

地州	县市	份数	乡镇/个	村/个	备注
伊犁州直	昭苏县	117	8（6 乡 2 镇）	14	2014 年 7—8 月
	特克斯县	51	5（3 乡 2 镇）	10	2014 年 7—8 月
	巩留县	59	6（4 乡 2 镇）	7	2014 年 7—8 月
	尼勒克县	42	7（6 乡 1 镇）	15	2014 年 7—8 月
	新源县	108	6（2 乡 4 镇）	27	2014 年 7—8 月
塔城地区	额敏县	37	4（1 乡 2 镇 1 牧场）	6	2014 年 7—8 月
	裕民县	54	4（2 乡 1 镇 1 牧场）	4	2014 年 7—8 月
	乌苏市	37	3（1 乡 1 镇 1 牧场）	7	2014 年 7—8 月
	托里县	9	3（1 乡 1 镇 1 牧场）	4	2014 年 7—8 月
阿勒泰地区	阿勒泰市	53	2（1 乡 1 镇）	5	2014 年 7—8 月
	福海县	78	6（5 乡 1 镇）	19	2014 年 7—8 月
	吉木乃县	37	3（3 乡）	9	2014 年 7—8 月
昌吉州	木垒县	2	1（1 乡）	1	2013 年 7 月
	吉木萨尔县	40	3（3 乡）	3	2015 年 6 月
合计		724	61	131	

附录 D 新疆各地州、县市牧民问卷调查样本户统计表

地州	县市	入户户数/户	总户数/户	乡/镇			村		
				第1次	第2次	第3次	第1次	第2次	第3次
伊犁州直（557）	新源县	78+108+7	193	10	6	4	18	29	5
	特克斯县	1+51+6	58	1	5	1	1	9	1
	昭苏县	0+117+4	121	0	8	2	0	13	2
	尼勒克县	0+42+5	47	0	6	2	0	14	3
	巩留县	11+59+8	78	1	6	6	1	8	6
	察布查尔县	10+0+0	10	4	0	0	3	0	0
	伊宁县	10+0+0	10	1	0	0	1	0	0
	霍城县	40+0+0	40	2	0	0	4	0	0
阿勒泰地区（391）	阿勒泰市	34+53+5	92	3	2	1	6	5	2
	福海县	17+78+5	100	3	6	3	4	37	5
	吉木乃县	31+37+9	77	1	4	2	2	10	4
	青河县	71+0+0	71	4	0	0	11	0	0
	哈巴河县	31+0+0	31	2	0	0	5	0	0
	布尔津县	20+0+0	20	3	0	0	5	0	0
	富蕴县	0+0+0	0	0	0	0	0	0	0

续表

地州	县市	入户户数/户	总户数/户	乡/镇			村		
				第1次	第2次	第3次	第1次	第2次	第3次
塔城地区（272）	托里县	7+9+7	23	1	4	3	2	4	4
	额敏县	20+37+7	64	2	4	3	2	5	4
	裕民县	20+54+8	82	3	4	2	6	3	2
	乌苏市	10+37+10	57	1	2	3	1	7	3
	沙湾县	46+0+0	46	3	0	0	7	0	0
昌吉州（99）	木垒县	20+0+0	20	4	0	0	8	0	0
	吉木萨尔县	4+30+0	34	1	0	0	1	0	0
	奇台县	25+0+0	25	2	0	0	6	0	0
	阜康市	10+0+0	10	1	0	0	1	0	0
	昌吉市	10+0+0	10	1	0	0	1	0	0
乌鲁木齐市（28）	乌鲁木齐县	28+0+0	28	5	0	0	8	0	0
哈密地区（62）	巴里坤县	41+0+0	41	7	0	0	14	0	0
	伊吾县	21+0+0	21	1	0	0	4	0	0
合计		616+712+81	1409	67	57	32	122	144	41

附录E 本研究样本户涉及地州、县市、乡镇、村组统计表

地州	县市	乡镇	村
伊犁州直（8）	新源县（11）	阿热勒托别镇（6）	哈拉布拉克村牧业组
			沙哈吾提阔勒村牧业组
			哈拉海依苏村
			可拉来勒苏
			哈拉西克村
			玉西开普台尔村
		别斯托别乡（8）	哈拉哈西特村
			江尔森村
			塔拉苏村
			昂达斯村
			喀拉苏村
			巴特巴克特村
			阿什勒市拉克村
			铁勒喀拉牧业组
		那拉提镇（3）	阿拉善村拜盖托别
			阿拉善村1~3组
			吾拉斯台村

续表

地州	县市	乡镇	村
伊犁州直（8）	新源县（11）	塔勒德镇（5）	喀尔哈勒村
			阿克其村
			萨尔哈木斯村
			加尔吾特库勒村
			玉什托别村
		坎苏乡（4）	库克托别村
			库尔乌泽克村
			坎苏村
			哈萨克买里村
		肖尔布拉克镇（3）	克孜金格勒村
			胡木托别村
			洪土拜村
		则克台镇（1）	铁木尔勒克村
		吐尔根乡（2）	铁列克特村
			牧业队
		哈拉布拉镇（1）	阿克托汗村
		阿勒玛勒乡（2）	交托海村
			铁勒哈拉村
		新源镇（1）	
	特克斯县（5）	齐勒乌泽克乡（3）	阿腾套村
			吾尔塔米斯村
			苏阿苏牧业村

续表

地州	县市	乡镇	村
伊犁州直（8）	特克斯县（5）	喀拉托海乡（1）	阿克托海村
		喀拉达拉镇（3）	达根别勒村
			喀拉峻村
			哈甫萨朗村
		特克斯镇（1）	阿克塔斯村
		乔拉克铁热克镇（2）	莫因卓勒村
			孟布拉克村
	昭苏县（9）	萨尔阔布乡（2）	克尔托干村
			阔尔墩村
		阿克达拉乡（1）	朱万托别村
		喀夏加尔乡（2）	森木塔斯村
			别迭村
		喀拉苏乡（2）	阿克赛村
			巴尔格勒津村
		昭苏镇（2）	库热孜吾村
			库尔吾泽克村
		洪那海乡（3）	阿克塔斯村
			乌鲁空盖村
			赛克散村
		乌宗布拉克（1）	赛克散村
		马场	
		天山乡	
	尼勒克县（8）	克令乡（1）	阿依纳巴斯陶村
		科蒙乡（2）	奇仁托海村
			吉仁台村

续表

地州	县市	乡镇	村
伊犁州直（8）	尼勒克县（8）	尼勒克镇（2）	加勒克孜铁勒克村
			艾米热买里村
		木斯乡（6）	乌吐村
			木斯村
			阿克吾孜克村
			洪尔阿德尔村
			阿克吐别克村
			托铁村
		乌拉斯台乡（2）	可克铁列克村
			胡克太来克村
		种蜂场（1）	库克特列克村
		喀拉苏乡	
		喀拉托别乡	
	巩留县（6）	阿尕森镇（1）	阿克塔斯村
		塔斯托别乡（2）	阿克塔木村牧业二组
			伊力格代村牧业三组
		羊场（1）	羊场一队
		牛场（1）	牛二队
		提克阿热克乡（2）	阿克巴斯塔吾村牧业二组
			莫因古则村
		库尔德宁镇（1）	塔斯布拉克牧业村一组二组
	察布查尔县（4）	琼博拉乡（1）	琼博拉村
		纳达齐乡（2）	纳达齐村
			扎格斯台村
		坎乡	
		县城	

续表

地州	县市	乡镇	村
伊犁州直（8）	伊宁县（2）	喀拉亚尕奇乡（1）	喀拉亚尕奇村
		阿吾利亚乡	托逊村
	霍城县（2）	萨尔布拉克镇（3）	西巴拉哈西村
			切特萨尔布拉克村
			东买里村
		兰干乡（1）	五一牧场
阿勒泰地区（6）	阿勒泰市（4）	切木尔切克镇（3）	叶克阿恰村
			解特库勒村
			巴勒哈木斯村
		巴里巴盖乡（3）	肯得尔勒克村
			巴里巴盖村
			萨尔喀仁村
		阿拉哈克乡（2）	阿热勒村
			窝依玛克村
		阿苇滩镇（2）	恰勒克特村
			阿克阿热勒村
	福海县（7）	喀拉玛盖镇（7）	牧业四队
			开勒铁开村
			迭恩村
			喀拉苏村
			窝依霍拉村
			萨尔胡切村
			塘巴勒村
		解特阿热勒乡（10）	博塔莫因村
			京什开萨尔村

续表

地州	县市	乡镇	村
阿勒泰地区（6）	福海县（7）	解特阿热勒乡（10）	博孜塔勒村
			哈拉铁热斯肯村
			哈拉比亚村
			解特阿热勒村
			阔克铁列克村
			萨尔塔合台村
			布尔力克村
			买什特村
		阔克阿尕什乡（6）	齐巴尔窝依村
			阔克卓尔尕村
			都孜根德村
			阔普霍拉村
			布尔勒克林村
			齐勒喀仁林村
		齐干吉迭乡（5）	赛克露村
			齐干吉迭村
			阿克阿热勒村
			博列克托别村
			克孜勒克热什村
		喀拉玛盖乡（3）	塘巴勒村
			窝依霍拉村
			开勒尕开村
		福海镇	
		阔什阿尕什乡（6）	布尔勒克村
			阔克卓尔尕村

续表

地州	县市	乡镇	村
阿勒泰地区（6）	福海县（7）	阔什阿尕什乡（6）	齐勒喀仁村
			阔普霍拉村
			齐巴尔窝依村
			都孜根德林村
	吉木乃县（5）	别斯铁热克乡（2）	哈拉海勒村
			萨拉根村
		托斯特乡（4）	阔依塔斯村
			阿阔勒特克村
			森塔斯村
			哈拉乔克村
		吉木乃镇（2）	托盘村
			克孜勒阿德尔村
		喀尔交乡（2）	阔克哈拉村
			克孜勒阔拉村
		托普铁热克乡（2）	乌拉斯特村
			拉斯特村
	青河县（4）	阿热勒托别镇（4）	克孜勒萨依村
			阿亚克阿哈仁村
			阔木尔肯村
			阔克塔斯村
		阿热勒乡（3）	喀让格托海村
			吐尔根村
			冬特村
		青河镇（2）	达巴特村
			阿克郎克村

续表

地州	县市	乡镇	村
阿勒泰地区（6）	青河县（4）	阿尕什敖包乡（2）	夏尔克塔斯村
			阿尕什敖包村
	哈巴河县（2）	萨尔塔木乡（4）	加勒帕黑亚克村
			塔依索依干村
			阔尔合热玛村
			哈布尔喀塔勒村
		萨尔布拉克乡（1）	阿夏村
	布尔津县（3）	冲乎尔乡（1）	阿克阿依热克村
		杜来提乡（3）	额尔齐斯村
			阿合塔木村
			草原一村
		阔斯特克乡（1）	2817 牧民定居点
塔城地区（5）	托里县（4）	乌雪特乡（2）	吐孜扎浪格村
			旦木村
		库甫乡（1）	哈拉乔克村
		庙尔沟镇（1）	阿合开日勒村
		多拉特乡（2）	加玛特村
			居玛拜村
	额敏县（8）	二道桥乡（1）	莫因村
		玛热勒苏镇（1）	牧业村
		吾宗布拉克牧场（1）	牧业二队、三队
		玉什喀拉苏镇（1）	乔尔哈特定居点
		杰勒阿尕什镇（1）	杰勒阿尕什牧场
		上户乡（1）	库玛克一村
		165 团（1）	哈拉也门

续表

地州	县市	乡镇	村
塔城地区（5）	额敏县（8）	额玛勒郭楞蒙古民族乡（3）	多尔加甫村
			吐鲁巴苏瓦提村
			铁列克牧场
	裕民县（6）	阿勒腾也木勒乡（4）	克孜布拉克村
			吉也克村
			白皮谢村
			江阿布拉克村
		吉也克镇（1）	哈拉赛村
		江格斯乡（1）	牧业新村
		甘家湖牧场	
		哈拉布拉克乡（1）	加勒帕克塔勒村
		新地乡（1）	阿克托别村
	乌苏市（4）	古尔图镇（3）	科克林村牧业一队
			乔牛布拉克牧业一队、二队、三队
			沙尔营村牧业四队
		塔布勒合特乡（1）	牧业五队
		巴音沟牧场（1）	牧业新村
		皇宫镇（1）	沙枣林村
	沙湾县（3）	博尔通古乡（5）	加尔肯加孬村
			哈拉萨依村
			阔克阿拉乔克村
			阿合加尔村
			托甫铁热克村
		西戈壁（1）	五道沟
		东湾镇（1）	合孜勒吾孜尼村

续表

地州	县市	乡镇	村
昌吉州（5）	木垒县（4）	乌孜别克乡（2）	东沟村
			阿克巴克村
		大石头乡（4）	大石头村
			乌宗布拉克村
			铁尔沙克村
			七城子村
		照壁乡（1）	阿拉苏村
		东城镇（1）	鸡心梁村
	吉木萨尔县（1）	二工乡（1）	大泉湖村
	奇台县（2）	乔仁乡（1）	宽沟村
		北塔山牧场（3）	农二连
			牧业一队、二队、三队
			草建连
	阜康市（1）	上户乡（1）	白杨河村
	昌吉市（1）	大西渠镇（1）	新渠村
乌鲁木齐市（1）	乌鲁木齐县（5）	萨尔达坂乡（2）	大泉村
			马家庄干村
		托里乡（2）	乌什城村
			白建沟村
		水西沟镇（2）	东梁村
			庙尔沟村
		甘沟乡（1）	前进村
		板房沟乡（1）	灯草沟村

续表

地州	县市	乡镇	村
哈密地区（2）	巴里坤县（7）	海子沿乡（3）	海子沿村
			尖子山村
			卡子湖村
		大红柳峡乡（5）	花尔刺村
			常家庄子
			小熊沟村
			北戈壁村
			克吾卡尔得
		大河乡（1）	光明村
		萨尔乔克乡（1）	苏吉东村
		下劳坝乡（1）	下劳坝村
		八墙子乡（3）	北戈壁村
			阿格喜沃巴村
			大熊沟村
		北山乡	
	伊吾县（1）	前山哈萨克乡（4）	喀拉乌勒村
			石磨沟村
			塔拉布拉克村
			白雄村
合计（个）	29	112	256

附录 F 访谈目录

序号	编码	时间	地点	对象	内容
1	2013cjml－1	2013 年 7 月 1 日 14：40	木垒县大石头乡大石头村	县草原站站长	了解了大石头乡草场流转、人均草场、载畜量、牧民定居情况
2	2013cjml－2	2013 年 7 月 1 日 18：30	木垒县大石头乡	乡党委杨书记	了解了大石头乡草场面积、禁牧休牧补偿发放、牧业合作社、牧民定居、草场征用等情况
3	2013cjml－3	2013 年 7 月 9 日 11：30—19：30	木垒县草原监理站	草原监理站 B 站长	了解畜牧折价、草场承包到户情况、草原征占补偿、牧民定居点建设、草原监理法规建设、草原法执行等问题
4	2014ylzs－1	2014 年 7 月 17—18 日	昭苏县库热孜吾村	草原征占牧民哈那提别克	草原征占牧民的生活状况、生活来源
5	2014ylt－2	2014 年 7 月 21 日	特克斯县阿克塔斯村	迪力木拉提	草场流转比例、价格，合作社参与、生活开支、草场征占补偿等
6	2014ylg－3	2014 年 7 月 23 日	巩留县牧业培训学校	邵校长	牧业培训内容、存在问题
7	2014ylg－4	2014 年 7 月 23 日	巩留县牛场	党委贺书记	草场流转情况

续表

序号	编码	时间	地点	对象	内容
8	2014ylg－5	2013年7月24日上午	巩留县羊场	党委陈书记、马场长、扎那提别克副书记	牧民定居情况、牧民的社会教育、草场承包、草场确权、草场流转情况、牧民增收优惠措施
9	2014ylg－6	2013年7月24日16:00—19:00	巩留县阿尕森镇	党委常委、副镇长赛镇长	哈萨克族人口比重、草场类型数量、草场征占及补偿、草场纠纷、牧民劳务输出、牧民培训就业情况
10	2014ylg－7	2013年7月24日19:00—20:30	巩留县阿尕森镇阿克塔村	阿勒布斯拜牧民	牧民定居
11	2014ylg－8	2014年7月25日上午	巩留县塔斯托别乡	马力克	草场流转时间、价格、比例，牧民谋生途径、草场纠纷、草场征占补偿情况
12	2014ylg－9	2014年7月25日上午	巩留县塔斯托别乡伊力格代村	艾赛尔江	草场流转时间、价格、比例，草场纠纷、草场征占补偿情况
13	2014ylg－10	2014年7月25日上午	巩留县提克阿热克乡	副乡长、草原站站长	人口分布、草场类型、草场征占补偿、草场流转、合作社、人均收入等
14	2014ylg－11	2014年7月25日15:20—19:00	巩留县提克阿热克乡阿克巴斯陶村	村长	草场流转、草场纠纷、牧民信贷
15	2014ylg－12	2014年7月25日20:00—22:00	巩留县库尔德宁镇	镇长、草原站站长	草场类型、草场流转面积及价格、草场征占补偿、草场纠纷、牧民就业、合作社

续表

序号	编码	时间	地点	对象	内容
16	2014ylx－13	2014 年 7 月 30 日	新源县塔勒德镇沙拉卡斯牧业村	赛尔太·胡尔曼江	人口分布、草场类型、草场征占补偿、草场流转、合作社、牧民信贷等
17	2014ylx－14	2014 年 7 月 30 日	新源县塔勒德镇哈尔哈拉村	村长	人口分布、草场流转面积价格、牧民就业、发展困难
18	2014ylx－15	2014 年 7 月 31 日	新源县那拉提镇阿尔善村	吐尔逊·赛里克	人口分布、草场类型、草场征占补偿、草场流转、草场纠纷、牧民信贷、牧民培训、发展困难
19	2014yln－16	2014 年 7 月 31 日	尼勒克县乌拉斯台乡库克特列克村	吐尔汗江	草场征占补偿、草场流转情况、牧民信贷、牧民定居、牧民发展困难
20	2014yln－17	2014 年 8 月 1 日	尼勒克县乌拉斯台乡库克特列克村	吐勒别克	牧民生计途径，牧民发展困难
21	2014aa－1	2014 年 8 月 5 日	阿勒泰市委	信用社主任、畜牧局局长	牧民信贷问题
22	2014aa－2	2014 年 8 月 5 日	阿勒泰市萨尔胡松乡萨尔胡松村	村长	牧民收入、草场纠纷
23	2014aa－3	2014 年 8 月 6 日	阿勒泰市巴里巴盖乡巴里巴盖村	马汉	草场征占补偿
24	2014aa－4	2014 年 8 月 6 日	阿勒泰市巴里巴盖乡萨尔喀仁村	村长	草场纠纷、草场征占补偿、牧民培训、发展困境

续表

序号	编码	时间	地点	对象	内容
25	2014aa－5	2014 年 8 月 7 日	阿勒泰市阿苇滩镇毕依哈巴克村	村党委委员	牧民搬迁安置
26	2014af－6	2014 年 8 月 8 日 10:40	福海县解特阿热勒乡	叶尔肯	人口分布、草场情况、草场纠纷、草场流转、合作社、牧民培训、草场征占补偿
27	2014af－7	2014 年 8 月 8 日	福海县齐干吉迭乡赛克露村	布拉提	人口分布、草场纠纷、草场流转、合作社、牧民培训、牧民定居、牧民增收优惠政策、发展愿望
28	2014af－8	2014 年 8 月 8 日	福海县阔克阿尕什乡布尔勒克村	巴合提别克	人口分布、草场纠纷、草场流转、牧民培训、发展愿望
29	2014af－9	2014 年 8 月 8 日	福海县阔克阿尕什乡阔克车尔尕村	叶尔江	草场纠纷、草场流转、牧民培训、牧民定居、牧民信贷、发展愿望
30	2014aj－10	2014 年 8 月 9 日	吉木乃县喀尔交乡	村长	人口分布、草场流转、发展困难、政府帮助、合作社、牧民培训、发展愿望
31	2014aj－11	2014 年 8 月 9 日	吉木乃县别斯铁热克乡	加尔肯	草场流转价格、草场纠纷、牧民定居、牧民信贷
32	2014aj－12	2014 年 8 月 9 日	吉木乃县恰尔克村	马合力别克	互助组、合作社的发展历程
33	2014tt－1	2014 年 8 月 14 日	塔城托里县庙尔沟镇阿合开乃热村	阿列	草场纠纷、草场征占补偿、牧民信贷、牧民培训、合作社

续表

序号	编码	时间	地点	对象	内容
34	2014tt－2	2014年8月15日	塔城托里县库甫乡哈拉乔克村	叶克波力	人口分布、草场流转、草场征占补偿、发展困难、优惠政策
35	2014tt－3	2014年8月15日	塔城托里县库甫乡乌雪特乡吐孜托浪格村	塔里哈提	人口分布、草场征占、牧民定居、牧民培训、牧民收入、牧民信贷、发展困难
36	2014te－4	2014年8月16日	塔城额敏县二道桥莫因村	多斯德克	人口分布、草场流转、牧民定居、牧民培训、发展困难、需要帮助
37	2014te－5	2014年8月16日	塔城额敏县玉什喀拉苏镇曙光社区拉斯拜村	海拉提	人口分布、草场流转、牧民定居、牧民培训、牧民信贷、发展困难、需要帮助
38	2014te－5	2014年8月16日	塔城额敏县乌宗布拉克牧场	热合木别克	生计途径、发展困难
39	2014te－6	2014年8月16日上午	塔城额敏县玉什喀拉苏镇曙光社区拉斯拜村	村书记	草场情况、草场纠纷、草场征占补偿、帮扶内容
40	2014te－7	2014年8月16日下午	塔城额敏县乌宗布拉克牧场乔拉特定居点	村主任	定居情况、草场情况、草场纠纷、草场流转、草场征占补偿、牧民培训、劳动力转移、发展困难
41	2014ty－8	2014年8月17日上午	塔城裕民县阿勒腾也木乡江阿布拉克村	赛力克	草场情况、草场纠纷

续表

序号	编码	时间	地点	对象	内容
42	2014ty－9	2014年8月17日下午	塔城裕民县江格斯乡牧业新村	村主任	草场流转、草场纠纷、牧民教育、牧民定居、劳动力转移、发展困难、帮扶内容
43	2014ty－10	2014年8月17日下午	塔城裕民县吉也克镇喀拉赛村	叶尔江	牧民信贷困难、人口分布、草场情况、草场纠纷、草场流转手续、草场征占补偿、牧民定居、合作社、牧民培训、发展困难、帮扶建议
44	2014tw－11	2014年8月21日上午	塔城乌苏市古尔图镇牧业三队	草原站孙强	草场情况、草场流转、草场征占补偿、草场开垦、草场纠纷、牧民定居、合作社、牧民信贷、牧业优惠政策、发展困难及建议
45	2014tw－12	2014年8月22日下午	乌苏市塔布里河乡牧民新村	叶尔克哈孜	人口分布、草场情况
46	2014tw－13	2014年8月22日下午	乌苏市马吉克牧场塔布勒合特蒙古民族乡牧民新村	杜曼副场长	草场纠纷
47	2014tw－14			莫尔扎汗	草场纠纷
48	2014tw－15	2014年8月22日上午	乌苏市巴音沟镇牧业二队	海拉西	人口分布、草场纠纷、牧民收入、牧民培训、发展困难、帮扶内容
49	2014tw－16	2014年8月22日	乌苏市西大沟镇赛力克提牧场	才江加布	草场情况、草场纠纷、草场征占补偿、牧民收入、牧民培训、劳动力转移、发展困难、帮扶内容

续表

序号	编码	时间	地点	对象	内容
50	2014cjj－17	2015年6月11日下午	吉木萨尔县新地乡新地沟村委会	拜江汗	人口分布、草场情况、草场征占补偿、牧民收入、劳动力转移、牧民培训、草场流转、发展困难、帮扶内容
51	2014cjj－18			阿乌巴克	草场纠纷
52	2014cjj－19			马尔哈巴	草场纠纷
53	2014cjj－20	2015年6月12日上午	吉木萨尔县老龙台乡阿克托别村	哈力克江	人口分布、草场流转、草场纠纷、牧民收入、牧民培训、发展困难、合作社
54	2014cjj－21	2015年6月12日下午	吉木萨尔县吉木萨尔镇白泉村	道斯特克	人口分布、草场情况、草场纠纷、牧民定居、牧民收入、牧民培训、牧民信贷、牧民增收困难

附录G 阿勒泰地区典型牧业村（调研样本）统计表

地区名称	县市名称	乡镇名称	人口总数/人	哈萨克族人口数/人	哈萨克族占总人口的比例/%	典型牧业村数/个	典型的牧业村名称及人口数（按照哈萨克族牧民人口数多少排序，可加列数）			
阿勒泰地区	阿勒泰市	切木尔切克乡	15320	12256	80	4	巴勒喀木斯村（1083）	也克阿恰村（996）	吉特库勒村（989）	肯迪尔里克村（887）
		萨尔胡松乡	5562	5450	98	2	萨尔胡松村（340）	散德库木村（420）		
		阿拉哈克乡	9642	8484	88	4	喀拉塔勒村（867）	阿拉勒村（642）	比铁吾塔勒村（696）	铁斯拜村（617）

续表

地区名称	县市名称	乡镇名称	人口总数/人	哈萨克族人口数/人	哈萨克族占总人口的比例/%	典型牧业村数/个	典型的牧业村名称及人口数（按照哈萨克族牧民人口数多少排序，可加列数）					
阿勒泰地区	阿勒泰市	拉斯特乡	5205	1873	36	1	喀拉铁列克村（506）					
		巴里巴盖乡	4985	4486	90	4	巴里巴盖村（1385）	巴勒旺塔斯村（886）	阔克尔图村（563）	萨尔哈仁村（680）		
	布尔津县	布尔津镇	19302	8266	41							
		窝依莫克乡	17163	13902	81	6	哈太村（2164）	阿克吐别克村（1486）	阿克布勒根村（1197）	喀拉库勒村（1156）	蒙艾提巴斯村（979）	通克村（756）
		杜来提乡	8133	4880	60	3	额尔齐斯村（1356）	沙尔铁列克村（1070）	阿合达木村（531）			
		阔斯特克乡	5000	2100	42	2	萨尔库木村（1074）	吉迭勒村（404）				

续表

地区名称	县市名称	乡镇名称	人口总数/人	哈萨克族人口数/人	哈萨克族占总人口的比例/%	典型牧业村数/个	典型的牧业村名称及人口数（按照哈萨克族牧民人口数多少排序，可加列数）					
阿勒泰地区	阿勒泰市	冲乎尔乡	13200	9560	72	4	阿克阿依热克村(1460)	阿克奇村(910)	江阿吉尔村（680）	克孜勒塔斯村（350）		
		也格孜托别乡	5113	4221	83	3	何孜勒托海村（1210）	何孜勒加尔村（1082）	尔格尔胡木村（399）			
	福海县	福海镇	18399	3988	21							
		解特阿热勒乡	13565	6695	49	6	博塔莫因村（1027）	京什开萨尔村（702）	解特阿热勒村（620）	阔克铁热克村（607）	喀拉毕村(575)	喀拉铁热斯肯村(494)
		科克阿尕什乡	6732	4996	74	6	阔克卓尔尕村（846）	齐勒哈仁村（805）	齐巴尔窝依村（742）	布尔勒克村（717）	都孜根德村（368）	阔普霍拉村（202）
		齐干吉迭乡	5138	3608	70	6	阿克阿热勒村（588）	博列克托别村（780）	齐干吉迭村（892）	赛克露村（821）	克孜勒克热什村(285)	阿斯涛夏村（242）

续表

地区名称	县市名称	乡镇名称	人口总数/人	哈萨克族人口数/人	哈萨克族占总人口的比例/%	典型牧业村数/个	典型的牧业村名称及人口数（按照哈萨克族牧民人口数多少排序，可加列数）					
阿勒泰地区	福海县	喀拉玛盖乡	12073	9779	81	6	唐巴勒村（1504）	开勒铁开村（1238）	窝依霍拉村（904）	萨尔胡木村（989）	哈拉苏村（803）	迭恩村（815）
		阿尔达乡	3067									
	青河县	青河镇	16944	9658	57							
		塔克什肯镇	2918	2860	97	3	西根村（986）	萨尔布拉克（714）	蒙其克（713）			
		阿热勒乡	13303	10642	81	5	杜尔根村（1286）	拉斯特村（1228）	喀让克托海村（1202）	东特村（814）	达巴特村（298）	
		阿热勒托别乡	8613	7924	92	6	克孜勒萨依（917）	阿亚克阿哈仁（783）	阔木尔肯（879）	阔克塔斯（826）	哈热龙（800）	巴斯克阿哈仁（895）

续表

地区名称	县市名称	乡镇名称	人口总数/人	哈萨克族人口数/人	哈萨克族占总人口的比例/%	典型牧业村数/个	典型的牧业村名称及人口数（按照哈萨克族牧民人口数多少排序，可加列数）				
阿勒泰地区	吉木乃县	吉木乃镇	2642	2589	98	2	托盘村（516）	克孜拉德村（445）			
		托普铁热克镇	9000	4095	46						
		托普铁热克乡	8000	4176	52	1	拉斯特村（1300）				
		托斯特乡	4000	3392	85	4	阔依塔斯村（615）	喀拉乔克村（360）	森塔斯村（350）	阿克阔勒吐克村（320）	
		恰勒什海乡	1295	906	70						
		喀尔交乡	4000	3368	84	5	克孜勒阔拉村（467）	布尔合斯太村（498）	萨帕克村（489）	阔克阔拉村（467）	沙尔布拉克村（458）

续表

地区名称	县市名称	乡镇名称	人口总数/人	哈萨克族人口数/人	哈萨克族占总人口的比例/%	典型牧业村数/个	典型的牧业村名称及人口数（按照哈萨克族牧民人口数多少排序，可加列数）					
阿勒泰地区	吉木乃县	别斯铁热克乡	3000	2652	88	2	萨尔阿根村（1015）	哈拉海勒村（689）				
	富蕴县	库额尔齐斯镇	22570	7527	33							
		可可托海镇	5556	3400	61							
		恰库尔图镇	2412	2243	92							
		吐尔洪乡	15736	14118	89	6	喀拉吉拉村（1763）	阔斯阿热勒村（1705）	克孜勒塔斯村（930）	江喀拉（726）	乌亚拜（665）	也格孜托别村（493）
		杜热乡	14903	14353	96	3	胡吉尔特村（2472）	铁斯甫阿坎（2413）	乌扎合特村（2296）			

续表

地区名称	县市名称	乡镇名称	人口总数/人	哈萨克族人口数/人	哈萨克族占总人口的比例/%	典型牧业村数/个	典型的牧业村名称及人口数（按照哈萨克族牧民人口数多少排序，可加列数）			
阿勒泰地区	富蕴县	库尔特乡	11087	10375	93	3	布拉特村（1685）	朔克尔得村（1434）	吉拉特村（1366）	
		喀拉通克乡	1930	962	49					
		铁买克乡	5805	3837	66	1	萨尔铁热克村（562）			
		喀拉布勒根乡	5831	4665	80	3	巴拉额尔齐斯村（1602）	吉别特村（1290）	加木克村（521）	
	哈巴河县	铁热克提乡	2248	1767	80					
		萨尔塔木乡	12534	7937	63	4	加勒帕黑亚克村（1070）	萨尔乌楞村（766）	哈布尔喀塔勒村（761）	塔依索依干村（508）

续表

地区名称	县市名称	乡镇名称	人口总数/人	哈萨克族人口数/人	哈萨克族占总人口的比例/%	典型牧业村数/个	典型的牧业村名称及人口数（按照哈萨克族牧民人口数多少排序，可加列数）								
阿勒泰地区	富蕴县	齐巴尔乡	8293	7277	88	9	姜阿乌增村（561）	阔克苏村（522）	阿依达尔乌英克村（551）	艾琳阿克齐村（899）	喀拉塔勒村（926）	拜乔拉克村（392）	克孜勒加尔村（959）	塔勒德村（234）	阔斯阿热勒村（1098）
		萨尔布拉克乡	13219	11680	88	8	玉什阿夏村（1037）	吐勒克勒二村（1026）	别列则克村（971）	哈热尕什村（905）	科克托海村（747）	克孜勒珠德孜村（720）	阿夏村（517）	阿勒哈别克村（531）	

注：表格中部分乡、镇未列出“典型牧业村数”和“典型的牧业村名称及人口数”，原因是政府提供的原始数据缺失。

后 记

本研究源于在2009年教育部青年项目“土地制度变迁视野下的哈萨克牧区社会”调查与研究过程中，发现草场流转进程中的哈萨克牧民存在着生计可持续性问题。2012年在完成教育部项目后，计划采用可持续分析框架开展对草场流转进程中草场流转牧民的生计可持续性进行研究，所幸该研究获2012年国家社科项目一般项目立项。

该研究从立项到结项持续进行了三年多，研究期间得到了社会各界人士的热心帮助与大力支持，其中有著名学者、地方党委政府领导、乡村干部、大学师生等。研究的过程也是我进一步了解社会和不断结识各个领域朋友的过程，发生了很多感人的故事。如2013年经中国社会科学院民间文学研究所的著名学者黄忠祥研究员介绍到木垒哈萨克自治县进行了十余天的调研，访问了大石头乡大石头村的哈萨克族牧民。调研中得到了木垒县政府、草原监理站、畜牧局、博物馆等部门的诚恳帮助。

2014年7月17日至8月13日，课题组集中对伊犁州直昭苏县、特克斯县、巩留县、新源县、尼勒克县，阿勒泰地区阿勒泰市、福海县、吉木乃县、哈巴海县、布尔津县、富蕴县、青河县，塔城地区托里县、额敏县、裕民县、乌苏市进行了调研。所到县市，当地农办、草原监理所等单位都给予了积极协调帮助。期间昭苏县王沛昭书记、草原站夏力哈尔站长，巩留县畜牧局木拉提总工程师、畜牧学校唐努尔校长，特克斯县草原站徐站长、党校刘校长，新源县薛伟长副书记、畜牧局叶尔森、农办李飞主任、小雷，尼勒克县农办柳主任、赛音巴特，阿勒泰市农办李春秀主任、巴里巴盖乡草原监理所马汉所长，福海县焦晓凡书记、组织部周江玉部长、农办王德奎主任，吉木乃县组织部周部长、农办宋绍维主任、塔里哈提，塔城地区组织部蔡启明、窦世伟部长、农办蔺国强主任，托里县组织部木拉提副部长、经工办刘主任、马新武副主任，额敏县经工办邓洪平主任、组织部基层办张军伟主任、慕龙，裕民县组织部周广敏部长、经工办骆启峰主任，乌苏市经工办赵秋生主任、畜牧局代连义副局长、巴尔图镇草原站孙强站长及许多当地政府部门的工作人员都给予了大力的支持与帮助，是他们牺牲了休息时间协调、组织、填写问卷、翻译，才使我们获得这些得之不易的一手材料。

2015 年 6 月上旬赴昌吉州吉木萨尔县调研，在该县经工办金维新主任、草原监理所道斯特克主任的协助下，对老龙台阿克托别克村、吉木萨尔镇白泉村进行了入户访问。

2015 年 11 月，伊犁师范大学张召远老师组织学生对调查问卷进行了审核、整理、统计与分析、校正，付出了大量的辛勤劳动。

本研究还得到了伊犁师范大学法学院院长、中国周边与合作发展研究中心主任刘国胜教授，马克思主义学院副院长张应平副教授的支持。在图书出版文稿修改校正过程中得到了知识产权出版社唱学静编辑的帮助，还有许多没有留下姓名但给予我许多热忱关怀与帮助的基层干部和牧民朋友们。

本书能够呈现给大家，得益于以上各位领导、同事、朋友的大力帮助，无以报答，值此出版之际，借此一席之地，表达我的深切谢意！是你们的鼓励和支持激励着我在这个领域不断探索。

刘鑫渝于边陲伊宁

2019 年 9 月 1 日